케라스로 구현하는 딥러닝

In TensorFlow 2

예제를 따라 하며 배우는 딥러닝 인공신경망

김성진 지음

한빛미디어
Hanbit Media, Inc.

복잡한 이론보다는 실습 위주로 구성되어 있어 딥러닝을 처음 접해본 사람에게 좋은 안내서입니다. 특히나 케라스로 구현하기 때문에 보다 쉽고 빠르게 딥러닝을 구현할 수 있습니다. 마지막 장에서는 세계적으로 유행하는 양자인공지능을 다루는데, 간단한 인공지능부터 최신 이론까지 실습을 할 수 있습니다. 딥러닝과 인공지능을 케라스로 실습할 수 있는 좋은 책입니다.

베타리더 **류영표**

시중의 딥러닝 입문서에는 이론만 설명되어 있거나 코드만 나열하는 경우가 많은데, 이 책은 두 마리 토끼를 다 잡았다고 볼 수 있습니다. 신경망의 기초 개념부터 CNN, GAN, 강화학습, 양자인공지능까지 차근차근 코드와 함께 개념을 이해할 수 있습니다. 특히 AE - GAN - UNET이 연결되는 구성이 정말 참신했는데, 독자가 한 계단씩 새로운 신경망 모델의 특징을 이해해나갈 수 있도록 치밀하게 구성되어 있어 감탄했습니다. 전반적인 딥러닝 개념을 코드와 함께 이해하고자 하는 모든 분께 추천합니다.

베타리더 **윤준호**

본격적으로 딥러닝 전문가가 되기 전에 한 번쯤 거쳐서 이론적인 내용과 구현해야 하는 내용을 짚고 넘어가기에 좋은 책입니다. 단순 회귀/분류 문제부터 시작

케라스로
구현하는 딥러닝

케라스로 구현하는 딥러닝

예제를 따라 하며 배우는 딥러닝 인공신경망

초판 발행 2022년 4월 1일

지은이 김성진 / **펴낸이** 김태헌
펴낸곳 한빛미디어(주) / **주소** 서울시 서대문구 연희로2길 62 한빛미디어(주) IT출판부
전화 02-325-5544 / **팩스** 02-336-7124
등록 1999년 6월 24일 제25100-2017-000058호 / **ISBN** 979-11-6224-541-5 93000

총괄 전정아 / **책임편집** 홍성신 / **기획** 박민아 / **편집** 홍현정
디자인 이아란 / **전산편집** 이소연
영업 김형진, 김진불, 조유미 / **마케팅** 박상용, 송경석, 한종진, 이행은, 고광일, 성화정 / **제작** 박성우, 김정우

이 책에 대한 의견이나 오탈자 및 잘못된 내용에 대한 수정 정보는 한빛미디어(주)의 홈페이지나 아래 이메일로
알려주십시오. 잘못된 책은 구입하신 서점에서 교환해드립니다. 책값은 뒤표지에 표시되어 있습니다.

한빛미디어 홈페이지 www.hanbit.co.kr / 이메일 ask@hanbit.co.kr

지금 하지 않으면 할 수 없는 일이 있습니다.
책으로 펴내고 싶은 아이디어나 원고를 메일(writer@hanbit.co.kr)로 보내주세요.
한빛미디어(주)는 여러분의 소중한 경험과 지식을 기다리고 있습니다.

해서 양자컴퓨팅을 활용한 머신러닝까지! 다양한 task에 대해 친절한 예제와 함께 익혀나가면 실무에 적용할 때 큰 도움을 받을 수 있을 것 같습니다. 기초적인 내용을 익혀나가는 '딥린이'부터 본격적으로 딥러닝 업무를 시작하는 개발자까지 『케라스로 구현하는 딥러닝』과 함께한다면 충분히 좋은 성과를 얻을 수 있을 것 같습니다.

베타리더 이상원

케라스를 통하여 딥러닝의 기본부터 심화 기능까지 순차적으로 잘 설명되어 있는 책입니다. 초반부에는 머신러닝과 딥러닝의 기본과 가장 많이 사용하는 데이터셋을 이용한 구현을 진행합니다. 그리고 AE, GAN, UNET 등을 실습해보고 후반부에는 RL(강화학습), QAI(양자인공지능) 등을 배웁니다. 다양하고 좋은 기능에 대해서 잘 설명해주고 있습니다.

베타리더 박○○

복잡한 설명보다 실제로 해보면서 경험을 쌓을 수 있게 도와준다는 측면에서 딥러닝을 처음 접하는 개발자에게 좋은 가이드가 될 것 같습니다. 복잡한 신경망 구조도 케라스를 통해 구현하는 방법을 제시해서 조금 더 친숙하게 접할 수 있게 해줍니다.

베타리더 강○○

책의 구성이나 내용이 너무 좋습니다. 단순히 개념만을 익히는 것이 아니고 실용적이고 실무에 적용해 볼 수 있는 예제로 구성되어 있습니다. '잠깐! 개념 확인하기'를 통해서 중요한 이론을 다시 확인할 수 있는 것도 좋았습니다.

베타리더 **윤다영**

케라스를 통해 다양한 딥러닝을 맛볼 수 있는 책입니다. 수학 공식이나 이론 설명을 최소화하고 케라스 소스코드를 통해서 아주 가볍게 딥러닝을 맛볼 수 있습니다. ANN(인공신경망), DNN(심층신경망), CNN(합성곱신경망), RNN(순환신경망), AE(오토인코더), GAN(생성적적대신경망), RL(강화학습), QAI(양자인공지능) 등 다양한 딥러닝의 활용 분야를 맛볼 수 있습니다.

베타리더 **이요셉**

대학원에서 '인문과 기술'이라는 융합 과목을 강의하면서 기술을 잘 모르는 비개발자, 타 전공자에게 인공지능 기술을 익히는 데 도움이 되는 책이 없을까 찾고 있던 차에 좋은 책이 나와서 기쁩니다. 이 책의 7장에는 미술 작품도 GAN 기술로 그려질 수 있음을 설명하는데, 인공지능과 타 분야와의 융합이라는 관점에서 일반인도 쉽게 접근할 수 있으리라 생각합니다. 대학생과 직장인 그리고 인공지능을 알고 싶고 구현하고자 하는 일반인에게 일독을 권합니다.

김용석 前 삼성전자 임원, 現 성균관대학교 전자전기공학 교수

이 책은 파이썬 딥러닝 라이브러리로 널리 사용되고 있는 케라스를 쉽고 체계적으로 설명한 입문서입니다. 최근에 인공지능이 널리 사용되면서 특히 딥러닝 분야에 관한 관심은 폭발적입니다. 많은 사람이 딥러닝을 어디서부터 어떻게 시작을 해야 할지 어려움을 느끼고 있는데, 이 책은 딥러닝에 입문하는 개발자의 답답함을 시원하게 해소해 줄 것으로 생각합니다. 책에서 제공하는 다양한 딥러닝 관련 이론 및 실습 코드는 쉽고 빠르게 딥러닝 프로그래밍을 배우는 데 큰 도움을 줄 것입니다.

고영웅 한림대학교 소프트웨어융합대학 교수

이 책은 특별한 배경지식 없이도 읽을 수 있는, 그러면서도 구성이 매우 알찬 딥러닝 실전서입니다. 통신, 화학, 컴퓨터 등 다양한 방면에서 쌓은 저자의 오랜 경험이 없었다면 이렇게 이해하기 쉽게 쓰는 것은 매우 어려운 일이라 생각합니다. 이 책에 나와 있는 다양한 예제를 따라 하다 보면 딥러닝에 대한 깊은 이해 없이도 아주 강력한 딥러닝 툴을 손쉽게 사용할 수 있습니다. 다양한 방면에 딥러닝이 사용되고 있는 지금, 이 책을 통해 딥러닝의 세계에 빠져보길 바랍니다.

최준일 KAIST 교수

인공지능과 딥러닝 기술이 적용되지 않는 분야가 없을 정도로, 데이터 사이언스는 이제 첨단 기술을 넘어 일상생활로 파고들었습니다. 이 책은 여러 분야를 넘나들며 저자가 다년간 산학연에서 쌓은 실전 노하우를, 친절하고 재미있는 설명과 피부에 와 닿는 예제로 풀어냈습니다. 입문자는 물론 시간에 쫓기는 현장의 프로그래머에게도 큰 도움이 되리라고 확신합니다. 저 또한 미국 변리사로서 발명가, 프로그래머와 토론을 하고 특허화하는 데에 코드의 이해가 필요한데, 이 책으로 큰 도움을 받았습니다.

김상훈 Meta Inventor LLC 대표, 미국 변리사

저는 학교에서 경영학을 전공했는데 기술경영 관련 과목을 수강할 때 기술 관련 기사와 논문을 찾아보며 기술에 대한 이해도가 높아졌다고 생각한 적이 있었습니다. 하지만 실제 코딩을 해보면서 아주 큰 착각이었다는 걸 깨달았습니다. 개략적인 설명을 이해하는 것도 중요하지만, 실제로 만져보고 다뤄보는 것만큼 이해도를 높이는 일은 없을 거 같습니다. 인공지능 실무를 하든 하지 않든 인공지능이 궁금하다면, 일단 이 책을 따라 해보면서 이해도를 높여보기를 추천합니다.

송진영 빅인사이트 데이터 분석가

지금 미국에서는 많은 스타트업 기업이 인공지능에 기반을 둔 기술을 이용하고 있습니다. 또한, 기존의 전통적인 많은 기업도 자신의 핵심 사업에 인공지능을 활용하기 위해 많은 인력과 시간을 쏟아붓고 있는 상황입니다. 이러할 때 누구나 쉽게 딥러닝에 대해 접할 수 있고 또한 그 내용을 간단히 사용해 볼 수 있게 정리한 이 책의 가치가 더욱 빛나는 것 같습니다. 처음 딥러닝을 시작하는 분이나 혹은 실무에서 많이 사용하고 있지만, 다시 한번 내용을 정리하고 싶은 분에게 유용한 책이 될 것입니다.

김성철 前 IBM Watson Research 연구원, 現 PsychoGenics 책임 데이터 과학자

한국어로 작성된 딥러닝 서적들이 봇물 터지듯이 나오는 시기에 '3분 딥러닝' 시리즈는 AI 입문자에게 등대와 같은 역할을 했습니다. 그중에서도 이 책의 시초인 김성진 저자의 『코딩셰프의 3분 딥러닝, 케라스맛』이 입문자가 큰 문턱을 넘을 때 든든한 길잡이가 되어 준 것을 여러 차례 목격했습니다. 이번 『케라스로 구현하는 딥러닝』에 추가된 강화학습과 QAI는 여전히 개념 이해조차 쉽지 않지만, 저자의 친절한 설명을 따라가면 꽤 많은 문턱을 지나갈 수 있을 것입니다. 많은 분이 이 책을 통해 AI의 현재와 미래에 대한 인사이트를 얻게 되길 바랍니다.

김민수 Ph.D., 신한은행/신한AI 상무

우리는 지금 하루가 멀다 하고 발전하는 AI $^{Artificial Intelligence}$ 전성시대에 살고 있습니다. 세상은 앞으로 어떻게 될까요? 혹여나 AI가 인간의 일자리를 빼앗아 가는 건 아닌지 우려되기도 합니다. 점점 많은 궁금증이 더해지는데 우리가 걱정하는 질문은 누가 답을 할 수 있을까요?

이미 우리 일상의 많은 부분을 AI가 대신하고 있습니다. 다만, 우리가 잘 느끼지 못할 뿐입니다. 예를 들어 봅시다. 인플루언서 로지는 AI 광고 모델로 사람을 대신하는 가상 인간인데 반응이 무척 뜨겁습니다. MZ 세대가 원하는 외모와 개성을 담아 만들어진 로지는 이미 SNS 팔로워 수가 11만 명을 넘었습니다. 유명 인플루언서로 영향력이 막강할 뿐 아니라 사람과 달리 스캔들에 휘말릴 염려가 없어서 광고주의 반응도 상당합니다. 현재 9개 이상의 광고를 계약했으며 계약금도 10억 원을 넘어섰다고 추산합니다. 이런 현상을 어떻게 보아야 할까요?

앞으로 사람들은 SNS나 TV에서 AI 광고 모델을 쉽게 볼 수 있습니다. 또 그들이 홍보하는 카드로 결제하고 그들의 광고 영상을 보여주는 비행기를 타고 그들이 소개한 코스로 여행을 가게 될 수 있습니다. 그리고 뒤늦게 이 모든 게 AI가 한 일이라는 사실을 알고 놀라거나 이조차도 모를 수 있습니다. AI는 사람이 만들었으니 우리가 그 존재를 손쉽게 파악할 수 있을까요? 지금 전개되는 상황을 볼 때 AI의 존재를 인식하는 게 그렇게 만만해 보이지는 않습니다.

AI의 태동은 60년 전에 시작했습니다. 다만, 우리가 인지한 지 얼마 되지 않았을 뿐입니다. 초기의 인공지능은 게임, 바둑 등의 일부 분야에 사용되는 정도였지만 이제는 모든 일상생활 속에 AI가 녹아 있습니다. AI의 능력도 매일매일 비약적으로 발전합니다. 우리가 사용하는 스마트폰, TV, 오디오 시스템, 냉장고, 에어컨, 자율주행 자동차는 모두 AI 기능이 포함된 장치입니다. 겉모습이 달라도 생명체처럼 지능이 부가되어 있다면 AI 기기라고 말할 수 있습니다. 또 메모리, 반도체, 통신장비, 프로세서 등도 역시 AI 기술과 밀접하게 연관됩니다. 이러한 다양한 기기에 지능을 불어넣는 일이야말로 이 책을 공부하는 우리가 도전할 과제입니다.

AI는 이제 여러 모습으로 우리와 많은 관련을 맺고 있습니다. 떼고 싶어도 뗄 수 없는 동반자 같은 관계가 된 것입니다. 이 시점에서 우리가 자문할 것은 AI의 유용성이 아닙니다. 바로 이 질문입니다.

"AI를 두려워하고 멈춰 서 있을 것인가? 아니면 AI와 함께 앞으로 나아갈 것인가?"

결정하셨나요? 자 그럼 앞으로 나아가는 길을 선택한 현명한 당신의 충실한 길잡이가 되어드리겠습니다.

김성진

이 책의 대상 독자

이 책은 케라스로 주요 인공신경망인 ANN, DNN, CNN, RNN, AE, GAN, UNET, RL, QAI를 구현하는 방법을 알아봅니다. 따라서 인공지능과 딥러닝 인공신경망의 구현에 관심이 있는 누구나 이 책의 대상 독자입니다.

이 책의 개발 환경

이 책은 다음과 같은 환경을 기반으로 설명하며, 모든 소스의 구동을 확인했습니다.

도구	버전
운영체제	윈도우, 우분투, 맥OS
개발 언어	파이썬 3
패키지	케라스 2.4.3, 아나콘다 파이썬 배포판 5.0.1, 주피터 노트북

예제 소스

예제를 파이썬으로 구현했습니다. 케라스 패키지를 활용하여 객체지향 방식으로 구현하고 라이브러리로 제공해 쉽게 재활용할 수 있습니다. 주피터용 예제도 제공하며, 모든 예제는 이 책의 깃허브에서 내려받을 수 있습니다.

- 깃허브 https://github.com/jskDr/keraspp_2022

이 책의 구성

이 책은 케라스를 이용해 딥러닝 인공신경망을 만들어 인공지능을 구현합니다. 기본 편(0~8장)과 심화 편(9~11장)으로 구성되어 있습니다. 기본 편에서는 기본적인 인공신경망을 이해하고 구현하는 내용을 학습합니다. 심화 편에서 응용을 포함하여 심화된 인공신경망 활용 방법을 알아봅니다.

기본 편

0장. 프롤로그

인공지능과 딥러닝 인공신경망의 개요를 알아봅니다. 그리고 인공신경망을 구현하는 케라스를 간단히 소개합니다.

1장. 케라스 시작하기

케라스는 인공지능을 파이썬으로 구현하는 라이브러리입니다. 케라스를 설치하는 방법과 간단한 인공신경망을 구현하는 예제를 다룹니다.

2장. 케라스로 구현하는 ANN(인공신경망)

ANN Artificial Neural Network 은 두뇌의 신경망을 흉내 낸 인공지능 기술입니다. ANN 은 입력 계층, 은닉 계층, 출력 계층으로 구성되어 있습니다. 초기에는 기술적인 한계로 은닉 계층을 한 개만 포함하여 주로 총 3개 계층으로 ANN을 구성했습니다. 이 장에서는 ANN 구성에 필요한 요소를 이해하고 예제를 살펴보며 ANN 구현 방법을 익힙니다.

3장. 케라스로 구현하는 DNN(심층신경망)

DNN ^{Deep Neural Network} 은 은닉 계층을 여러 개 쌓아서 만든 인공신경망입니다. 다수의 은닉 계층을 이용하는 DNN은 ANN에 비해 더 우수한 성능을 내며 적용 분야도 다양합니다. 이 장에서는 DNN의 구성에 필요한 요소를 이해하고 케라스로 구현하는 방법을 익힙니다.

4장. 케라스로 구현하는 CNN(합성곱신경망)

CNN ^{Convolutional Neural Network} 은 영상 처리에 많이 활용되는 합성곱 ^{Convolution} 을 이용하는 신경망 기술입니다. 합성곱에 사용되는 필터들은 학습을 통해 이미지 내의 특징점을 자동으로 추출해냅니다. CNN은 이런 과정을 거쳐 기존에 수작업으로 찾던 특징점 ^{Features} 을 스스로 찾게 됩니다. 이 장에서는 CNN의 원리를 이해하고 케라스로 구현하는 방법을 알아봅니다.

5장. 케라스로 구현하는 RNN(순환신경망)

RNN ^{Recurrent Neural Network} 은 계층의 출력이 순환하는 인공신경망입니다. 재귀를 이용해 자기 계층의 출력 정보를 입력 신호로 다시 사용해 신경망의 성능을 높입니다. 특히 문자열, 음성 등 시계열 정보의 예측에 많이 활용됩니다. 이 장에서는 RNN의 기본 개념을 이해하고 예제를 구현해봅니다.

6장. 케라스로 구현하는 AE(오토인코더)

AE ^{AutoEncoder} 는 비지도학습 인공신경망입니다. 비지도학습은 레이블 정보가 없는 데이터의 특성을 분석하거나 추출하는 데 사용됩니다. 비지도학습의 대표적인 방식인 AE의 목적은 입력 데이터의 특징점을 효율적으로 찾는 겁니다. 이 장에서는 AE의 원리를 이해하고 케라스로 구현하는 방법을 익힙니다.

7장. 케라스로 구현하는 GAN(생성적적대신경망)

GAN ^{Generative Adversarial Network}은 경쟁을 통한 최적화를 수행하는 생성적 인공신경망입니다. GAN 내부의 두 인공신경망이 상호 경쟁하면서 학습을 진행합니다. 두 신경망 중의 하나는 생성망이고 다른 하나는 판별망입니다. 이 장에서는 GAN의 개념을 소개하고 케라스로 구현하는 방법을 다룹니다.

8장. 케라스로 구현하는 UNET(유넷)

UNET ^{U-shaped NETwork}은 저차원과 고차원 정보를 모두 사용하여 이미지의 경계를 비롯한 특징을 추출하는 인공신경망입니다. 차원 정보만 이용해 고차원으로 복원해나가는 AE와 달리 고차원 특징점도 함께 이용해 디코딩을 진행해 이미지의 특징점 추출에 용이합니다. 이 장에서는 UNET의 개념을 이해하고 구현 방법을 익힙니다.

심화 편

9장. 케라스 확장 기능

케라스를 이용하여 실제 문제에 인공지능을 활용할 때 생기는 문제를 효율적으로 처리하는 고급 기능을 다룹니다. 종종 학습에 필요한 데이터가 충분하지 못한

경우가 있습니다. 이런 경우는 학습 데이터 수를 늘려주거나 기존에 학습된 인공
신경망을 재활용해야 합니다. 이 장에서는 인공지능 기술의 실전 활용을 위해 필
요한 이미지 늘리기와 기존 망 재사용하기 방법을 익힙니다.

10장. 케라스로 구현하는 RL(강화학습)

RL Reinforcement Learning 은 행동에 대한 정책을 학습하는 인공신경망입니다. 강화학
습은 최고의 보상을 얻기 위해 인공지능 에이전트가 적절한 행동을 스스로 결정
할 수 있도록 만드는 방식으로 바둑, 게임, 로봇 제어 등에 활용되고 있습니다. 이
장에서는 RL의 개념을 이해하고 예제를 통해 구현 방법을 배웁니다.

11장. 케라스로 구현하는 QAI(양자인공지능)

QAI Quantum Artificial Intelligence 는 양자컴퓨터를 이용하여 구현하는 인공지능이며 양
자컴퓨터는 양자 효과를 활용하는 컴퓨팅 환경입니다. 양자컴퓨터는 양자중첩과
양자얽힘 현상을 이용하여 빠른 계산을 가능하게 합니다. 이 장에서는 QAI에 대
한 기본 내용을 배우고 양자 프로그래밍 방법을 익힙니다.

효과적으로 읽으려면...

새로운 프로그래밍 언어나 라이브러리를 학습하는 가장 좋은 방법은 무엇일까
요? 『케라스로 구현하는 딥러닝』은 인공지능의 한 가지 방식만을 깊이 다루기보
다는 누구나 인공지능을 쉽게 익힐 수 있도록 다양한 기초 방법을 실습하여 딥러
닝의 큰 그림을 그릴 수 있게 만들었습니다.

독자 옆에 앉아 빠르게 '함께 코딩해가며' 설명한다는 느낌이 들도록 했습니다. 코드는 설명 흐름에 맞춰 필요한 만큼씩 보여주며, '전체 코드'를 마지막에 제시합니다. 이론은 큰 그림을 이해할 정도로만 알려드리고, 코드도 세세한 부분까지 설명하지는 않습니다.

우선은 큰 그림과 동작하는 코드를 손에 넣은 후, 케라스 사용법 문서와 저자가 만든 케라스 깃허브를 참고해 코드를 주물러보며 케라스와 친해져보세요.

각 절의 마지막에는 주석이 거의 없는 전체 코드가 등장합니다. 코드를 훑어보며 배운 걸 정리하고 제대로 이해했는지 점검해보시기 바랍니다. 다음 그림처럼 각 코드 블록에 해당하는 본문 설명의 위치를 숫자로 연결해뒀으니 특정 코드가 이해되지 않을 때 활용하시기 바랍니다.

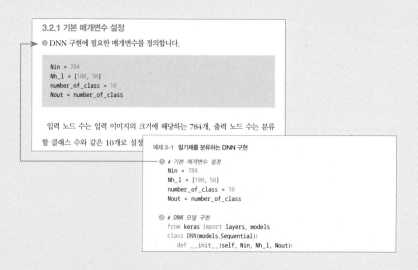

이 책을 마친 후

이 책의 목적은 다양한 딥러닝 모델의 개념을 익히는 것이므로 이론을 최대한 간략하게 소개합니다. 하지만 딥러닝을 본격적으로 사용하려면 이론도 같이 익히는 편이 좋을 겁니다. 이 책을 마친 후에 딥러닝을 더 공부하고 싶다면 다음 책을 참고하세요. 이론 학습과 실습을 더 해볼 수 있는 책으로 선별했습니다.

- 『혼자 공부하는 머신러닝+딥러닝』(한빛미디어, 2020)
  머신러닝과 딥러닝의 핵심 내용을 7단계에 걸쳐 반복 학습하면서 자연스럽게 머릿속에 기억할 수 있는 책입니다. 친절한 이론 설명과 실전 감각을 익히도록 엄선된 프로젝트 실습 예제가 담겨 있습니다. 책으로만 학습하기엔 여전히 어려운 입문자를 위해 저자 직강 동영상을 지원하고 핵심 개념과 용어만 따로 정리한 [용어 노트]도 제공합니다.

- 『머신러닝 실무 프로젝트(2판)』(한빛미디어, 2022)
  머신러닝 프로젝트를 처음 시작하는 방법, 시스템 구성법, 학습용 데이터 수집, 효과 검증에 필요한 저자들의 노하우를 알려줍니다. 또한 저자가 엄선한 세 가지 프로젝트를 따라 해보며 실무 감각을 키울 수 있도록 구성되어 있습니다.

- 『핸즈온 머신러닝(2판)』(한빛미디어, 2020)
  지능형 시스템을 구축하려면 반드시 알아야 할 머신러닝, 딥러닝 분야의 핵심 개념과 이론을 이해하기 쉽게 설명합니다. 사이킷런, 케라스, 텐서플로를 이용해 실전에서 바로 활용 가능한 예제로 모델을 훈련하고 신경망을 구축하는 방법을 상세하게 안내합니다.

- 『밑바닥부터 시작하는 딥러닝』(한빛미디어, 2017)
  라이브러리나 프레임워크에 의존하지 않고, 딥러닝의 핵심을 '밑바닥부터' 직접 만들어보며 즐겁게 배울 수 있는 본격 딥러닝 입문서입니다. 술술 읽힐 만큼 쉽게 설명하였고, 역전파처럼 어려운 내용은 '계산 그래프' 기법으로 시각적으로 풀이했습니다. 무엇보다 작동하는 코드가 있어 직접 돌려보고 요리조리 수정해보면 어려운 이론도 명확하게 이해할 수 있습니다.

이 책에서 다루는 7가지 신경망 간의 차이를 살펴보세요. 본문에서 상세 설명을 확인할 수 있습니다. (RL, QAI의 구조는 심화 편의 10장과 11장을 참조하기 바랍니다.)

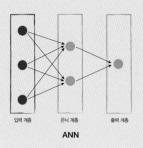

ANN

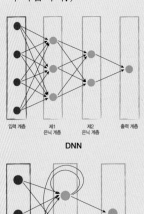

DNN

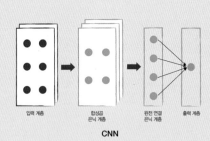

CNN

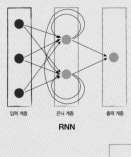

RNN

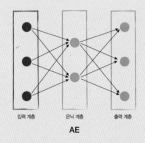

AE

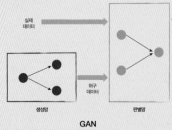

GAN

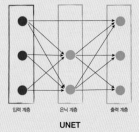

UNET

| 차 례 |

〈기본 편〉

CHAPTER 0
프롤로그

CHAPTER 1
케라스
시작하기

CHAPTER 3

케라스로 구현하는 DNN

〈심화 편〉

CHAPTER 11

케라스로 구현하는
QAI

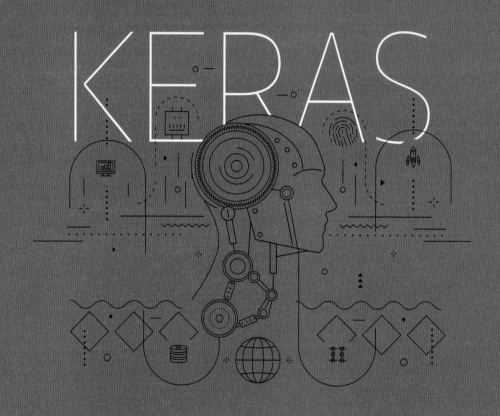

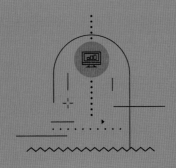

기본 편

프롤로그

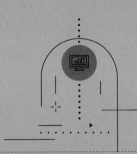

이 책의 주제인 케라스는 인공지능을 컴퓨터로 구현하는 파이썬 패키지입니다. 이번 장에서는 인공신경망의 개요와 케라스의 기본 개념을 알아봅니다.

- 인공지능과 인공신경망
- 케라스 소개

0.1 인공지능과 인공신경망

인공신경망은 인공지능을 구현하는 알고리즘입니다. 두뇌를 구성하는 신경망을 이용해 지능을 발현하는 원리를 기계에 적용한 것이 바로 인공신경망입니다. 본격적으로 인공신경망을 구현하기에 앞서 인공지능과 관련해 인공지능의 역사, 머신러닝과 딥러닝, 인공신경망 개요에 대해 알아보겠습니다.

0.1.1 인공지능의 역사

1956년 존 메카시 교수가 다트머스 회의에서 인공지능을 처음 주창했습니다.

그 후 인공지능은 [그림 0-1]과 같이 발전과 정체를 거듭하면서 성장했습니다.

초기 인공지능 기술은 기술의 한계에 부딪혀 뚜렷한 성과를 보이지 못했습니다. 그러던 중 1980년 무렵에 전문 분야의 지식을 모은 초기 인공지능 시스템으로 추론 엔진, 지식 베이스, 사람과의 소통 장치가 구성됩니다. 이러한 인공지능 시스템은 법률 정보 제공, 의료 진단 및 건축 설계 분야에 응용되었고 전문가 시스템이 나오면서 또 한 번 발전하게 됩니다. 그러나 수집해야 하는 지식이 너무나 방대하고 복잡하다는 걸 깨닫고 다시 암흑기에 들어갑니다. 1990년대는 인터넷, 컴퓨팅 기술 등이 발달하면서 잠시 흥미를 끌지만 또다시 정체기에 들어갑니다. 참고로 당시에 나온 알고리즘이 지금 많이 사용되는 인공신경망을 이용한 역전파 알고리즘입니다.

그러던 중 2006년 토론토 대학교의 제프리 힌턴 교수가 다계층 인공신경망의 효율적 학습 가능성을 보여주는 논문을 발표합니다. 다계층 인공신경망의 학습을

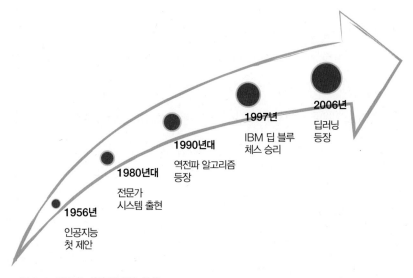

그림 0-1 인공지능 발전의 주요 역사

이후 딥러닝이라고 부르게 됩니다. 그전까지만 해도 인공신경망은 두세 계층만 제대로 학습하는 것으로 알고 있었는데 놀라운 결과가 발표된 겁니다.

이 흥분의 저변에는 1997년 IBM 딥 블루가 세계 체스 챔피언 카스파로프와 대결해 얻은 역사적인 승리가 있었습니다. IBM의 성과는 체스에 머물지 않고 2011년 유명한 퀴즈 대회인 제퍼디에서 우승을 이끌어냅니다. 이 대회에서 승리한 인공지능이 왓슨이며 왓슨은 최근 의료, 금융 등 다양한 분야로 활용 분야가 확대되었습니다.

제프리 힌턴 교수가 딥러닝의 기반이 되는 논문을 발표한 후, 토론토 대학의 알렉스 크리제브스키는 이미지 분류에서 역사적인 성과를 딥러닝을 통해 이루어냅니다. 십 년간의 이미지 분류 기술의 정체를 깨고 약 10%의 괄목상대할 만한 성능 개선을 이루어낸 겁니다. 이후에도 계속된 딥러닝 기술의 발전과 계층 수의 증가로 이제는 구글, 마이크로소프트, 메타(페이스북) 등에 의해서 인간 대비 90% 수준의 분류 성능을 달성하게 되었습니다.

이뿐만 아니라 인공지능과 인간의 대결도 한층 더 가속화되었습니다. 체스 게임과는 비교가 안 될 정도로 복잡한 바둑에서 인공지능이 인간 최고수를 이기는 일이 발생했습니다. 강화학습이라는 딥러닝에 기반한 인공신경망 바둑 기사인 알파고는 2016년 이세돌 9단을 4:1로 이김으로써 인공지능 기술의 놀라움을 세상에 다시금 알렸습니다.

이제 기술 개발뿐 아니라 많은 분야에서 인공지능을 활용합니다. 인공지능은 의료, 서비스, 자동차 분야를 비롯해 산업 분야까지 적용되면서 4차 산업혁명의 핵심 기술로 자리를 잡았습니다. 따라서 인공지능과 이를 구현하는 신경망 기술은 전문가와 비전문가를 따질 필요가 없을 정도로 누구에게나 중요하고 알고 싶은 분야가 되고 있습니다.

0.1.2 머신러닝과 딥러닝

인공지능과 관련된 주요 용어로 머신러닝 ^{Machine learning}, 인공신경망^{Artificial neural} ^{network}, 딥러닝 ^{Deep learning}을 들 수 있습니다. 인공지능은 궁극적으로 흉내 내고자 하는 목표를 의미하는 포괄적인 용어이고, 머신러닝은 초기 인공지능 방법입니다.

기존 컴퓨팅 방법은 정해진 알고리즘에 따라 움직입니다. 그러나 사람의 지적 능력을 흉내 내려면 사람의 학습 능력을 갖춰야 하는데, **머신러닝**이 바로 학습 능력을 갖춘 인공지능 기술입니다. 초기 머신러닝은 사람의 신경세포를 흉내 내는 방식과 수학적인 방식으로 나뉘어 발전했습니다. 그러나 사람의 신경세포를 흉내 내는 기법이 **과적합** 등의 단점으로 한계를 보이자 간단하면서도 괜찮은 성능을 보이는 **서포트 벡터 머신**^{Support Vector Machine, SVM}과 같은 수학적 방식의 학습 알고리즘을 더 많이 활용하게 되었습니다.

하지만 빅데이터를 활용하는 경우에는 더 많은 계층을 포함하는 딥러닝 방식의 인공신경망이 기존 머신러닝 방법보다 더 좋은 성능을 낸다는 사실이 밝혀지면서 다시 신경세포를 흉내 내는 인공신경망으로 관심이 쏠리게 되었습니다.

또한 실제 데이터를 수학적인 방법으로 모델링하는 방식에는 많은 오류가 존재합니다. 얼마나 모델의 오류^{Error}가 적고 정확성^{Accuracy}이 높아야 제대로 모델링한 것인지 판단하기 어렵고, 복잡한 데이터는 특히나 적합한 모델을 찾는 것 자체가 쉽지 않습니다. 전체를 모델링하지 않고 주요 특징점만 찾는 방법이 있지만 이 방법도 데이터가 많아지면 수작업을 해야 해서 시간과 비용이 많이 듭니다.

딥러닝은 이런 부분에 대한 자동화가 가능해 실제 문제에 훨씬 더 잘 접근할 수 있습니다. 이렇게 기존 예측 알고리즘의 단점인 데이터 모델링과 특징점 추출 등의 수작업을 인공신경망이 대신하게 되면서 인공지능에 대한 관심이 늘고 있습니다.

0.1.3 인공신경망 개요

인공지능은 기계가 인간의 두뇌를 흉내 내도록 만든 기능과 알고리즘입니다. 초기에는 간단한 방식이 연구되었으나 지금은 컴퓨터 기술의 발전으로 프로그래밍과 학습을 통해 높은 수준의 인공지능을 달성할 수 있습니다. 특히 최근 인공지능 기술의 효과가 하나둘씩 입증되면서 휴대폰, 자동차, 스피커 등 다양한 분야로 적용 범위가 늘어났습니다.

이 책은 케라스를 이용한 프로그래밍을 통해 인공지능 알고리즘을 실무에 활용하는 방법을 익히는 데 초점을 둡니다. 특히 인공신경망에 기반한 주요 딥러닝 알고리즘을 다룹니다. **인공신경망**은 뇌, 즉 생체의 신경망을 흉내 낸 알고리즘입니다. 생체는 여러 계층으로 신경망이 구성되어 복잡한 두뇌 활동을 할 수 있습니다. 이렇게 여러 계층으로 이루어진 인공신경망의 학습을 딥러닝이라고 부릅니다. 최근에 인공지능, 인공신경망이라 부르는 대부분의 경우가 딥러닝 방식을 의미합니다.

생체의 신경 조직은 여러 촉수를 통해 입력을 받아들이고 그 입력을 통합한 후 비선형 활성화 단계를 통과하여 결과를 다음 단계로 전달(출력)합니다. 하나의 신경 조직을 통과한 출력은 다음 신경 조직의 입력값이 됩니다. 이런 과정을 여러 번 반복하면서 생체는 거대한 신경망을 형성하여 깊이 있는 정보를 처리합니다. 생체신경망과 인공신경망은 [그림 0-2]와 같습니다.

인공신경망 기술이 처음 출현했을 때 다양한 분야에 적용하려는 연구가 활발했습니다. 그러나 그 성능이 한계를 드러내면서 십여 년간 인공신경망 기술 발전이 정체되었습니다. 그러다 제프리 힌턴 교수가 은닉 계층이 둘 이상인 인공신경망으로 효과적인 학습이 가능하다는 사례를 만들었고, 얀 르쿤 교수가 딥러닝 학습 성능을 높일 수 있는 **합성곱**^{Convolution} 인공신경망에 대한 논문을 발표하면서 한층

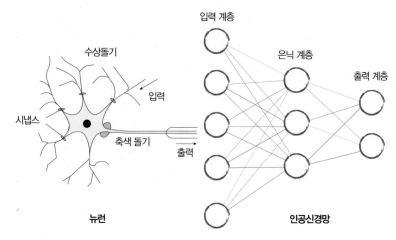

그림 0-2 생체신경망과 인공신경망 구조 비교

더 주목받게 되었습니다. 여기에 스탠퍼드 대학교 페이페이 리[Fei-Fei Li] 교수가 백만 장 이상의 레이블이 붙은 이미지를 크라우드 소싱 형태로 구성하여 공개함으로써 다수 계층을 가진 합성곱 인공신경망 기술이 차세대 인공지능 기술로 주목받게 되었습니다.

이뿐만 아니라 GPU로 효율적인 딥러닝 학습이 가능하다는 사실이 알려지면서 딥러닝에 대한 관심은 배가 되었습니다. 기존에는 수십 대의 병렬 컴퓨터로 가능 하던 일이 GPU를 가진 한 대의 PC에서도 가능하다는 점이 증명되었기 때문입 니다.

0.2 케라스 소개

간결하고 직관적인 API를 제공하는 **케라스**는 인공지능 코딩을 쉽게 하기 위한 파이썬 라이브러리입니다.

케라스는 딥러닝 엔진 프로그램을 호출하여 인공지능 알고리즘을 수행합니다.

초기에는 인공지능 엔진인 **시애노**Theano를 편리하게 사용하려고 개발했으나, 이후 구글 **텐서플로** Tensorflow, 마이크로소프트 **CNTK**, 아마존 **MXNet**로 사용할 수 있는 엔진이 늘어났습니다. 이후에는 OpenCL을 기반으로 하여 다양한 GPU를 지원하는 PlaidML[1]도 케라스의 엔진으로 사용합니다.

케라스는 인공지능 하위 레벨의 계산을 직접 수행하는 라이브러리는 아니지만 사용자가 인공지능을 쉽게 구현하는 데 도움을 주는 다양한 상위 레벨 인터페이스를 제공합니다. 이를 통해 인공지능에 대한 세부 내용을 고민하지 않고 다양한 분야에 쉽게 응용할 수 있습니다. 또한 하위 레벨의 **백엔드 함수**에 접근하는 방법을 제공하여 케라스의 함수와 딥러닝 엔진의 함수를 효율적으로 함께 사용하는 것이 가능합니다.

케라스 2.4 버전부터는 텐서플로를 케라스의 전용 백앤드로 사용하게 되었습니다. 텐서플로 2는 미분 가능 프로그래밍 Differentiable programming을 지원하는 강력한 인공지능 라이브러리입니다. 따라서 케라스도 미분 가능 프로그래밍을 충실히 지원하는 툴이 되었습니다. 여기서 미분 가능 프로그래밍은 딥러닝의 그레이디언트 학습이 자동 미분 기능을 뉴럴넷을 넘어 다양한 소프트웨어 분야에 적용 가능하도록 확장하는 방법입니다. 이러한 장점으로 케라스는 인공지능 패키지 중에 높은 인기를 얻고 있습니다.

0.2.1 케라스 2의 주요 특징

케라스는 2.x 버전[2]으로 업그레이드하면서 미분 가능 프로그램을 지원하는 텐

---

1 모든 플랫폼을 위한 오픈소스 딥러닝 엔진
2 케라스는 2.4 버전 이후부터 텐서플로 2.x와 통합되면서 텐서플로 2 엔진이 지원하는 실행에 따른 정의(Define-by-Run) 방식이 가능해졌습니다. 이후 텐서플로 2.x와 통합되어 실행에 따른 정의가 가능해진 2.4 이후의 버전을 본 책에서는 편의상 케라스 2로 명명하겠습니다.

서플로 2 엔진을 사용하기 때문에 **실행에 따른 정의**^{Define-by-Run} 방식이 가능해졌습니다. 기존의 **정의 후 실행**^{Define-and-Run} 방식과 차이를 문서 배달에 비유해서 설명하면 [그림 0-3]과 같습니다. 정의 후 실행 방식은 배달할 우편물을 전부 모아서 집배원에게 주면 집배원이 우편물을 배달하는 것처럼, 딥러닝에 필요한 구조가 먼저 정의되고 나서 비로소 실행하게 됩니다. 반면 실행에 따른 정의 방식은 집배원 없이 바로바로 전달이 가능한 이메일처럼 딥러닝 명령어 한 줄 한 줄이 즉각 실행되는 형태로 동작합니다.

실행에 따른 정의의 지원으로 케라스 2는 딥러닝 구조 부분에 기본 뉴럴넷 구조뿐 아니라 판단문, 반복문 등 프로그램 형태의 인공지능 정의가 가능하게 되어 확장성이 매우 높아지게 되었습니다. 이렇게 인공지능 블록을 프로그래밍 형태로 구현하는 것을 미분 가능 프로그래밍이라고 합니다. 이런 확장된 기능 덕분에 케라스 2로 인공지능 블록을 구현할 때는 [그림 0-4]와 같이 케라스 1보다 훨씬 투명하게 수정이 가능해졌습니다. 다만, 블록의 원리를 사람들이 이해 가능하도록 설명하는 기술, 즉 **설명 가능한 인공지능**^{eXplainable AI}은 좀 더 개발이 필요합니다.

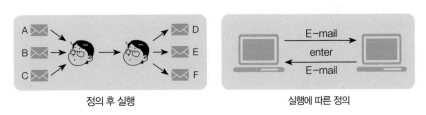

정의 후 실행   실행에 따른 정의

그림 0-3 케라스 2가 지원하는 정의에 따른 실행의 특성

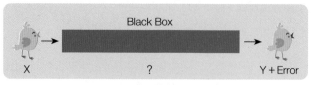

기존 딥러닝

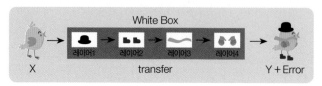

미분 가능 프로그래밍

그림 0-4 케라스 2가 지원하는 미분 가능 프로그래밍의 장점

케라스
시작하기

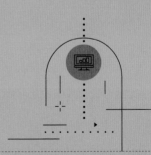

◆ 학습 목표 ◆

케라스의 설치 방법을 익히고 간단한 예제를 통해 기본 사용법을 알아봅니다.

케라스
시작하기

본격적으로 케라스를 다루기 위한 준비를 합니다. 이 장에서는 우분투와 윈도우 환경에서 케라스를 설치하는 방법과 주피터 설치하는 방법, 케라스 사용법에 대해 알아봅니다.

- 우분투에서 케라스 설치하기
- 윈도우에서 케라스 설치하기
- 주피터 설치하기
- 케라스 사용하기
- 케라스 기능

1.1 우분투에서 케라스 설치하기

우분투는 케라스를 이용한 인공지능 코딩에 많이 활용되는 운영체제입니다. 이제부터 우분투에서 아나콘다 파이썬을 사용해 케라스를 설치해보겠습니다.

아나콘다는 파이썬 공개 패키지입니다. 파이썬을 설치하면 파이썬 라이브러리를 별도로 설치해야 하는데 아나콘다 파이썬 배포판에는 다수의 패키지가 이미 들어 있어 편리하게 파이썬을 이용할 수 있습니다. 우리가 사용하는 케라스도 들어 있습니다. [그림 1-1]에서 보는 바와 같이 우분투에서 아나콘다를 이용해 케라스를 설치하는 단계를 알아보겠습니다.

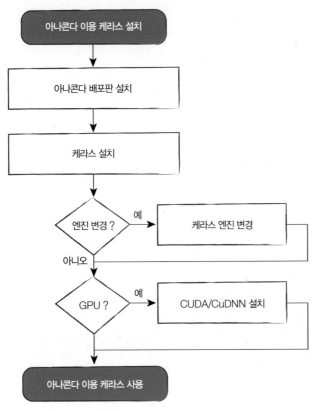

그림 1-1 케라스 설치 과정

1.1.1 아나콘다 파이썬 배포판 설치

아나콘다는 www.anaconda.com에서 내려받을 수 있습니다. 또는 wget 명령으로 내려받을 수 있습니다. ~/Download 폴더에 내려받아 보겠습니다.

```
$ cd ~/Download
$ wget https://repo.anaconda.com/archive/Anaconda3-2021.11-Linux-x86_64.sh
```

내려받은 아나콘다 파이썬을 다음과 같이 설치합니다.

```
$ bash ~/Download/Anaconda3-2021.11-Linux-x86_64.sh
```

이렇게 설치 파일을 실행하면 화면에 몇 가지 질문이 나타납니다. 여기에 간단히 답하면 설치가 완료됩니다. 설치 파일의 진행 단계를 정리하면 다음과 같습니다.

1 라이선스 동의 여부: 라이선스를 읽어보고 yes를 입력하면 다음 단계로 진입
2 설치 위치 확인 및 승인: yes라고 동의하면 해당 위치에 설치, no는 경로 입력 요구
3 시작 파일에 패스 추가: 아나콘다 실행 파일의 위치를 패스[PATH]에 포함하는 데 동의하면 터미널을 열 때 아나콘다의 파이썬 실행
4 설치 완료: 터미널을 새로 열면 아나콘다 파이썬 실행

1.1.2 아나콘다를 이용한 케라스 설치

아나콘다 설치를 완료하면 케라스를 쉽게 설치할 수 있습니다.

컴퓨터에 GPU가 있다면 다음과 같이 설치합니다.

먼저 케라스를 설치할 새로운 환경을 만듭니다. 이때 패키지는 설치하지 않고 환경을 만든 다음에 설치합니다. 환경의 이름은 사용자가 임의로 정할 수 있으며, 아래는 keras-gpu로 지정하는 예시입니다.

```
$ conda create --name keras-gpu
```

만든 환경으로 진입합니다. 이렇게 가상 환경에 들어가면 keras에 맞게 독립된

파이썬 환경을 만들 수 있습니다.

```
$ conda activate keras-gpu
```

환경에서 conda 툴을 이용해 GPU를 고려한 케라스 관련 패키지를 자동으로
설치합니다.

(keras-gpu)가 $ 앞에 붙는 이유는 파이썬 환경이 keras-gpu로 변경되었
다는 것을 나타냅니다. 또한 -c anaconda는 keras-gpu가 저장된 아나콘다
저장소를 의미합니다.

```
(keras-gpu)$ conda install keras-gpu -c anaconda
```

이렇게 하면 GPU에 기반하여 케라스를 실행하는 데 필요한 텐서플로, 케라스
등의 패키지가 모두 설치됩니다. 기본적인 파이썬 패키지 인스톨 방식인 pip와는
다르게 conda를 이용하면 여러 단계를 한꺼번에 설치할 수 있습니다. 이는 아나
콘다의 conda 툴은 연관된 패키지를 일일이 찾아서 설치하기 때문입니다.

하나의 conda 환경에서 빠져나오기 위해서는 다음과 같은 명령을 사용합니다.

```
(keras_gpu)$ conda deactivate
```

만약 GPU가 없다면 다음과 같이 keras-gpu 패키지가 아니라 keras 패키지
를 설치하면 됩니다.

먼저 GPU를 사용하지 않는 케라스를 설치할 새로운 환경을 만듭니다.

```
$ conda create --name keras
```

만든 환경으로 진입합니다.

```
$ conda activate keras
```

이제 GPU를 사용하지 않는 기본 케라스 관련 패키지를 설치합니다.

```
(keras)$ conda install keras -c anaconda
```

끝으로 conda를 설치하지 않고 파이썬을 사용하는 경우라면 파이썬 설치 툴인 pip로 설치할 수 있습니다. 다만, 텐서플로 등 다른 패키지는 스스로 설치해야 합니다.

```
$ pip install keras
```

이 책에서는 컴퓨터에 GPU가 있는 환경을 전제로, conda를 사용하여 설치합니다. 그러나 그렇지 않은 경우에도 사용에는 아무런 문제가 없습니다. 다만 작업량이 많을 때 GPU는 병렬화 기능이 우수해 CPU 방식보다 인공신경망을 처리하는 속도가 빠르다는 장점이 있습니다. 최근에는 다양한 인공지능 칩이 나오면서 인공지능에 대한 하드웨어 지원이 한층 강화되었습니다.

이제 케라스가 잘 설치되었는지 확인해봅니다. 파이썬에 들어가 케라스를 가져오면 됩니다.

```
$ python
Python 3.8.5 (default, Sep  4 2020, 07:30:14)
[GCC 7.3.0] :: Anaconda, Inc. on linux
Type "help", "copyright", "credits" or "license" for more information.
```

```
>>> import keras
>>> exit()
```

케라스가 잘 설치되어 오류 없이 불려 들어 지는 것을 확인하고 exit() 명령을 통해 빠져나왔습니다. 이제 케라스를 사용할 준비가 된 것입니다.

1.1.3 케라스에서 GPU 사용을 위한 CUDA/cuDNN 설치

케라스에서 GPU를 사용하기 위해서는 CUDA와 cuDNN의 설치가 필요합니다. 이에 대한 설치는 다음 링크를 참조해서 진행하면 됩니다.

- Tensorflow의 GPU 지원 가이드: https://www.tensorflow.org/install/gpu
- CUDA Toolkit: https://developer.nvidia.com/cuda-toolkit-archive
- cuDNN SDK: https://developer.nvidia.com/cudnn

참고로 위 설치 참조 링크는 우분투와 윈도우에서 모두 동일합니다.

1.2 윈도우에서 케라스 설치하기

윈도우에서도 파이썬 배포판인 아나콘다를 이용하겠습니다. 아나콘다를 이용하면 윈도우, 맥OS, 우분투에서의 파이썬과 파이썬 패키지 설치 방법이 같아서 편리합니다. 여기서는 설치에 사용할 아나콘다 파이썬 배포판을 Anaconda3 -2020.11판 기준으로 설명합니다.

1.2.1 아나콘다 파이썬 배포판 설치

윈도우 버전도 아나콘다 홈페이지에서 내려받을 수 있습니다. 윈도우 버전 다운로드를 직접 연결하는 링크는 다음과 같습니다

- https://www.anaconda.com/products/individual#windows

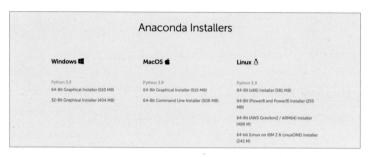

그림 1-2 아나콘다 사이트에서 배포판을 다운로드받는 웹페이지(2022.2.14 기준)

다운로드 페이지에서 운영체제에 해당하는 패키지로 설치합니다. 현재는 파이썬 3.9 버전으로 패키지가 구성되어 있습니다. 64비트 컴퓨터라면 64비트 배포판을 내려받고, 32비트 컴퓨터라면 32비트 배포판을 내려받으면 됩니다. 다운로드가 완료되면 파일을 클릭하여 GUI 방식으로 설치되는 걸 기다립니다.

- 64비트 배포판: Anaconda3-2021.11-Windows-x86_64.exe
- 32비트 배포판: Anaconda3-2021.11-Windows-x86.exe

설치 후 시스템 환경변수 Path에 아나콘다 파이썬의 경로를 넣어주면 어떤 명령행에서도 아나콘다로 설치한 파이썬이 실행됩니다. 기본 경로에 설치했다면 'C:\Anaconda3\Scripts'를 Path에 추가하면 됩니다. 만약 아나콘다 파이썬의 설치 경로를 다르게 설정했다면 그 경로를 추가합니다. Path를 설치하지 않아도 아나콘다 애플리케이션을 통해 실행할 수 있으니 도스 명령창에서 경로 지정 없이 사용해야 하는 경우에 한해 Path를 설치하기 바랍니다. Path에 설정하면 여러 파이썬 버전이 공존할 경우 혼돈을 일으킬 수 있기 때문입니다.

'Anaconda Prompt'를 시작 메뉴에서 검색해 제대로 설치했는지 확인합니다. 이를 찾아서 실행하면 다음과 같은 화면 문구와 함께 명령행이 열립니다. 사용자 이름은 admin이라고 가정합니다.

```
(base) C:\Users\admin>
```

이렇게 열린다면 설치가 된 것입니다.

1.2.2 아나콘다를 이용한 케라스 설치

이제 아나콘다를 이용해 케라스를 설치합니다. GPU가 없는 윈도우 운영체제로 돌아가는 PC라고 가정해보겠습니다. 먼저 어떤 패키지가 설치되어 있고, 케라스가 이미 설치되어 있는지 확인해야 합니다.

```
(base) C:\Users\admin>conda list
```

이 명령어를 실행하면 아나콘다와 함께 설치된 파이썬 패키지 목록이 나옵니다. 아나콘다 5.0.1을 기준으로 패키지 목록에 케라스가 없는 게 확인되면 이제 케라스를 설치합니다. 1.2절 '윈도우에서 케라스 설치하기'에서는 GPU 유무 둘 다에 대해 다루었으니, 여기서는 설명의 편의를 위해 그중 한 가지인 GPU가 없는 경우를 예시로 들겠습니다. GPU가 있는 경우는 1.1절의 내용을 참고하여 윈도우에 맞게 설치하면 됩니다.

```
(base) C:\Users\admin> conda install keras
```

이렇게 케라스와 텐서플로를 한꺼번에 설치하면 케라스의 디폴트 엔진도 텐서플로로 설정됩니다. 제대로 설치되었는지 파이썬으로 들어가 케라스를 가져와 봅니다.

```
(base) C:\Users\admin> python
Python 3.6.1. |Anaconda custom (64-bit)|
>>> import keras
Using Tensorflow backend.
>>>
```

위와 같이 케라스를 가져왔을 때 Tensorflow backend.가 나오고 다시 파이
썬 프롬프트인 〉〉〉가 떨어지면 제대로 설치된 것입니다.

이로써 윈도우에서 텐서플로를 엔진으로 하는 케라스의 사용 환경 구축과 설정
을 완료했습니다.

1.3 주피터 설치하기

주피터는 웹 환경에서 파이썬 코드를 작성하고 실행까지 해볼 수 있는 노트북과
유사한 환경입니다. 따라서 인공지능 알고리즘이나 데이터 과학을 수행하는 데
많은 도움이 됩니다. 또한 주피터를 이용하면 파이썬 코드를 웹에서 인터랙티브
모드로 편집하고 결과가 자동으로 저장되어 편리합니다.

우분투를 기반으로 주피터를 설치하는 방법을 알아봅니다. 윈도우에도 비슷한
방법으로 설치가 가능합니다.

앞서 만든 keras 또는 keras-gpu 파이썬 환경을 주피터에서 사용하기 위해
서는 다음과 같이 선택한 환경에 대한 주피터 커널을 설치하는 단계가 필요합니
다. 두 환경에서 설치 방법이 동일하므로 여기서는 keras-gpu의 경우만 설명합
니다.

```
(keras-gpu)$ conda install ipykernel
```

설치가 끝나고 나면 다음과 같이 keras-gpu를 주피터의 새로운 커널로 등록합니다.

```
(keras-gpu)$ python -m ipykernel install --user --name keras-gpu
```

이제 base 환경으로 들어가서 주피터를 실행합니다.

```
(keras-gpu)$ conda activate base
(base)$ jupyter lab
```

실행과 동시에 웹 브라우저가 열리면서 주피터를 사용할 수 있게 됩니다.

[그림 1-3]의 오른쪽을 보면 Notebook에서 사용할 수 있는 커널의 리스트가 제일 위에 나와 있습니다. 두 번째에 있는 keras-gpu가 위에서 포함시킨 케라스 커널입니다. 여기서 커널은 주피터에서 각 노트북을 실행할 때 사용하는 파이썬 환경을 의미합니다. 따라서 Python 3, keras-gpu, pennylane, tfq는 각각 하나의 파이썬 환경에 해당합니다.

그림 1-3 주피터를 사용할 수 있는 웹 환경

1.4 케라스 사용하기

인공지능으로 숫자를 예측하는 실습을 하면서 파이썬 텍스트 모드와 주피터 모드에서 케라스 사용법을 익힙니다.

1.4.1 실습 내용 소개

입력에서 출력을 예측하는 학습을 진행한 후 그 결과를 검증해 보는 예제를 살펴보겠습니다. 학습할 내용은 입력 숫자와 출력 숫자의 관계입니다. 입력과 출력 숫자로 구성된 조합이 다섯 쌍 있습니다. 이때 두 쌍으로 관계를 학습시키고 나머지 세 쌍의 관계를 인공지능이 추론하게 만듭니다.

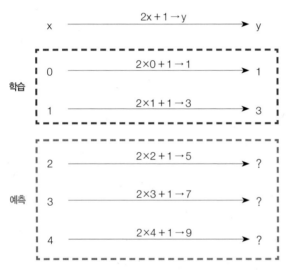

그림 1-4 숫자 예측 실습 규칙

더 상세히 설명하면 [그림 1-4]와 같이 입력과 출력에 일정한 규칙이 있는 숫자 5개 중에서 처음 입력한 2개와 이에 해당하는 결과 2개를 이용해 인공지능을 학습시킨 후, 나머지 입력 3개에 대한 출력 3개를 인공지능이 얼마나 잘 예측하는지 알아보는 것입니다.

출력 y는 입력 x에 2를 곱하고 나서 1을 더한 값입니다. 인공지능은 이런 관계를 사전에 알지 못하고 주어진 학습 정보만을 이용해 나머지를 예측합니다.

1.4.2 텍스트 모드 실습

텍스트 모드에서 숫자 예측 실습을 진행해봅시다. 케라스로 간단한 선형 인공지능 모델을 만들고 몇 개의 숫자셋으로 구성된 입력과 출력 데이터를 제공한 뒤 다음 입력에 대한 출력을 얼마나 잘 예측하는지 평가합니다.

먼저 파이썬을 텍스트 모드에서 실행합니다. 여기서는 앞서 설명한 아나콘다를 이용해 우분투나 맥OS 혹은 윈도우에서 파이썬을 설치했다고 가정합니다.

우분투와 맥OS에서는 명령행에 다음과 같이 입력하면 파이썬이 실행됩니다.

```
$ python
Python 3.6.1 ¦Anaconda 4.4.0 (64-bit)¦ (default, May 11 2017, 13:09:58)
[GCC 4.4.7 20120313 (Red Hat 4.4.7-1)] on linux
Type "help", "copyright", "credits" or "license" for more information.
>>>
```

윈도우에서는 검색창에서 'Anaconda Prompt'를 찾아서 터미널 모드 즉 명령행을 열어줍니다. 그 창에서 다음과 같이 python을 입력합니다.

```
(base) C:\Users\admin>python
Python 3.8.5 ¦Anaconda custom (64-bit)¦ (default, Oct 15 2017,
03:27:45) [MSC v.1900 64 bit (AMD64)] on win32
Type "help", "copyright", "credits" or "license" for more information.
>>>
```

여기서 명령줄 프롬프트가 $에서 >>>로 바뀌었습니다. $는 우분투에서 시스템 프롬프트입니다. 반면, >>>는 파이썬 명령어를 기다리는 프롬프트입니다.

❶ 실습 진행에서 가장 먼저 할 일은 케라스 패키지 및 다른 필요한 패키지를 가져오는 겁니다.

우선 케라스 패키지를 가져옵니다.

```
>>> import keras
```

다음으로 배열을 처리하는 데 활용되는 넘파이^{NumPy} 패키지를 가져옵니다.

```
>>> import numpy
```

이때 인공지능은 학습한 내용을 바탕으로 새로운 입력에 대해 예측을 할 수 있습니다.

❷ 학습 및 평가에 사용할 전체 데이터를 지정합니다.

```
>>> x = numpy.array([0, 1, 2, 3, 4])
>>> y = x * 2 + 1
```

먼저 학습에 사용할 데이터인 x를 정의합니다. x는 0부터 4까지의 연속된 정수입니다. 이 정수들에 2를 곱하고 숫자 1을 각 값에 편향값으로 추가했습니다. 이렇게 되면 인공지능에 입력할 x값과 출력할 y값이 각각 준비된 겁니다.

❸ 이제 케라스로 인공신경망을 구현하겠습니다. 구성할 인공신경망은 **가중치** 하나와 **편향값** 하나를 가지는 [그림 1 −5]와 같은 매우 간단한 모델입니다.

그림 1-5 숫자 예측을 위한 간단한 인공신경망

[그림 1-5]에서 **완전 연결 계층**Fully Connected or Dense Layer은 인공신경망의 계층입니다. 완전 연결 계층은 입력 벡터에 가중치 벡터를 내적하고 편향값을 빼주는 동작을 합니다.

구현에는 케라스의 서브패키지인 models와 layers를 사용하겠습니다. 서브패키지 models는 인공신경망의 각 계층을 연결하여 하나의 모델을 만든 후 컴파일, 학습, 예측을 담당합니다. 그리고 서브패키지 layers는 인공신경망의 각 계층을 만드는 클래스를 제공합니다. 여기서는 가장 기본이 되는 Dense 클래스를 사용합니다. 이번에는 케라스 설치를 확인하는 차원에서 간단히 구현하는 데 중점을 두고 진행하겠습니다.

우선 케라스로 인공신경망 모델을 만들기 시작했음을 models.Sequential( ) 을 사용해 파이썬 프로세스에 알립니다.

```
>>> model = keras.models.Sequential()
```

여기서 models.Sequential은 클래스이며 model이라는 인스턴스를 만듭니다. 모델 인스턴스가 생성되면 멤버 함수 add( )를 이용해 인공지능 계층을 추가합니다.

```
>>> model.add(keras.layers.Dense(1, input_shape=(1,)))
```

추가한 인공지능 계층은 입력 노드 하나와 가중치 하나를 가지는 선형 처리 계층입니다. 케라스의 계층은 내부적으로 편향값을 가지고 있으므로 미지수 둘을 포함하는 셈입니다. 여기서 입력 계층의 노드 수 input_shape의 지정에 의해 자동으로 생성됩니다.

만든 모델을 어떻게 학습할지 매개변수로 지정하고 컴파일합니다.

```
>>> model.compile('SGD', 'mse')
```

여기서 컴파일은 모델 매개변수를 통해 모델 구조를 생성하는 단계를 의미합니다. 학습에 사용되는 최적화 알고리즘은 **확률적 경사 하강법**^{Stochastic Gradient Descent, SGD}이며 **손실 함수**^{Loss function}는 **평균제곱오차**입니다. 위에서 다룬 인공신경망의 구현 방법과 용어 설명, 케라스에서 인공지능 모델링을 하고 컴파일하는 자세한 내용은 2장에서 다루겠습니다.

❹ 모델을 주어진 데이터로 학습시킬 차례입니다. 주어진 모델은 model이고 데이터는 x입니다. 이를 이용해 학습합니다.

찾아야 할 미지수는 앞서 말했듯이 가중치 하나와 편향값 하나이므로 입력 신호 둘과 출력 신호 둘을 제공하면 미지수를 찾을 수 있습니다. 따라서 이제 x[:2], y[:2] 즉, 각 값을 두 개씩 이용해 학습합니다.

```
>>> model.fit(x[:2], y[:2], epochs=1000, verbose=0)
```

여기서 epochs는 학습을 진행하는 총 에포크[3]를 의미합니다. 또한 verbose는

---

3 epoch는 인공신경망을 학습할 때 학습 데이터 전체가 사용된 한 회 또는 한 세대를 말하며, epochs는 에포크의 반복 횟수로 총 에포크라고 하겠습니다.

학습 진행 상황의 표시 여부를 정합니다. 간단한 경우라 0, 즉 표시하지 않는 것으로 설정했습니다.

❺ 이제 학습이 잘 되었는지 알아보겠습니다.

```
>>> y_pred = model.predict(x[2:]).flatten()
>>> print('Targets:', y[2:])
>>> print('Predictions:', y_pred)
>>> print('Errors:', y[2:] - y_pred)
```

위에서 flatten( )은 매트릭스 출력을 벡터 형태로 바꾸어주는 기능을 수행합니다. 이 코드의 출력 결과는 다음과 같습니다. 여기서 model.predict( )는 입력값을 주고 출력값을 예측하는 함수입니다. 모델이 충분히 학습됐다면 제대로 된 예측 결과가 나올 겁니다.

```
Targets: [5 7 9]
Predictions: [4.9674215 6.9438477 8.920274 ]
Errors: [0.03257847 0.05615234 0.07972622]
```

간단한 문제지만 인공지능 학습을 이용해 목표와 상당히 유사한 결과를 예측할 수 있습니다. 이 결과는 인공지능 가중치의 **초깃값**Initial value 설정, **에포크**, **학습률**learning rate 등에 의해서 약간씩 달라질 수 있습니다.

지금까지 결과를 파일로 만들어두고 파이썬으로 실행시키는 방법도 있습니다. 우선 편집기를 이용해 [예제 1-1]을 작성한 다음 ex1_1_simple_exercise.py로 저장합니다[4]. 앞으로 본 책에 나오는 모든 예제 코드는 아래 keraspp 깃

---

4 이와 같은 예제 파일을 이 책의 깃허브에서 제공하고 있으니 참조 바랍니다.

허브 링크에서 찾아볼 수 있습니다.

- keraspp 깃허브: https://github.com/jskDr/keraspp_2022

참고로 우분투에서 파이썬 코드를 작성하는 데 vi를 비롯해 다양한 에디터를 이용할 수 있습니다. 예를 들면 서브라임 텍스트, Visual Studio Code[5]를 많이 사용합니다.

파일을 저장했다면 이제 우분투 명령행에서 이 파일을 수행합니다. 명령행의 프롬프트는 $가 아닌 문자로 나타날 수 있지만 파일의 수행 방법은 윈도우, 맥OS, 우분투 모두에서 같습니다.

```
$ python ex1_1_simple_exercise.py
Targets: [5 7 9]
Predictions: [ 4.9973793   6.99548292  8.99358654]
```

파이썬으로 ex1_1_simple_exercise.py를 수행한 결과가 위와 같이 나타나면 제대로 수행된 겁니다.

1.4.3 주피터 모드 실습

주피터를 이용하면 파이썬 작업을 웹 브라우저에서 수행할 수 있습니다. 웹 브라우저에 기반한 주피터를 활용하면 작업한 내용이 결과와 함께 웹 화면에 동시에 보여 편집과 사용에 용이합니다.

주피터로 파이썬과 케라스를 사용하려면 간단한 사전 절차가 필요합니다. 설치및 실행 방법은 앞서 살펴본 1.3절에 나와 있습니다.

---

5 https://code.visualstudio.com/

먼저 작업 폴더가 ~/keraspp_2022라고 가정하면, 해당 디렉터리로 들어가서 주피터 서버를 띄웁니다.

```
$ cd ~/keraspp_2022
$ conda activate base
(base)$ jupyter lab
```

이렇게 하면 웹 브라우저가 열리면서 keraspp_2022 디렉터리에 들어 있는 주피터 파일이 보입니다. 파일 중에 nb1_1_simple_exercise.ipynb를 열면 예제를 수행한 결과가 보입니다.

참고로 주피터를 이용해 노트북 서버를 실행하면 파이썬뿐 아니라 R, 줄리아 등 다른 스크립트 언어에 대해서도 노트북 기능이 동작해 편리합니다.

주피터는 웹을 이용해 파이썬 프로그램을 수행하는 환경을 제공하여 인공신경망 또는 기존 통계 툴을 이용한 데이터 처리에 많이 사용됩니다. 주피터 사용법은 관련 서적이나 웹 문서 등을 참고하시기 바랍니다.

전체 코드

이 장의 전체 코드는 본문의 명령행에 작성된 조각 코드를 모두 모아 동시에 실행할 수 있는 파이썬 파일로 만들었습니다. 다음 장부터는 본문에 나오는 조각 코드도 편집기에서 작성된 것을 가정하고 있습니다.

이 책의 깃허브에서 이번 예제를 내려받을 수 있습니다.

참고로 주피터 파일을 콜랩에서 불러서 적절한 환경 설정 이후 실행할 수 있습니다. 환경 설정은 앞서서 설명한 conda나 pip를 이용하는 방법과 유사합니다.

- 깃허브 파일명: ex1_1_simple_exercise.py
- 깃허브 주피터: nb_ex1_1_simple_exercise.ipynb

다음과 같이 명령창에서 실행하거나 노트북 파일을 열어서 사용합니다.

- 윈도우, 맥OS, 우분투: $ python ex1_1_simple_exercise.py

예제 1-1 숫자 5개 중 2개를 학습해 나머지 3개를 예측하는 케라스

❶
```
# 케라스 패키지 가져오기
import keras
import numpy
```

❷
```
# 데이터 지정
x = numpy.array([0, 1, 2, 3, 4])
y = x * 2 + 1
```

❸
```
# 인공신경망 모델링
model = keras.models.Sequential()
model.add(keras.layers.Dense(1, input_shape=(1,)))
model.compile('SGD', 'mse')
```

❹
```
# 주어진 데이터로 모델 학습
model.fit(x[:2], y[:2], epochs=1000, verbose=0)
```

❺
```
# 성능 평가
y_pred = model.predict(x[2:]).flatten()
print('Targets:', y[2:])
print('Predictions:', y_pred)
print('Errors:', y[2:] - y_pred)
```

1.5 케라스 기능

케라스 기능을 충분히 활용하기 위해서는 텐서플로로부터 지원되는 미분 가능 프로그래밍을 위한 명령어인 GradientTape()을 사용해야 합니다. Gradient Tape()은 실행에 따른 정의 형태로 학습을 진행합니다. 따라서 with 명령으로 GradientTape()을 실행하면 블록에서 진행된 계산은 그레이디언트 계산이 가

능해집니다. 블록에는 미분한 목적 함수에 해당하는 코드가 들어가게 됩니다.

예를 들어 $y = x * w$를 w로 자동으로 미분하는 것을 GradientTape()을 이용해 구현하면 다음과 같습니다.

```
w = tf.Variable(3.0)
x = 2.0
with tf.GradientTape() as tape:
    y = w*x
grad_tf = tape.gradient(y, w).numpy()
grad_symbol = x
print(f"D(w*x)=x with {w.numpy()}: Symb->{grad_symbol}, TF->{grad_tf}")
```

이 방식은 값이 수치로 나오지만 미분이 정확한 값을 구할 수 있도록 자동 그레이디언트 방식으로 구성되어 있습니다.

1.6 마치며

이 장에서는 인공신경망의 개념, 케라스 설치 방법, 케라스로 인공신경망을 구현하는 방법을 알아봤습니다. 인공신경망은 인공지능을 구현하는 방법으로 현재 가장 많은 관심을 받고 있습니다. 케라스는 파이썬을 기반으로 인공신경망을 구현하는 패키지로서 아주 손쉽게 인공신경망을 접할 수 있어 입문자에게 매우 유용합니다.

다음 장부터 본격적으로 인공신경망 방식을 하나씩 구현하겠습니다.

케라스로 구현하는 ANN

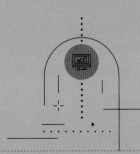

◆ 학습 목표 ◆

ANN의 개념과 ANN 구성에 필요한 요소를 이해합니다. 실사례를 통해 케라스로 구현하는 방법을 익히고 응용력을 키웁니다.

케라스로 구현하는 ANN

인공신경망^{Artificial Neural Network, ANN}은 생체의 신경망을 흉내 낸 인공지능입니다. 이는 입력, 은닉, 출력 계층으로 구성되어 있으며 은닉 계층을 한 개 이상 포함할 수 있습니다. 또한 각 계층은 여러 노드로 구성됩니다. ANN은 넓은 의미로 신경망을 총칭하는 용어로 사용하기도 해서 단일 은닉 계층의 ANN을 **얕은신경망**^{Shallow Neural Network, SNN}으로 구분해서 부르기도 합니다. 이 장에서 다루는 내용은 다음과 같습니다.

- ANN 원리
- 필기체를 구분하는 분류 ANN 구현
- 결과 데이터를 예측하는 회귀 ANN 구현

2.1 ANN 원리

대표적인 인공지능 기술인 ANN의 개념을 알아봅니다. ANN 구현에 들어가기 전에 ANN에 사용되는 용어와 원리를 알면 인공지능을 이해하는 데 도움 됩니다.

2.1.1 ANN 개념

　ANN은 [그림 2-1]과 같이 생체신경망 구조와 유사하게 은닉 계층을 포함하는 인공신경망 기술입니다. 초기에는 기술적 한계로 은닉 계층이 하나였습니다. 은닉 계층이 둘 이상이면 가중치 최적화가 어려워 신경망의 성능을 보장할 수 없었기 때문입니다. 빅데이터 시대 이전인 과거에는 데이터양이 충분하지 않아서 가중치 최적화에 대한 연구가 활발하지 못했습니다. 그리고 스몰데이터에는 신경망을 대신할 다른 머신러닝 방법이 있었습니다. 그렇지만 처리할 데이터양이 늘어나거나 비정형 데이터인 경우는 복잡도가 높아져 활용하기가 쉽지 않습니다. 이 경우 ANN이 더 효과적입니다.

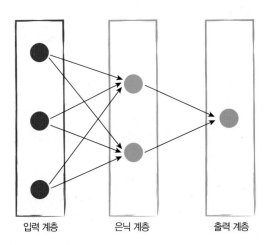

입력 계층　　　　은닉 계층　　　　출력 계층

그림 2-1　ANN 구조

2.1.2 ANN 구조

　은닉 계층이 하나인 ANN으로 기본 구성을 살펴봅니다. ANN은 **입력 계층, 은닉 계층, 출력 계층**으로 구성되고 각 계층은 순서별로 여러 **입력 노드, 은닉 노드, 출력 노드**를 포함합니다.

ANN은 [그림 2-2]와 같이 4단계로 동작합니다.

- 1단계: 입력 계층을 통해 외부로부터 들어온 입력 신호 벡터(x)에 가중치 행렬 W_{xh}를 곱하여 은닉 계층으로 보냅니다. 여기서 입력 노드 중 하나에는 외부 정보가 아니라 상수 1이 항상 들어옵니다. 이 상수 입력은 편향값 보상에 사용됩니다.
- 2단계: 은닉 계층의 각 노드는 자신에게 입력된 신호 벡터에 **활성화 함수**^{Activation function}인 $f_h()$를 적용한 결과 벡터(h)로 내보냅니다. 뉴런의 동작을 흉내 내고 비선형성을 보상하는 활성화 함수로 시그모이드, 하이퍼볼릭탄젠트 함수 등을 사용합니다.
- 3단계: 은닉 계층의 결과 벡터에 새로운 가중치 행렬 W_{hy}를 곱한 뒤 출력 계층으로 보냅니다.
- 4단계: 출력 계층으로 들어온 신호 벡터에 출력 활성화 함수인 $f_y()$를 적용하고 그 결과인 벡터(y)를 신경망 외부로 최종 출력합니다. 분류의 경우에는 출력용 활성화 함수로 소프트맥스^{Softmax} 연산을 주로 사용합니다. 일반적으로 회귀 방식에는 사용하지 않습니다.

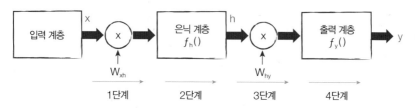

그림 2-2 ANN 동작 단계

인공지능의 이해에 수식적인 접근도 필요하지만, 실제 코드로 구현할 때 수식적인 표현이 많다면 가독성과 유지 관리가 어려워집니다. 다행히도 케라스는 다양한 상위 함수를 제공해주어 다른 인공지능 툴과는 달리 수식적 표현을 최소화하고 개념적으로 인공지능 네트워크를 표현할 수 있게 되어 있습니다. 이 책도 인공지능을 쉽게 배우는 데 도움을 주고자 가능한 한 수식 표현을 최소화하였습니다.

2.1.3 ANN 활용

ANN의 기본적인 활용 방법은 분류와 회귀로 나눌 수 있습니다. 분류 ANN은 입력 정보를 클래스별로 분류하는 방식이며, 회귀 ANN은 입력 정보로 다른 값

을 예측하는 방식입니다. 가령 필기체 숫자를 0부터 9로 분류한다면 분류 ANN
이고, 최근 일주일간 평균 온도로 내일 평균 온도를 예측한다면 회귀 ANN입니
다. 최근에는 이 두 방식 외에도 다양한 방식으로 인공지능을 활용합니다. 그렇지
만 대부분은 이 두 방식을 기반으로 하므로 이 둘을 중점으로 다룹니다.

분류 ANN

분류 ANN은 입력 정보를 바탕으로 해당 입력이 어느 클래스에 속하는지를 결정
합니다. 예를 들어 필기체 숫자가 적힌 그림을 보고 어느 숫자인지 분류하는 경우
를 생각해봅시다. 설명의 편의를 위해 숫자는 0과 1만 있다고 가정합니다.

ANN은 입력한 필기체 숫자 그림을 보고 0인지 1인지를 분류합니다. 이때 입
력 계층은 필기체 숫자 그림을 받아들이고, 출력 계층은 분류한 결과를 출력합니
다. 분류한 결과를 출력하는 방법으로 노드 하나를 사용하여 분류 결과를 수로 표
현하는 방법이 있습니다. 그런데 분류 ANN은 숫자로 출력하는 방법보다 분류할
클래스 수만큼 출력 노드를 만드는 방법이 효과적이라고 알려져 있습니다. 따라
서 0과 1 두 숫자에 해당하는 필기체 그림을 분류하는 이 경우에는 출력 노드를
두 개 만드는 것이 효과적입니다.

판별은 두 출력 노드의 값을 비교하여 더 큰 쪽을 선택하도록 구현합니다. 예를
들어 분류 ANN 출력 계층의 두 출력 노드가 o1, o2 값을 각각 출력한다고 가정
했을 때 o1 > o2이면 0으로, o1 < o2이면 1로 분류할 수 있습니다.

이와 같이 ANN을 이용하여 예측값을 추론하는 과정을 전방향 예측이라고 합
니다. 반면 ANN을 구성하는 가중치 학습은 예측값의 목푯값에 대한 오차를 역
방향으로 되돌리면서 이루어지기 때문에 **오차역전파** Error backpropagation 라고 합니다.

오차역전파는 오차를 줄이는 **경사 하강법** Gradient descent 에서 유도된 방법입니다. 경
사 하강법은 가중치에 대한 손실 함수를 미분하고, 그 미분값의 방향과 크기를 활

용해 가중치를 보상하는 방법입니다. **손실 함수**^{Loss function} 란 가중치에 따라 오차가

얼마나 커지고 작아지는지를 평가합니다. [그림 2-3]은 ANN의 전방향 예측과

오차역전파 과정을 나타냅니다.

분류 ANN은 손실 함수로 **교차 엔트로피**^{Cross entropy} 함수를 주로 사용합니다. 교차

엔트로피 함수를 적용하려면 출력 노드의 결과를 확률값으로 바꿔야 합니다. 확

률값은 출력 노드값을 **소프트맥스** 연산으로 구합니다.

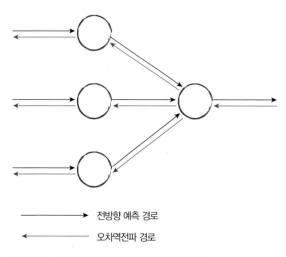

⟶ 전방향 예측 경로

⟵ 오차역전파 경로

그림 2-3 ANN의 전방향 예측과 오차역전파 과정

회귀 ANN

회귀 ANN은 입력값으로부터 출력값을 직접 예측하는 방법입니다. [그림 2-4]

에서 점은 실제 데이터를 의미하는데, 이 데이터의 규칙을 잘 표현하는 함수를 찾

는 것이 회귀입니다. 이 그림에서는 직선으로 된 회귀 함수를 찾고 있지만 곡선

으로 된 함수를 찾을 수도 있고, ANN을 이용해 복잡한 다차원 회귀 함수를 찾을

수도 있습니다.

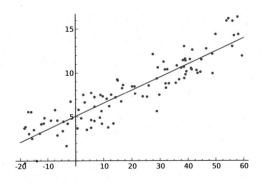

그림 2-4 회귀의 원리를 보여주는 예

예를 들어 다차원 회귀를 이용하면 집과 관련된 정보를 활용해서 집값을 예측할 수 있습니다. 집과 관련된 정보를 모은 것이 정보 벡터라면, 이 정보 벡터를 이용해서 시세를 예측하게 학습합니다. 신경망 학습은 많은 수의 집 정보를 이용하여 수행됩니다. 신경망 학습이 완료되면 집에 대한 정보와 시세 간의 관계가 성립됩니다. 다시 말해 임의의 집 정보를 넣으면 시세를 예측할 수 있습니다. 즉, 학습에 사용하지 않은 집에 대한 정보로도 시세를 예측할 수 있습니다.

ANN의 학습은 분류 ANN와 같이 오차역전파 방법을 사용합니다. 회귀 ANN을 오차역전파 방법으로 학습시키려면 평균제곱오차, 즉 MSE$^{\text{Mean Squared Error}}$를 주로 손실 함수로 사용합니다.

오차역전파를 활용해 학습하는 최적화 방법으로 확률적 경사 하강법을 많이 사용해왔습니다. 최근에는 더 발전된 방법으로 Adam[6], Adagrad[7], RMSProp[8] 등과 같은 방법을 사용합니다. 다양한 최적화 방법 중에 주어진 데이터에 맞는 하

---

6 경사의 분산과 평균으로부터 매개변수를 업데이트하는 적응 알고리즘
7 밀집되지 않은 데이터에 적합하도록 경사 제곱을 통해 시간에 따라 학습률을 조정하는 적응 알고리즘
8 학습률이 급격히 떨어지지 않게 감쇠 항을 추가한 적응 알고리즘

나를 선택해야 합니다. 이때 인공지능에 대한 경험을 바탕으로 선택하거나, 여러 방법을 수행해보고 최적의 방법을 선택합니다.

2.1.4 ANN 구현 방법 및 단계

인공지능을 케라스로 구현하는 방법은 크게 함수형 구현과 객체지향형 구현이 있습니다. 함수형 구현은 ANN 모델을 직접 설계하는 인공지능 전문가에게 적합하고, 객체지향 방식은 전문가가 만들어 놓은 ANN 모델을 사용하는 사용자에게 적합합니다. 그리고 ANN 모델링은 분산 방식, 연쇄 방식 또는 둘의 혼합 방식으로 구현할 수 있습니다. 분산 방식은 구조가 복잡한 경우에 적합하며 연쇄 방식은 하나의 순서로 구성된 간단한 신경망 구현에 적합합니다.

케라스를 이용하여 인공지능 알고리즘을 구현하고 검증할 때 주로 다음과 같은 단계를 거쳐 프로그램을 작성합니다.

- 1단계: 인공지능 구현용 패키지 가져오기
- 2단계: 인공지능에 필요한 매개변수 설정
- 3단계: 인공지능 모델 구현
- 4단계: 학습과 성능 평가용 데이터 가져오기
- 5단계: 인공지능 학습 및 성능 평가
- 6단계: 인공지능 학습 결과 분석

잠깐! 개념 확인하기

1 ANN에서 입력 계층과 출력 계층 사이에 존재하는 계층은 무엇인가요?

2 ANN에 사용하는 활성화 함수는 어떤 것이 있나요?

3 ANN의 가중치를 업데이트하는 데 사용되는 방법은 무엇인가요?

4 ANN에서 사용하고 있는 오차역전파에서 오차를 얻기 위해 사용하는 방법은 무엇인가요?

정답 1 은닉 계층 2 시그모이드 함수, 하이퍼볼릭탄젠트 함수 등 3 오차역전파 4 경사 하강법

2.2 필기체를 구분하는 분류 ANN 구현

분류 ANN은 클래스가 둘 이상인 데이터를 분류하는 인공지능 방법입니다. 이 절에서는 케라스로 분류 ANN을 구현하면서 기본적인 인공지능 구현 방법을 익힙니다. 또한 학습이나 평가에 사용할 데이터를 인공지능 알고리즘에 적용하기 전에 어떻게 전처리하는지도 다룹니다.

분류 ANN 구현도 2.1.4항에서 설명한 인공지능 구현 6단계를 따릅니다.

- 1단계: 분류 ANN 구현용 패키지 가져오기
- 2단계: 분류 ANN에 필요한 매개변수 설정
- 3단계: 분류 ANN 모델 구현
- 4단계: 학습과 성능 평가용 데이터 가져오기
- 5단계: 분류 ANN 학습 및 검증
- 6단계: 분류 ANN 학습 결과 분석

이번 절에서는 케라스로 분류 ANN을 구현하는 방법을 다룰 예정이므로 위에 제시한 단계 중 인공지능 모델과 관련된 절차를 분류 ANN에 맞게 재설정해야 합니다.

2.2.1 분류 ANN을 위한 인공지능 모델 구현

분류 ANN을 구현하는 1~3단계를 진행하겠습니다. 특히, 모델링에 해당하는 3단계는 상황에 따라 다양하게 구현이 가능하므로 심층적으로 다룹니다.

❶ 1단계로 케라스 패키지로부터 2가지 모듈을 불러옵니다.

```
from keras import layers, models
```

첫 번째로 불러온 layers는 각 계층을 만드는 모듈입니다. 두 번째로 불러온

models는 각 layer를 연결하여 신경망 모델을 만든 후 컴파일하고 학습시키는 역할을 합니다. 물론 학습 후 평가도 models를 이용하여 진행합니다. 객체 지향 방식을 지원하는 케라스는 models.Model 객체에서 compile(), fit(), predict(), evaluate() 등 딥러닝 처리 함수 대부분을 제공해 편리하게 사용할 수 있습니다.

2단계에서는 분류 ANN에 필요한 매개변수를 설정합니다. 분류 ANN에 필요한 매개변수는 Nin, Nh, number_of_class, Nout입니다. 순서대로 입력 계층의 노드 수, 은닉 계층의 노드 수, 출력값이 가질 클래스 수, 출력 노드 수에 해당합니다. 이 값의 실제 정의는 main() 함수 안에서 진행하며 2.2.4항 '분류 ANN 학습 및 성능 분석'에서 다시 언급합니다. 꼭 전역 변수로 지정할 필요가 없다면 매개변수를 시작 함수인 main()에 넣어주면 됩니다.

다음은 3단계 모델링 부분입니다. 분류 ANN 모델은 인공지능 기술에서 가장 기본이 되는 구조입니다. 따라서 이 기본적인 인공지능 모델을 케라스로 어떻게 구현하는지 이해하면 이후에 더 고도화된 인공지능을 모델링하는 데 도움이 될 것입니다.

앞서 살펴본 것처럼 케라스는 인공지능 모델을 분산 방식과 연쇄 방식으로 구현할 수 있습니다. 연쇄 방식은 간단히 구현할 수 있지만 복잡도가 높은 모델에 적용하기에는 한계가 있습니다. 따라서 두 방식을 모두 알아두는 것이 좋습니다. 또한 모델을 구현하는 방식도 함수형과 객체지향형 방법을 모두 다룹니다. 이 책에서 고려하는 4가지 모델 구현 방식을 하나씩 알아보겠습니다.

분산 방식 모델링을 포함하는 함수형 구현

❷ ANN 모델을 분산 방식으로 구현합니다. 모델 구현에는 함수 방식을 사용합니다.

신경망 구조를 지정해야 하며 먼저 입력 계층을 정의합니다.

```
x = layers.Input(shape=(Nin,))
```

입력 계층은 layers.Input() 함수로 지정합니다. 원소를 Nin개 가지는 입력 신호 벡터는 입력 노드에 따른 계층의 shape를 (Nin,)으로 지정합니다.

이어서 은닉 계층의 구조와 수를 정할 차례입니다.

```
h = layers.Activation('relu')(layers.Dense(Nh)(x))
```

은닉 계층은 layers.Dense()로 지정합니다. 노드가 Nh개인 경우에 은닉 계층을 layers.Dense(Nh)로 구성합니다. 이 은닉 계층의 입력은 입력 노드입니다. 즉, x를 입력으로 받아들이도록 layers.Dense(Nh)(x)로 지정합니다. 참고로 layers.Dense(Nh)는 layers.Dense 객체의 인스턴스입니다. 객체를 함수처럼 사용할 수 있기 때문에 ()를 사용해 호출이 가능한 것입니다.

> NOTE 파이썬은 객체를 만든 후에 함수처럼 사용할 수 있습니다. 바로 def __call__(self, …)라는 멤버 함수를 사용하면 됩니다. 예를 들어 Dense라는 객체를 만들어 함수처럼 사용하려면 다음과 같이 하면 됩니다.
>
> ```
> class Dense:
>     def __call__(self, x):
>         print(x)
> ```
>
> ```
> >>> Dense()(1)
> 1
> ```

그리고 활성화 함수를 layers.Activation('relu')로 지정합니다. 여기서 ReLU는 최근에 많이 사용하는 활성화 함수로 $f(x) = \max(x, 0)$과 같습니다. 단순하지만 딥러닝 학습에 도움이 되기 때문에 최근에는 $\tanh()$나 $\text{sigmoid}()$ 함수보다 많이 사용됩니다. 따라서 입력 벡터인 x를 완전히 연결된 은닉 계층의 노드로 모두 보내고 은닉 계층의 각 노드는 ReLU로 활성화 처리한 뒤에 다음 계층으로 내보냅니다.

신경망 계층의 마지막은 출력 계층입니다. 출력 계층은 다음과 같이 구현합니다.

```
y = layers.Activation('softmax')(layers.Dense(Nout)(h))
```

다중 클래스 분류를 ANN으로 구현하고 있으므로 출력 노드 수는 클래스 수 (Nout)로 지정합니다. 이때 출력 노드에 입력되는 정보는 은닉 노드의 출력값입니다. 또한 분류의 경우에 출력 노드의 활성화 함수로 소프트맥스 연산을 사용합니다.

케라스는 컴파일을 수행하여 타깃 플랫폼에 맞게 딥러닝 코드를 구성합니다. 사실 파이썬은 스크립트 언어이기 때문에 컴파일 없이도 실행됩니다. 컴파일러의 동작은 코드를 실제 기계언어로 컴파일하는 단계는 아니지만 다양한 초기 작업으로 신경망을 사용할 수 있게 합니다.

컴파일 과정을 다음과 같이 구현합니다.

```
model.compile(loss='categorical_crossentropy',
                        optimizer='adam', metrics=['accuracy'])
```

여기서 loss는 손실 함수를 지정하는 인자입니다. 케라스가 제공하는 손실 함수 외에도 직접 새로운 손실 함수를 제작하여 지정할 수 있습니다. 두 번째 인자인 optimizer는 최적화 함수를 지정합니다. 마지막 인자인 metrics는 학습이나 예측이 진행될 때 성능 검증을 위해 손실뿐 아니라 정확도 즉 accuracy도 측정하라는 의미입니다.

이제 앞서 설명한 계층을 합쳐 분산 방식으로 인공지능 모델을 만드는 함수를 구성합니다.

```python
def ANN_models_func(Nin, Nh, Nout):
    x = layers.Input(shape=(Nin,))
    h = layers.Activation('relu')(layers.Dense(Nh)(x))
    y = layers.Activation('softmax')(layers.Dense(Nout)(h))
    model = models.Model(x, y)
    model.compile(loss='categorical_crossentropy', optimizer='adam',
                  metrics=['accuracy'])
    return model
```

모델은 입력과 출력을 지정하여 만듭니다. 중간 계층은 앞서 정의한 계층 간 신호의 연결 관계대로 자동으로 설정됩니다. 여기서 models.Model(x, y)는 딥러닝 구조가 여러 가지 딥러닝에 필요한 함수와 연계되도록 만드는 역할을 합니다. 최종적으로 컴파일이 끝난 모델을 함수 출력으로 내보내도록 구성되어 있습니다.

여기까지 진행하면 케라스로 기본 형태의 분류 ANN 모델을 구성한 겁니다.

연쇄 방식 모델링을 포함하는 함수형 구현

❸ ANN의 모델을 연쇄 방식으로 구현하는 방법을 알아봅니다. 이번에는 함수형 프로그래밍 방식을 활용합니다. 연쇄 방식은 앞서 살펴본 분산 방식과 모델을 지정하는 부분만 다르고, 상수를 정의하고 설정한 모델을 컴파일하는 구현 코드는 같습니다.

분산 방식과 다르게 모델을 먼저 설정합니다.

```
model = models.Sequential()
```

연쇄 방식은 모델 구조를 정의하기 전에 Sequential() 함수로 모델을 초기화해야 합니다.

다음은 모델의 구조를 설정할 차례입니다.

```
model.add(layers.Dense(Nh, activation='relu', input_shape=(Nin,)))
model.add(layers.Dense(Nout, activation='softmax'))
```

첫 번째 add() 단계에서 입력 계층과 은닉 계층의 형태가 동시에 정해집니다. 입력 노드 Nin개는 완전 연결 계층 Nh개로 구성된 은닉 계층으로 보내집니다. 이 은닉 계층의 노드는 ReLU를 활성화 함수로 사용합니다. 또한 은닉 계층의 출력은 출력이 Nout개인 출력 노드로 보내집니다. 출력 노드의 활성화 함수는 소프트맥스 연산으로 지정했습니다.

이제 앞의 조각 코드를 합치고 조정하여 연쇄 방식으로 인공지능 모델을 만드는 함수를 구성할 단계입니다.

```
def ANN_seq_func(Nin, Nh, Nout):
    model = models.Sequential()
    model.add(layers.Dense(Nh, activation='relu', input_shape=(Nin,)))
    model.add(layers.Dense(Nout, activation='softmax'))
    model.compile(loss='categorical_crossentropy',
                  optimizer='adam', metrics=['accuracy'])
    return model
```

이처럼 연쇄 방식은 추가되는 계층을 간편하게 기술할 수 있다는 장점이 있습니다. add()를 이용해 연속되는 계층을 계속 더해주면 됩니다.

복잡한 인공신경망을 기술하는 부분은 연쇄형 모델링만으로 구현이 힘든 경우도 있습니다. 이런 경우는 다음에 다룰 분산 방식 모델링을 사용해야 합니다.

분산 방식 모델링을 포함하는 객체지향형 구현

❹ 구현할 ANN 코드의 재사용성을 높이기 위해 객체지향 방식으로 구현할 수도 있습니다. 이 방식은 일반 사용자의 경우 전문가가 만든 인공지능 모델을 객체로 불러 쉽게 활용할 수 있다는 장점이 있습니다.

이제 객체지향 방식으로 구현해보겠습니다. 먼저 클래스를 만들고 models. Model로부터 특성을 상속해옵니다. models.Model은 신경망에서 사용하는 학습, 예측, 평가와 같은 다양한 함수를 제공합니다. 다음으로는 클래스의 초기화 함수를 정의합니다.

```
class ANN(models.Model):
    def __init__(self, Nin, Nh, Nout):
```

초기화 함수는 입력 계층, 은닉 계층, 출력 계층의 노드 수를 각각 Nin, Nh, Nout로 받습니다. 만약 모델에 대한 함수를 추가로 구현하지 않고 Model에서 기본 제공하는 함수만 이용한다면 초기화 함수인 __init__()만 정의해 클래스를 구현할 수 있습니다. 각 계층의 노드 수를 클래스의 초깃값으로 사용하므로 나중에 ANN 인스턴스를 만들 때 이 값들을 유연하게 설정할 수 있습니다.

다음으로 신경망의 모델에 사용할 계층을 정의합니다.

```
hidden = layers.Dense(Nh)
```

이번 ANN에서는 은닉 계층이 하나이므로 은닉 계층의 출력 변수로 hidden

하나만 사용했습니다. 만약 은닉 계층이 셋이라면 반복문을 사용해서 생성할 수 있습니다. 이때는 각 층마다 노드 수가 Nh_l=[5, 10, 5]라고 합니다. 은닉 계층들을 hidden_l=map(layers.Dense, Nh_l)과 같이 반복문을 사용해서 만들 수 있습니다. for문을 사용해 hidden_l=[layers.Dense(n) for n in Nh_l]과 같이 표현할 수 있습니다. 단일 문장이 아니라 여러 문장으로 구성한다면 다음과 같이 구성할 수 있습니다.

```
hidden_l = []
for n in Nh_l:
    hidden_l.append(layers.Dense(n))
```

이제 노드 수가 Nout개인 출력 계층을 정의합니다.

```
output = layers.Dense(Nout)
```

여기서 정의된 계층들은 아래에서 모델을 구성하는 요소로 사용됩니다.

다음은 비선형성을 넣어주는 Activation 함수를 정의합니다.

```
relu = layers.Activation('relu')
softmax = layers.Activation('softmax')
```

이 함수들은 계산 모듈이므로 한 번 정의해두면 모델 내에서 여러 번 사용할 수 있습니다. 앞서 설명했듯이 ReLU 함수는 0보다 큰 수는 그대로 출력하고, 0보다 작은 수는 0으로 출력합니다. 또한 분류의 경우에 출력 노드의 활성화 함수로 소프트맥스 연산을 사용합니다.

이제 상속받은 상위 클래스의 초기화를 진행합니다.

```
super().__init__(x, y)
```

여기서는 상위 클래스가 models.Model입니다. 적어주지 않으면 자동으로 선정됩니다.

위의 조각 코드를 합쳐서 분산 방식을 이용해 객체지향 형태로 인공지능 모델을 만드는 함수를 구성합니다.

```
class ANN_models_class(models.Model):
    def __init__(self, Nin, Nh, Nout):
        # Prepare network layers and activate functions
        hidden = layers.Dense(Nh)
        output = layers.Dense(Nout)
        relu = layers.Activation('relu')
        softmax = layers.Activation('softmax')

        # Connect network elements
        x = layers.Input(shape=(Nin,))
        h = relu(hidden(x))
        y = softmax(output(h))

        super().__init__(x, y)
        self.compile(loss='categorical_crossentropy',
                    optimizer='adam', metrics=['accuracy'])
```

만들어진 모델을 사용하기 위해 인스턴스를 생성합니다.

```
model = ANN(Nin, Nh, Nout)
```

케라스를 이용하면 이렇게 만들어진 모델을 불러와서 사용하면 되므로 복잡한 인공지능 수식을 일일이 파악해야 하는 수고가 줄어듭니다. 따라서 클래스를 사용하는 객체지향형 구현 방식을 이용하면 케라스를 더 쉽게 사용할 수 있습니다.

연쇄 방식 모델링을 포함하는 객체지향형 구현

❺ 앞에서는 각 계층을 별도로 정의했는데 **연쇄**Sequential 방식을 사용하면 더 편리하게 모델링할 수 있습니다.

연쇄 방식은 객체지향으로 구성할 수도 있고 클래스 없이 기본 형태로 구성할 수도 있습니다. 단, 이때는 신경망 모델이 연속적인 하나의 고리로 연결되어 있다는 가정하에 모델링이 이루어집니다. 각 층의 동작 단계가 연속으로 기술되기 때문에 표현하기도 쉽고 개념적으로 이해하기 쉽습니다. 그러나 딥러닝 구조가 복잡해지면서 계층 간의 연결이 연쇄적으로 구성되지 않는 경우가 생길 수도 있습니다. 이런 경우 또는 처음부터 새로운 딥러닝 구조를 설계하는 경우에는 연쇄 방식보다는 직접 모델링 방법을 사용하는 것을 권장합니다. 여기서는 앞에서 설명한 직접 모델링 구성 방식과 상이한 부분만 설명합니다.

앞에서는 models.Model에서 모델을 상속받았지만 이번에는 models. Sequential에서 상속받습니다. 직접 모델링 방법에서는 컴파일하기 직전에 초기화했지만, 연쇄 방식에서는 부모 클래스의 초기화 함수를 자신의 초기화 함수 가장 앞 단에서 부릅니다.

```
class ANN(models.Sequential):
    def __init__(self, Nin, Nh, Nout):
        super().__init__()
```

모델링은 앞의 계층에 새로운 계층을 계속 추가하는 형태입니다. 연쇄 방법은 입력 계층을 별도로 정의하지 않고 은닉 계층부터 추가해 나갑니다.

```
self.add(layers.Dense(Nh, activation='relu', input_shape=(Nin,)))
```

은닉 계층을 붙일 때, 변수 중에 하나로 입력 계층의 노드 수를 input_shape = (Nin,)과 같이 포함해주어 간단히 입력 계층을 정의했습니다. 그리고 활성화 함수도 activation = 'relu'와 같이 어떤 걸 사용할지 인자로 지정했습니다.

이제 출력 계층을 정의할 차례입니다.

```
self.add(layers.Dense(Nout, activation='softmax'))
```

출력 계층은 노드 Nout개이고, 활성화 함수는 소프트맥스입니다.

위의 내용을 바탕으로 연쇄 방식을 이용해 객체지향 형태로 인공지능 모델을 만드는 함수를 구성합니다.

```
class ANN_seq_class(models.Sequential):
    def __init__(self, Nin, Nh, Nout):
        super().__init__()
        self.add(layers.Dense(Nh, activation='relu', input_shape=(Nin,)))
        self.add(layers.Dense(Nout, activation='softmax'))
        self.compile(loss='categorical_crossentropy',
                    optimizer='adam', metrics=['accuracy'])
```

2.2.2 분류 ANN에 사용할 데이터 가져오기

❻ 인공지능으로 처리할 데이터를 가져오는 방법을 알아봅니다. 케라스는 자주 쓰는 데이터셋을 쉽게 불러오는 라이브러리를 제공합니다. MNIST는 6만 건의 필기체 숫자를 모은 공개 데이터입니다. 데이터를 불러오고 전처리하는 단계는 다음과 같습니다.

1 데이터 처리에 사용할 패키지 가져오기

2 데이터 가져오기

3 출력값 변수를 이진 벡터 형태로 바꾸기

4 이미지를 나타내는 인자를 1차원 벡터 형태로 바꾸기

5 ANN을 위해 입력값을 **정규화** ^{Regularization} 하기

먼저, 데이터를 불러오는 라이브러리를 가져옵니다.

```python
import numpy as np  # reshape
from keras import datasets  # mnist
from keras.utils import np_utils  # to_categorical
```

넘파이 라이브러리는 reshape() 멤버 함수를, 케라스의 datasets 라이브러리는 mnist() 함수를, keras.utils의 np_utils 라이브러리는 to_categorical() 함수를 사용하고자 가져왔습니다.

다음으로 MNIST 데이터를 불러와서 변수에 저장합니다.

```python
(X_train, y_train), (X_test, y_test) = datasets.mnist.load_data()
```

변수에 저장할 때 X_와 y_를 이니셜로 하는 입력과 출력 변수에 각각 저장합니다. 그리고 학습에 사용하는 데이터는 _train으로 끝나는 두 변수에 저장하고, 성능 평가에 사용하는 데이터는 _test로 끝나는 두 변수에 저장합니다. 학습에 사용하는 데이터는 6만 개이고 성능 평가에 사용하는 데이터는 1만 개입니다.

딥러닝에 사용되는 데이터는 활용도에 따라 3가지로 구분합니다. 바로 학습 ^{Training}, 검증 ^{Validation}, 평가 ^{Test} 데이터입니다. **학습 데이터**는 모델을 학습하는 데 사용되는 데이터이고, **검증 데이터**는 학습이 진행되는 동안 성능을 검증하는 데 사용되

는 데이터입니다. 그리고 **평가 데이터**는 학습을 마치고 나서 모델의 성능을 최종적으로 평가하는 데 사용하는 데이터입니다. 일반적으로 검증 데이터는 학습 데이터에서 일정 비율로 추출해서 사용하는 걸 권장합니다. 그렇지만 때에 따라서는 평가 데이터를 직접 사용하기도 합니다. 어떤 형태로 검증 데이터를 구성할 것인가는 학습 방법과도 관련이 있기 때문에 신중하게 정해야 합니다. 이에 대해서는 2.2.4항 '분류 ANN 학습 및 성능 분석'에서 다룹니다.

이제 0부터 9까지의 숫자로 구성된 출력값을 0과 1로 표현되는 벡터 10개로 바꿉니다.

```
y_train = np_utils.to_categorical(y_train)
y_test = np_utils.to_categorical(y_test)
```

이렇게 전환하는 이유는 ANN을 이용한 분류 작업 시 정수보다 이진 벡터로 출력 변수를 구성하는 것이 효율적이기 때문입니다.

X_train, X_test에 (x, y) 축에 대한 픽셀 정보가 들어 있는 3차원 데이터인 실제 학습 및 평가용 이미지를 2차원으로 조정합니다.

```
L, H, W = X_train.shape
X_train = X_train.reshape(-1, H * W)
X_test = X_test.reshape(-1, H * W)
```

학습 데이터셋에 샘플이 L개입니다. 따라서 L × H × W와 같은 모양의 텐서로 저장되어 있습니다. 멤버 변수 shape에는 2D 이미지 데이터를 저장하는 저장소의 규격이 들어 있습니다. 이를 ANN으로 학습하려면 벡터 이미지 형태로 바꾸어야 합니다. 바꾸는 데는 멤버 함수 reshape()를 사용합니다. 첫 번째 −1은 행렬의 행을 자동으로 설정하게 만듭니다. 행렬의 열 수가 H × W로 지정되어 있으니 행은 전체 원소 수에서 H × W를 자동으로 나눠줍니다. −1 대신 실제 계산값을 입력해도 동일하게 동작합니다.

다음으로 ANN의 최적화를 위해 입력 변수를 정규화합니다.

```
X_train = X_train / 255.0
X_test = X_test / 255.0
```

여기서는 0~255 사이의 정수로 구성된 입력값을 255로 나누어 0~1 사이의 실수로 바꿉니다. 여기까지의 과정이 진행되었다면 학습을 진행하는 데 필요한 데이터가 준비된 겁니다. 드디어 ANN 인공지능을 이용해 학습할 차례입니다.

이제 앞서 조각 코드로 설명한 데이터를 불러오고 기본적인 처리를 하는 코드를 정리합니다.

```python
import numpy as np  # reshape
from keras import datasets  # mnist
from keras.utils import np_utils  # to_categorical

def Data_func():
    (X_train, y_train), (X_test, y_test) = datasets.mnist.load_data()

    Y_train = np_utils.to_categorical(y_train)
    Y_test = np_utils.to_categorical(y_test)

    L, H, W = X_train.shape
    X_train = X_train.reshape(-1, W * H)
    X_test = X_test.reshape(-1, W * H)

    X_train = X_train / 255.0
    X_test = X_test / 255.0

    return (X_train, Y_train), (X_test, Y_test)
```

2.2.3 분류 ANN 학습 결과의 그래프 구현

❼ ANN 학습 결과를 분석하는 방법을 알아봅니다. 분석한 결과를 바탕으로 제대로 학습되었는지 파악하고 어떻게 초매개변수를 조절하는지를 다룹니다. 초매개변수는 인공신경망을 학습하기 전에 사람이 지정해야 하는 변수입니다.

학습 결과 분석은 학습이 진행되는 동안 측정한 손실과 정확도의 추이를 관찰하여 이루어집니다. 이 값들은 2.2.4항에서 다룰 fit() 함수의 결과인 history 변수에 저장되어 있습니다. 그럼 먼저 history에 들어 있는 손실과 정확도의 추이를 시각적으로 표현하는 두 함수를 만들어봅니다.

우선 그래프를 그리는 라이브러리인 pyplot을 matplotlib 패키지에서 불러와 plt로 이름을 재정의합니다.

```python
import matplotlib.pyplot as plt
```

이 라이브러리에서 활용할 함수는 plt.plot(), plt.title(), plt.xlabel(), plt.ylabel(), plt.legend()입니다. 각 함수 기능은 다음과 같습니다.

- plt.plot(): 선 그리기
- plt.title(): 그래프 제목 표시
- plt.xlabel(): x축 이름 표시
- plt.ylabel(): y축 이름 표시
- plt.legend(): 각 라인의 표식 표시

손실을 그리는 함수는 다음과 같습니다.

```python
def plot_loss(history, title=None):
    plt.plot(history['loss'])
    plt.plot(history['val_loss'])
```

```
        if title is not None:
            plt.title(title)
    plt.xlabel('Epoch')
    plt.ylabel('Loss')
    plt.legend(['Training', 'Validation'], loc=0)
```

여기서 plt.plot()을 이용하여 history에 들어 있는 손실값을 그립니다. history
에는 history.history['loss']에 실제 학습 데이터로 구한 손실값이, history.
history['val_loss']에 학습 데이터 일부를 사용한 검증 데이터로 구한 손실값
이 들어 있습니다. 이 두 값을 모두 선 그래프로 표시합니다. 그리고 plt.title()
로 title 입력 변수에 주어진 문자열을 제목으로 붙입니다. 또한 x축과 y축의 제
목은 각각 Epoch와 Loss로 지정했습니다. 끝으로 plt.legend() 함수로 두 선
의 이름(Training, Validation)을 표시했습니다.

다음은 정확도를 그리는 함수입니다.

```
def plot_acc(history, title=None):
    plt.plot(history['accuracy'])
    plt.plot(history['val_accuracy'])
    if title is not None:
        plt.title(title)
    plt.xlabel('Epoch')
    plt.ylabel('Accuracy')
    plt.legend(['Training', 'Validation'], loc=0)
```

이 함수는 앞서 손실을 그리는 함수와 변수만 다르지 구현은 같습니다. 선으로
표시하는 값들은 실제 학습 데이터에 따른 정확도, 검증 데이터에 따른 정확도입
니다. 이 두 정확도는 history.history['accuracy']와 history.history['val_
accuracy']에 들어 있습니다. 이 코드에서는 그래프의 x축과 y축의 제목을 각각

Epoch와 Accuracy로 지정했습니다.

그래프를 그리는 것은 ANN 구조와 상관이 없으므로 다른 신경망에서도 이 함수들을 변경 없이 그대로 사용해도 됩니다.

2.2.4 분류 ANN 학습 및 성능 분석

❽ ANN에 사용할 매개변수를 정의하고 학습과 검증을 수행하도록 명령합니다.

우선 ANN에 사용될 매개변수 4가지를 정의합니다.

```
Nin = 784
Nh = 100
number_of_class = 10
Nout = number_of_class
```

입력 Nin은 길이가 784인 데이터입니다. 그리고 은닉 계층의 노드 수(Nh)를 100으로 지정했습니다. 출력 노드 수는 분류^{Classification}할 데이터의 클래스 수와 같습니다. 클래스 수(number_of_class)를 10으로 지정합니다.

다음은 앞서 만들어두었던 모델의 인스턴스를 만들고 데이터도 불러옵니다.

```
# model = ANN_models_func(Nin, Nh, Nout)
# model = ANN_seq_func(Nin, Nh, Nout)
# model = ANN_models_class(Nin, Nh, Nout)
model = ANN_seq_class(Nin, Nh, Nout)
(X_train, Y_train), (X_test, Y_test) = Data_func()
```

앞서 설명한 4가지 모델 생성 방법 중에서 ANN_seq_class()를 통해 만들었지만 다른 방법으로도 생성이 가능합니다.

이제 만들어진 인스턴스와 불러온 데이터를 이용해 모델을 학습하는 방법을 알아봅니다.

학습은 모델에 fit() 함수를 이용하여 데이터를 제공하여 진행합니다.

```
history = model.fit(X_train, Y_train, epochs=5, batch_size=100,
                    validation_split=0.2)
```

학습 진행 상황을 변수 history에 저장합니다. 이 변수에 저장된 내용을 표시하는 방법은 2.2.3항 '분류 ANN 학습 결과의 그래프 구현'에서 다뤘습니다. 먼저 model을 학습시키는 멤버 함수인 fit()에 대해서 살펴보겠습니다.

입력 변수 X_train과 Y_train은 학습에 사용할 입력 데이터와 출력 레이블입니다. 변수 epochs로 총 반복할 에포크를 지정합니다. 여기서는 5회 학습합니다. 변수 batch_size는 한 데이터를 얼마씩 나눠서 넣을지를 지정하는 값입니다. 여기서는 100개씩 나눠서 넣습니다. 다음으로 validation_split은 전체 학습 데이터 중에서 학습 진행 중 성능 검증에 데이터를 얼마나 사용할지를 결정하는 변수입니다. 학습 데이터의 20%를 성능 검증에 활용합니다.

이 명령이 입력되면 다음과 같은 결과가 화면에 보입니다.

```
Train on 48000 samples, validate on 12000 samples
Epoch 1/5
48000/48000 [==============================] - 2s - loss:
0.3923 - acc: 0.8921 - val_loss: 0.2166 - val_acc: 0.9384
Epoch 2/5
48000/48000 [==============================] - 2s - loss:
0.1821 - acc: 0.9475 - val_loss: 0.1543 - val_acc: 0.9557
Epoch 3/5
48000/48000 [==============================] - 2s - loss:
0.1327 - acc: 0.9626 - val_loss: 0.1311 - val_acc: 0.9620
Epoch 4/5
48000/48000 [==============================] - 2s - loss:
0.1047 - acc: 0.9700 - val_loss: 0.1114 - val_acc: 0.9678
Epoch 5/5
```

```
48000/48000 [==================================] - 2s - loss:
0.0851 - acc: 0.9754 - val_loss: 0.1087 - val_acc: 0.9679
```

각 출력문의 의미는 다음과 같습니다.

- Train on 48000 samples, validate on 12000 samples
  학습에 주어진 샘플 60,000개 중에서 48,000개가 실제 학습에 사용되고 12,000개가 검증에 사용되었습니다.

- Epoch 1/5
  5번의 반복 학습에서 첫 번째 단계 학습이 완료되었습니다.

- 2s
  학습에 걸린 시간은 2초입니다.

- loss : 0.3923
  학습 데이터로 평가한 성능 손실(loss)이 0.3923입니다. loss는 손실 함수로 구한 오류율입니다.

- acc : 0.8921
  정확도(acc)가 0.8921입니다. acc는 정확히 예측했을 경우 최댓값 1을 가지는 평가값입니다.

- val_loss : 0.2166, val_acc : 0.9384
  val_loss와 val_acc는 검증 데이터로 측정한 손실과 정확도를 나타냅니다.

학습 데이터로 얻은 성능은 학습 도중에 과적합[Overfitting]이 생기거나 신경망에 드롭아웃[Dropout][9]을 사용하면 검증 성능과 다르게 나올 수 있습니다. 이런 형태로 성능 검증 결과가 epochs 변수에 명시된 총 에포크인 5회 출력됩니다.

다음으로 학습이나 검증에 사용되지 않은 데이터(X_test, Y_test)로 성능을 최종 평가한 결과를 살펴봅니다.

---

9 과적합을 방지하는 방법으로 입력 계층 또는 은닉 계층에서 무작위로 선정한 일부 노드의 결괏값을 0으로 처리하는 방법입니다. 여기서 0으로 처리할 노드 수는 사전에 지정한 확률값을 따릅니다.

```
performace_test = model.evaluate(X_test, Y_test, batch_size=100)
print('Test Loss and Accuracy ->', performace_test)
```

멤버 함수 evaluate()는 모델에 X_test를 입력해 출력값을 예측하고, 그 결과와 Y_test를 비교하여 성능을 보여줍니다. 앞서 fit() 함수처럼 evaluate()에서도 batch_size 변수로 한번에 계산할 데이터 길이를 지정합니다. 성능 평가 진행 상황은 다음과 같이 출력됩니다.

```
9500/10000 [=============================>..] - ETA: 0s
Test Loss and Accuracy -> 0.10, 0.97
```

성능 평가 결과, 손실과 정확도에 대한 평가 성능이 각각 0.10, 0.97입니다. 검증 데이터로 검증한 수치인 0.11, 0.97과 유사합니다.

두 그래프 그리기 함수가 준비되었다면 이제 손실과 정확도의 추이를 그려봅니다. 손실은 다음과 같이 그립니다.

```
plot_loss(history)
plt.show()
```

위 함수들을 실행하면 [그림 2-5]와 같이 ANN 학습 과정의 손실 변화 그래프가 출력됩니다. 두 곡선은 각각 학습 데이터와 검증 데이터로 구한 손실값의 변화를 보여줍니다. 에포크가 4회 이상 넘어가면 학습 데이터로 구한 손실은 계속 줄어드는 반면 검증 데이터로 구한 손실은 거의 변하지 않고 뒤로 갈수록 오히려 약간 나빠집니다. 이것은 설정한 ANN이 가지는 자유도에 비해 학습 데이터 수가 적거나 학습 방법에 한계가 있기 때문에 오는 과적합 현상입니다. 가장 기본적인 과적합 방지 방법으로는 학습을 조기에 끝내는 **조기 종료**^Early stopping 나 모델에 사용된 매개변수의 수를 줄이는 방법이 있습니다. 이처럼 학습이 완료된 후 학습 곡선을 모니터링하고 조기 종료 위치를 정하거나 인공신경망의 모델을 조정하는 것은 ANN의 최적화에 있어 매우 중요합니다. 이처럼 최적화는 많은 경험을 통한 지식이 필요합니다.

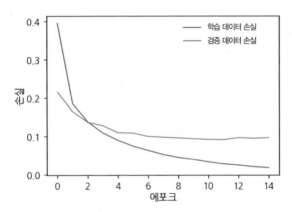

그림 2-5 ANN 학습 과정에서 손실 변화 그래프

아래의 plot_acc() 함수가 준비되면 학습 과정에서 정확도의 변화를 볼 수 있습니다.

```
plot_acc(history)
plt.show()
```

[그림 2-6]은 정확도 학습 곡선입니다. 에포크 즉 epoch값이 2회 이상이면 손실과 마찬가지로 검증 데이터에 의한 성능은 더 좋아지지 않습니다. 따라서 이 그래프도 [그림 2-5]의 손실 변화 그래프처럼 인공지능 모델의 구조나 초매개변수를 보정할 수 있습니다. 대부분은 손실과 정확도의 그래프가 유사한 양상을 보

이지만 때에 따라서는 약간의 차이를 보입니다. 일반적으로 손실과 정확도의 그래프를 둘 다 살펴보면서 모델 매개변수를 조정합니다.

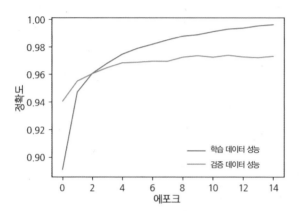

그림 2-6 ANN 학습 과정에서 정확도 변화 그래프

지금까지 분류 ANN을 케라스로 구현하는 각 단계를 살펴보았습니다. 특히 모델링에 대해서는 4가지 구현 방법을 알아봤습니다.

전체 코드

이 책의 깃허브에서 이번 예제를 내려받을 수 있습니다.

- 깃허브 파일명: ex2_1_ann_mnist_cl.py
- 깃허브 주피터: nb_ex2_1_ann_mnist_cl.ipynb

윈도우, 맥OS, 우분투에서 다음과 같은 명령으로 실행합니다.

```
$ python  ex2_1_ann_mnist_cl.py
```

예제 2-1 필기체를 구분하는 분류 ANN

❶ # 분류 *ANN*을 위한 인공지능 모델 구현
```
from keras import layers, models
```

❷ # 분산 방식 모델링을 포함하는 함수형 구현
```
def ANN_models_func(Nin, Nh, Nout):
    x = layers.Input(shape=(Nin,))
    h = layers.Activation('relu')(layers.Dense(Nh)(x))
    y = layers.Activation('softmax')(layers.Dense(Nout)(h))
    model = models.Model(x, y)
    model.compile(loss='categorical_crossentropy',
                  optimizer='adam', metrics=['accuracy'])
    return model
```

❸ # 연쇄 방식 모델링을 포함하는 함수형 구현
```
def ANN_seq_func(Nin, Nh, Nout):
    model = models.Sequential()
    model.add(layers.Dense(Nh, activation='relu', input_shape=(Nin,)))
    model.add(layers.Dense(Nout, activation='softmax'))
    model.compile(loss='categorical_crossentropy',
                  optimizer='adam', metrics=['accuracy'])
    return model
```

❹ # 분산 방식 모델링을 포함하는 객체지향형 구현
```
class ANN_models_class(models.Model):
    def __init__(self, Nin, Nh, Nout):
        # Prepare network layers and activate functions
        hidden = layers.Dense(Nh)
        output = layers.Dense(Nout)
        relu = layers.Activation('relu')
        softmax = layers.Activation('softmax')

        # Connect network elements
        x = layers.Input(shape=(Nin,))
        h = relu(hidden(x))
        y = softmax(output(h))

        super().__init__(x, y)
        self.compile(loss='categorical_crossentropy',
```

```
                          optimizer='adam', metrics=['accuracy'])

❺ # 연쇄 방식 모델링을 포함하는 객체지향형 구현
  class ANN_seq_class(models.Sequential):
      def __init__(self, Nin, Nh, Nout):
          super().__init__()
          self.add(layers.Dense(Nh, activation='relu', input_shape=(Nin,)))
          self.add(layers.Dense(Nout, activation='softmax'))
          self.compile(loss='categorical_crossentropy',
                      optimizer='adam', metrics=['accuracy'])

❻ # 분류 ANN에 사용할 데이터 가져오기
  import numpy as np  # reshape
  from keras import datasets  # mnist
  from keras.utils import np_utils  # to_categorical

  def Data_func():
      (X_train, y_train), (X_test, y_test) = datasets.mnist.load_data()

      Y_train = np_utils.to_categorical(y_train)
      Y_test = np_utils.to_categorical(y_test)

      L, H, W = X_train.shape
      X_train = X_train.reshape(-1, W * H)
      X_test = X_test.reshape(-1, W * H)

      X_train = X_train / 255.0
      X_test = X_test / 255.0

      return (X_train, Y_train), (X_test, Y_test)

❼ # 분류 ANN 학습 결과의 그래프 구현
  import matplotlib.pyplot as plt

  def plot_loss(history, title=None):
      if not isinstance(history, dict):
          history = history.history

      plt.plot(history['loss'])
      plt.plot(history['val_loss'])
```

```
        if title is not None:
            plt.title(title)
        plt.xlabel('Epoch')
        plt.ylabel('Loss')
        plt.legend(['Training', 'Validation'], loc=0)

    def plot_acc(history, title=None):
        if not isinstance(history, dict):
            history = history.history

        plt.plot(history['accuracy'])
        plt.plot(history['val_accuracy'])
        if title is not None:
            plt.title(title)
        plt.xlabel('Epoch')
        plt.ylabel('Accuracy')
        plt.legend(['Training', 'Validation'], loc=0)

❽ # 분류 ANN 학습 및 성능 분석
    def main():
        Nin = 784
        Nh = 100
        number_of_class = 10
        Nout = number_of_class

        # model = ANN_models_func(Nin, Nh, Nout)
        # model = ANN_seq_func(Nin, Nh, Nout)
        # model = ANN_models_class(Nin, Nh, Nout)
        model = ANN_seq_class(Nin, Nh, Nout)
        (X_train, Y_train), (X_test, Y_test) = Data_func()

        #######################################
        # Training
        #######################################
        history = model.fit(X_train, Y_train, epochs=5,
                            batch_size=100, validation_split=0.2)
        performace_test = model.evaluate(X_test, Y_test, batch_size=100)
        print('Test Loss and Accuracy ->', performace_test)

        plot_loss(history)
```

```
        plt.show()
        plot_acc(history)
        plt.show()

    # Run code
    if __name__ == '__main__':
        main()
```

클래스를 이용하여 연쇄 모델링 방법으로 ANN을 구현했습니다. 2.2.1항에서 설명한 ANN 구현 방법도 모델을 표현하는 방법만 다를 뿐 효과는 같습니다.

2.3 결과 데이터를 예측하는 회귀 ANN 구현

보스턴 집값을 예측하는 회귀 ANN을 구현해보겠습니다. 보스턴은 매사추세츠 주에서 집값이 가장 많이 오르는 도시입니다. 케라스에서 제공하는 공개 데이터 셋에서 보스턴 집값에 대한 학습 데이터와 평가 데이터를 불러와 회귀 ANN 모델을 만들고 집값을 잘 예측하는지 살펴봅니다.

2.3.1 회귀 ANN 모델링

❶ 회귀 ANN 모델을 구현합니다.

케라스 패키지에 들어 있는 서브패키지 layers와 models를 불러옵니다.

```
from keras import layers, models
```

layers와 models는 각각 계층을 구성하는 툴과 계층을 합쳐 하나의 모델로 만드는 툴이 들어 있는 케라스의 서브패키지입니다.

다음은 클래스를 만들고 클래스 생성자 함수에 사용될 신경망 계층을 정의합니다.

먼저 히든과 출력 계층 그리고 ReLu 활성화 함수를 정의합니다. 단, 입력 계층은 이후 신호 연결 상황에서 정의하게 됩니다.

```
hidden = layers.Dense(Nh)
output = layers.Dense(Nout)
relu = layers.Activation('relu')
```

은닉 계층에 사용할 노드 수가 Nh개인 완전 연결 계층과 출력 계층에 사용할 노드 수가 Nout개인 완전 연결 계층을 만듭니다. 그리고 ReLu 활성화 함수는 relu()로 정의합니다.

이어서 ANN의 각 계층의 신호 연결 상황을 정의합니다.

```
x = layers.Input(shape=(Nin,))
h = relu(hidden(x))
y = output(h)
```

입력 계층에 해당하는 x는 Nin 길이를 가지는 1차원 열 벡터입니다. 참고로 파이썬 넘파이 라이브러리는 열 벡터 모양을 (Nin,)처럼 표현하기 때문에 Nin 대신에 (Nin,)으로 지정합니다. 실제 학습이나 예측에 사용되는 x는 배치 크기만큼의 열 벡터로 구성된 Nb × Nin 행렬이지만 배치 크기는 추후에 임의로 지정할 수 있어 생략합니다. 배치 크기는 한 번에 일괄 처리되는 데이터 수를 의미합니다. 그리고 에포크당 배치 처리가 진행되는 횟수는 전체 학습 데이터 수에 배치 크기를 나눈 수가 됩니다.

은닉 계층은 입력 계층의 신호인 x가 hidden()을 통과한 뒤 다시 활성화 함수인 relu() 단계를 통과하도록 구성했습니다. 그 결과인 h는 최종적으로 output으로 정의된 계층에 들어갑니다. 출력은 활성화 함수 없이 바로 y로 나옵니다. 분류 ANN에서는 활성화 함수를 마지막 단계에 사용했으나, 원하는 값을 연속값으로 바로 예측하는 회귀에서는 통상적으로 출력 노드에 활성화 함수를 사용하지 않습니다.

입력과 출력을 통해 모델을 만들고 만들어진 모델을 사용하도록 컴파일합니다.

```
super().__init__(x, y)
self.compile(loss='mse', optimizer='sgd')
```

컴파일 단계에서 회귀 방식에 맞게 손실 함수는 'mse'로 설정했습니다. 여기서 mse는 **평균자승오류**^{Mean squared error}를 의미합니다. 그리고 최적화는 sgd 알고리즘을 사용하도록 설정했습니다. 최적화 알고리즘은 응용하는 상황에 맞게 설정하는데, 초매개변수 탐색 방법으로 찾아낼 수도 있습니다. 초매개변수 탐색이란 사용 가능한 초매개변수나 알고리즘을 다 바꾸어보고 최적의 손실 성능을 보이는 알고리즘을 선택하는 방법입니다.

이제 조각 코드를 모아 신경망을 생성하는 클래스로 만들면 다음과 같습니다.

```
class ANN(models.Model):
    def __init__(self, Nin, Nh, Nout):
        # Prepare network layers and activate functions
        hidden = layers.Dense(Nh)
        output = layers.Dense(Nout)
        relu = layers.Activation('relu')

        # Connect network elements
        x = layers.Input(shape=(Nin,))
        h = relu(hidden(x))
        y = output(h)

        super().__init__(x, y)
        self.compile(loss='mse', optimizer='sgd')
```

2.3.2 학습과 평가용 데이터 가져오기

❷ 학습과 평가에 사용할 Boston Housing 데이터셋을 가져오고 정규화를 진행합니다.

데이터셋 Boston housing에는 총 506건의 보스턴 집값과 관련된 13가지 정보가 담겨 있습니다.

모델링한 신경망에 사용할 데이터를 불러야 하므로 케라스 서브패키지를 가져옵니다.

```
from keras import datasets
```

여기서 datasets는 MNIST, Boston Housing 등을 포함해 잘 알려진 머신러닝 공개 데이터를 자동으로 불러오는 패키지입니다.

그리고 데이터를 딥러닝 이전에 전처리하는 응용 패키지를 불러옵니다.

```
from sklearn import preprocessing
```

sklearn.preprocessing은 머신러닝에 사용되는 패키지입니다. sklearn은 여러 패키지를 포함하는 컨테이너 패키지입니다. 그래서 from sklearn으로 그 아래에 있는 서브패키지를 불러옵니다. 여기서는 머신러닝에 사용되는 여러 전처리 툴을 가진 preprocessing이라는 서브패키지를 불러왔습니다.

이제 앞서 설명한 Boston Housing과 관련된 데이터를 가져옵니다. 이어서 데이터 정규화를 진행합니다.

```
(X_train, y_train), (X_test, y_test) =
                    datasets.boston_housing.load_data()
```

```
scaler = preprocessing.MinMaxScaler()
X_train = scaler.fit_transform(X_train)
X_test = scaler.transform(X_test)
```

최곳값과 최솟값을 1과 0으로 정규화해주는 MinMaxScaler() 함수를 사용했습니다. 이 스케일러의 객체를 인스턴스로 생성한 뒤에 X_train으로 학습과 변환을 한 뒤 X_test를 변환시킵니다.

지금까지 다룬 분류와 회귀 ANN 사례는 인공지능 모델링에 주안점을 두고 설명했기 때문에 모델링 이후에 데이터를 불러왔습니다.

2.3.3 회귀 ANN 학습 결과 그래프 구현

❸ 회귀 ANN의 학습 결과를 표시하는 그래프는 2.2.3항에서 만든 그래프 그리기 코드를 그대로 사용할 겁니다. 이 책에서는 그래프 그리기에 plot_loss()와 plot_acc() 함수를 여러 차례 사용합니다. 중복 구현을 방지하고자 이 두 함수를 keraspp 폴더 아래 skeras.py 파일에 넣어두고 필요할 때마다 가져와서 사용하겠습니다. 이 두 함수의 내용과 설명은 2.2.3항을 참조하면 됩니다. 그리고 그래프 그리기의 추가 처리를 위해 matplotlib.pyplot도 불러옵니다.

```
import matplotlib.pyplot as plt
from keraspp.skeras import plot_loss
```

2.3.4 회귀 ANN 학습 및 성능 분석

❹ 회귀 ANN에 대한 학습과 성능을 분석하는 명령을 내립니다.

회귀 ANN의 모델링과 관련된 매개변수를 정의합니다.

```
Nin = 13
Nh = 5
Nout = 1
```

Nin은 입력 벡터의 길이에 해당합니다. Nh는 은닉 계층 수를 5개로 정의했습니다. 여기서는 분류가 아니라 회귀를 통해 결괏값을 직접 예측하기 때문에 출력 계층의 길이(Nout)를 1로 설정했습니다.

앞에서 구현한 회귀 ANN 모델의 인스턴스를 생성하고 적용할 데이터를 불러옵니다. 그리고 불러온 데이터를 이용하여 생성된 모델의 인스턴스를 학습합니다.

```
model = ANN(Nin, Nh, Nout)
(X_train, y_train), (X_test, y_test) = Data_func()
history = model.fit(X_train, y_train, epochs=100,
                    batch_size=100, validation_split=0.2, verbose=2)
```

이 부분은 분류 ANN의 구현과 유사합니다. ANN(Nin, Nh, Nout)은 입력 계층, 은닉 계층, 출력 계층의 노드 수를 정해주어 ANN 모델을 만듭니다. 다음으로 model의 멤버 함수 fit()으로 학습합니다. 학습에 들어가는 입력 데이터와 출력 데이터는 각각 X_train, y_train이고 epochs로 정의되는 총 에포크는 100번이며, 배치 크기는 100개입니다. 검증에 사용하는 데이터 크기는 입력으로 받은 전체 데이터의 20%입니다. 배치 크기는 한 번 계산에 들어가는 데이터 수입니다.

학습 시 출력된 학습 진행 상황을 나타내는 결과는 다음과 같습니다. 처음에는 166이던 손실이 학습을 진행한 결과 2.2까지 떨어졌습니다.

```
Train on 323 samples, validate on 81 samples
Epoch 1/100
0s - loss: 223.6883 - val_loss: 166.6035

(중략)

Epoch 95/100
0s - loss: 1.3048 - val_loss: 0.5646
Epoch 96/100
0s - loss: 0.5697 - val_loss: 0.4967
Epoch 97/100
0s - loss: 0.5829 - val_loss: 0.7029
Epoch 98/100
0s - loss: 0.6843 - val_loss: 0.3857
Epoch 99/100
0s - loss: 0.6733 - val_loss: 1.6979
Epoch 100/100
0s - loss: 2.1629 - val_loss: 2.2131
```

학습이 끝난 신경망으로 성능을 평가합니다. 성능 평가에는 model.evaluate()
를 사용합니다.

```
performace_test = model.evaluate(X_test, y_test, batch_size=100)
print('\nTest Loss -> {:.2f}'.format(performace_test))
```

성능 평가 수행 시는 인공지능 학습 과정에서 전혀 사용하지 않은 데이터만 사
용하는 것을 원칙으로 합니다. 여기서는 X_test, y_test가 이에 해당합니다. 학
습 과정에 사용한 검증 데이터는 학습 성능을 결정하는 데 영향을 줄 수 있기 때
문입니다.

성능 평가 결과는 print() 함수로 출력합니다. 이번 예제에서 성능은 다음과 같
습니다.

```
Test Loss -> 2.17
```

출력된 평가 데이터로 구한 손실 결과는 위와 같이 2.17로 학습 시에 이루어졌던 검증 데이터로 인한 손실인 var_loss: 2.2131에 매우 근접하고 있습니다. 이뿐만 아니라 학습 데이터에 의한 손실 성능도 2.1629로 나머지 평가 및 검증 데이터로 인한 손실 성능값과 유사합니다. 따라서 이 회귀 ANN은 과적합 문제가 없이 제대로 학습되었다고 판단할 수 있습니다.

회귀는 주로 손실의 크기로 평가하기 때문에 2.2절의 분류 ANN과 달리 정확도를 나타내는 accuracy를 메트릭^Metric 10 으로 포함하지 않았습니다. 그러나 결정계수[11]를 사용하면 회귀 ANN에 대해서도 정확도를 나타내는 값을 얻을 수 있습니다.

이제 학습 진행 상황을 그래프로 그릴 단계입니다.

```
plot_loss()
plt.show()
```

이 코드로 출력된 그래프는 다음과 같습니다. 이 그래프를 보면서 회귀 ANN의 학습이 얼마나 잘 진행되는지를 판단하고 초매개변수를 조정합니다.

---

10 성능 측정의 기준을 말합니다. 예를 들어 정확도, 손실 등이 있습니다.
11 결정계수 R2. 회귀 결과가 얼마나 실젯값에 근접하는지 정확도를 재는 방법

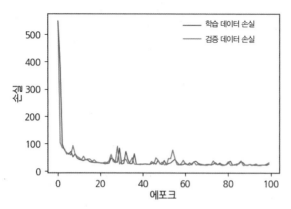

그림 2-7 회귀 ANN의 학습 진행 그래프

2.2.3항에서 정의한 plot_loss( ) 그래프 함수를 다시 사용했습니다. 오류가 10회 이전에 급격히 감소한 이후에 50회까지 점진적으로 줄어듭니다. 그 이후로는 안정화되어 오류값 변화가 거의 없습니다.

이렇게 해서 인근 주택의 판매 데이터를 활용하여 보스턴 집값을 예측하는 모델이 만들어졌습니다. 처음 시작했을 때 모델링 검증 오류가 mse로 166이었는데 학습을 하니 2.21로 줄었습니다. 앞으로 다루게 될 고급 방법으로 은닉 계층을 더 추가하거나 새로운 형태로 구성하면 더 좋은 성능을 보일 겁니다.

전체 코드

이 책의 깃허브에서 이번 예제를 내려받을 수 있습니다.

- 깃허브 파일명: ex2_2_ann_rg.py
- 깃허브 주피터: nb_ex2_2_ann_rg.ipynb

윈도우, 맥OS, 우분투에서 다음과 같은 명령으로 실행합니다.

```
$ python ex2_2_ann_rg.py
```

예제 2-2 결과 데이터를 예측하는 회귀 ANN

❶ # *회귀 ANN 모델링*
```
from keras import layers, models

class ANN(models.Model):
    def __init__(self, Nin, Nh, Nout):
        # Prepare network layers and activate functions
        hidden = layers.Dense(Nh)
        output = layers.Dense(Nout)
        relu = layers.Activation('relu')

        # Connect network elements
        x = layers.Input(shape=(Nin,))
        h = relu(hidden(x))
        y = output(h)

        super().__init__(x, y)
        self.compile(loss='mse', optimizer='sgd')
```

❷ # *학습과 평가용 데이터 가져오기*
```
from keras import datasets
from sklearn import preprocessing

def Data_func():
    (X_train, y_train), (X_test, y_test) = \
        datasets.boston_housing.load_data()
    scaler = preprocessing.MinMaxScaler()
    X_train = scaler.fit_transform(X_train)
    X_test = scaler.transform(X_test)
    return (X_train, y_train), (X_test, y_test)
```

❸ # *회귀 ANN 학습 결과 그래프 구현*
```
import matplotlib.pyplot as plt
from keraspp.skeras import plot_loss
```

❹ # *회귀 ANN 학습 및 성능 분석*
```
def main():
    Nin = 13
    Nh = 5
    Nout = 1
```

```
model = ANN(Nin, Nh, Nout)
(X_train, y_train), (X_test, y_test) = Data_func()
history = model.fit(X_train, y_train, epochs=100,
                    batch_size=100, validation_split=0.2,
                    verbose=2)

performace_test = model.evaluate(X_test, y_test, batch_size=100)
print('\nTest Loss -> {:.2f}'.format(performace_test))

plot_loss(history)
plt.show()

if __name__ == '__main__':
    main()
```

2.4 마치며

지금까지 ANN의 기본 개념과 케라스를 이용하여 구현하는 방법을 다루었습니다. ANN은 인공지능을 구성하는 가장 기본적인 형태로, 이 장에서는 은닉 계층이 하나인 경우를 다루었습니다. 앞으로 이어질 장에서는 더 많은 은닉 계층과 다른 형태의 은닉 계층을 활용해 지금보다 높은 정확도를 달성합니다.

은닉 계층 수나 각 은닉 계층의 노드 수는 사용자의 선택 사항이므로 입력 데이터와 목표로 하는 출력 데이터의 모양에 따라 적절한 값으로 선정해야 합니다. 이 과정을 모델 최적화 또는 초매개변수 최적화라고 합니다. 구현 방법으로는 인공지능의 주요 활용처인 분류와 회귀 ANN을 각각 예제로 다루었습니다.

케라스로 인공지능 구현을 소개하는 첫 장인 만큼 케라스에 나오는 기본적인 내용을 하나씩 살펴보았습니다. 가벼운 시작을 위해 딥러닝으로 대표되는 인공신경망에 사용되는 여러 기법을 다 소개하지는 않았습니다. 이어지는 장에서 이런 기법을 하나씩 알아볼 겁니다.

케라스로 구현하는 DNN

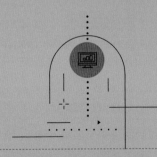

DNN의 개념을 이해합니다. DNN 구성에 필요한 요소를 이해하고 케라스로 구현하는 방법을 익힙니다. 2가지 분류 예제를 학습하여 응용력을 키웁니다.

케라스로 구현하는 DNN

심층신경망Deep Neural Network, DNN 은 은닉 계층을 많이 쌓아서 만든 인공지능 기술입니다. 초기 신경망, 즉 2장에서 다룬 ANN은 주로 은닉 계층 하나를 포함했습니다. 그러나 DNN은 수십에서 수백의 은닉 계층으로 구성되기도 합니다. 많아진 계층 덕분에 더 우수한 성능을 낼 수 있으며 적용 분야도 훨씬 다양합니다. 이 장에서 다루는 내용은 다음과 같습니다.

- DNN 원리
- 필기체를 분류하는 DNN 구현
- 컬러 이미지를 분류하는 DNN 구현

3.1 DNN 원리

DNN은 은닉 계층이 여러 개인 인공신경망입니다. 이번 절에서는 DNN 개념과 구조, 경사도 소실 문제와 ReLU 활성화 함수, DNN 구현 단계 등을 알아봅니다.

3.1.1 DNN 개념과 구조

DNN은 은닉 계층이 여러 개인 신경망입니다. 그 구조는 [그림 3-1]에 나와 있습니다. 2장의 ANN과 달리 제1 은닉 계층의 결과는 출력 계층이 아닌 제2 은닉 계층으로 들어갑니다. 또한 제2 은닉 계층의 결과도 이어지는 다음 은닉 계층의 입력이 됩니다. 이런 방식으로 다수의 은닉 계층을 활용하면 은닉 계층 하나를 활용할 때보다 입력 신호를 더 정교하게 처리할 수 있습니다.

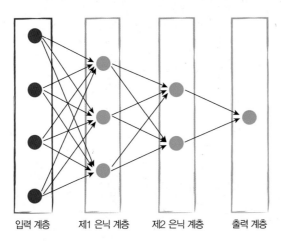

입력 계층   제1 은닉 계층   제2 은닉 계층   출력 계층

그림 3-1 DNN의 구조

DNN은 복잡한 데이터를 학습하려고 은닉 계층 수를 늘린 방식입니다. 이 때문에 전체 노드 수가 늘어나 과적합이 될 수 있지만 최근 이를 효과적으로 해결하는 다양한 방법이 제시되었습니다. DNN은 복잡도가 높은 비정형 빅데이터에 용이하지만 결국은 과적합을 얼마나 방지하느냐가 이를 제대로 활용하는 열쇠입니다.

3.1.2 경사도 소실 문제와 ReLU 활성화 함수

DNN에 있어서 **경사도 소실 문제**Vanishing gradient problem에 대한 이해와 적절한 활성화 함수 선택은 신경망 최적화에 중요합니다. 경사도 소실 문제와 극복 방안을 간단히 알아보겠습니다.

경사도 소실 문제

DNN은 여러 은닉 계층으로 구성되어 신경망의 최적화 과정 시 학습에 사용하는 활성화 함수에 따라 경사도 소실이 발생할 수 있습니다. 또한 각 계층 사이에 활성화 함수가 반복적으로 들어 있어 오차역전파를 계산할 때 경사도 계산이 누적됩니다. 이로 인해 경사 하강법을 사용하는 오차역전파 알고리즘의 성능이 나빠질 수 있습니다. 특히 시그모이드 함수와 같이 입력을 특정 범위로 줄이는 활성화 함수는 입력이 크면 경사도가 매우 작아져 경사도 소실을 유발할 가능성이 높습니다([그림 3-2] ⓐ).

ReLU 활성화 함수

DNN에서는 경사도 소실 문제를 극복하는 활성화 함수로 ReLU^Rectified Linear Unit 등을 사용합니다([그림 3-2] ⓑ). ReLU는 입력이 0보다 큰 구간에서는 직선 함수이기 때문에 값이 커져도 경사도를 구할 수 있습니다. 따라서 경사도 소실 문제에 덜 민감합니다.

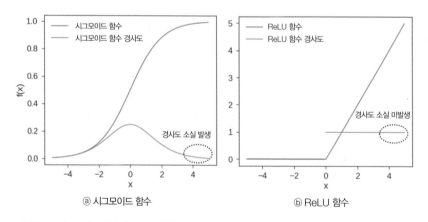

그림 3-2 시그모이드 함수와 ReLU 함수의 경사도 소실 비교

3.1.3 DNN 구현 단계

분류 DNN 구현을 다음과 같이 4단계로 구성해봤습니다. 이 절에서는 패키지 불러오기를 별도 단계로 수행하지 않고 각 단계에서 필요할 때 수행합니다. 파이썬에서는 필요한 모든 패키지를 최상단에서 모아 불러오는 방법을 주로 사용하지만, 여기서는 단계별로 필요한 패키지를 각각 부르게 하여 어떤 단계에서 어느 패키지를 부르는지 확인하도록 했습니다.

1 기본 매개변수 설정
2 분류 DNN 모델 구현
3 데이터 준비
4 DNN의 학습 및 성능 평가

잠깐! 개념 확인하기

1 ANN보다 많은 은닉 계층을 가지는 신경망은 무엇인가요?
2 DNN에서 현재 은닉 계층의 결과가 전달될 수 없는 층은 무엇인가요?
3 오차역전파 알고리즘의 진행 과정에서 활성화 함수에 따라 경사도가 점점 줄어드는 문제를 무엇이라고 하나요?
4 입력이 0보다 적으면 항상 0이고 큰 구간에서는 입력값을 그대로 내보내는 형태로, 경사도 소실에 덜 민감한 함수는 무엇인가요?

정답 1 DNN 2 입력 계층, 이전 은닉 계층 3 경사도 소실 문제 4 ReLU 활성화 함수

3.2 필기체를 분류하는 DNN 구현

이번에 사용할 필기체 데이터셋은 2.2절 '필기체를 구분하는 분류 ANN 구현'에서도 사용한 0부터 9까지로 구분된 필기체 숫자의 모음입니다. 5만 개의 학습 데이터와 1만 개의 성능 평가 데이터로 구성이 되어 있습니다. 이 절에서는 4단계로 은닉 계층이 늘어난 DNN을 케라스로 구현합니다. 다만 분류 DNN의 구현

코드 중에 2장의 예제와 중복되는 부분은 2.2절 '필기체를 구분하는 분류 ANN 구현'을 참조하시기 바랍니다.

3.2.1 기본 매개변수 설정

❶ DNN 구현에 필요한 매개변수를 정의합니다.

```
Nin = 784
Nh_l = [100, 50]
number_of_class = 10
Nout = number_of_class
```

입력 노드 수는 입력 이미지의 크기에 해당하는 784개, 출력 노드 수는 분류할 클래스 수와 같은 10개로 설정합니다. 은닉 계층은 두 개이므로 각각에 대한 은닉 노드 수를 100과 50으로 지정했습니다. 2.2절 '필기체를 구분하는 분류 ANN 구현'에서는 은닉 계층이 한 개이므로 은닉 노드 수를 상수로 지정했었습니다.

3.2.2 DNN 모델 구현

❷ 필기체 분류를 위한 DNN 모델을 구현합니다. 이번에는 객체지향 방식으로 DNN 모델링을 구현합니다. 연쇄 방식으로 계층을 기술할 것이므로 DNN 객체를 models.Sequential로부터 상속받습니다. 그리고 모델링은 객체의 초기화 함수인 __init__()에서 구성합니다.

```
class DNN(models.Sequential):
    def __init__(self, Nin, Nh_l, Nout):
        super().__init__()
```

연쇄 방식으로 구성할 것이므로 부모 클래스의 초기화 함수를 먼저 불러서 모델링이 시작됨을 알립니다.

DNN의 은닉 계층과 출력 계층은 모두 케라스의 layers 서브패키지 아래에 Dense() 개체로 구성합니다.

```
self.add(layers.Dense(Nh_l[0], activation='relu',
                      input_shape=(Nin,), name='Hidden-1'))
self.add(layers.Dropout(0.2))
```

연쇄 방식으로 모델링을 기술하는 self.add()는 제1 은닉 계층부터 기술합니다. 제1 은닉 계층의 이름은 'Hidden-1'로 설정했습니다.

입력 계층의 정의는 사실상 첫 번째 은닉 계층의 정의와 함께 이루어집니다. 첫 번째 은닉 계층 정의 시 input_shape를 적어줌으로 입력 계층이 Nin개의 노드로 구성된 벡터 방식임을 지정합니다.

2장 ANN에서 다루지 않았던 Dropout() 기법이 등장했습니다. Dropout(p)는 p라는 확률로 출력 노드의 신호를 보내다 말다가 합니다. 드롭아웃을 적용한 다음에 오는 계층은 앞 계층의 일부 노드의 신호가 p라는 확률로 단절되기 때문에 훨씬 더 견고하게 신호에 적응합니다. Dropout()은 학습할 때와 성능 평가할 때 다르게 동작합니다. 그러나 케라스는 이 차이를 자동으로 처리하기 때문에 별도의 처리가 필요 없습니다.

이름을 'Hidden-2'로 지정한 제2 은닉 계층을 제1 은닉 계층과 유사하게 구성합니다. 노드 수는 제1 은닉 계층의 노드 수와 다를 수 있습니다.

```
self.add(layers.Dense(Nh_l[1], activation='relu', name='Hidden-2'))
self.add(layers.Dropout(0.2))
self.add(layers.Dense(Nout, activation='softmax'))
```

이번에는 앞 계층의 노드 수를 적지 않았습니다. 제2 은닉 계층부터는 케라스가 자동으로 현재 계층의 입력 노드 수를 앞에 나온 은닉 계층의 출력 수로 설정해주기 때문입니다. 이렇게 하면 신경망 모델링 과정의 번거로움을 피할 수 있습니다. 이처럼 굳이 입력하지 않아도 스스로 찾아낼 수 있는 건 스스로 처리합니다. 두 은닉 계층의 활성화 함수는 모두 'relu'로 문자열을 지정하여 keras.activation.relu()를 사용하도록 설정했습니다. 다음은 출력 계층을 정의하고, 활성화 함수로 'softmax'를 지정하여 keras.activation.softmax()를 사용하도록 했습니다. 이제 모델을 컴파일할 단계입니다.

```
self.compile(loss='categorical_crossentropy',
                optimizer='adam',
                metrics=['accuracy'])
```

분류할 클래스 수가 2개 이상이므로 categorical_crossentropy를 loss로 설정했고, 최적화는 'adam' 방식을 사용했습니다. 이렇게 문자열로 'adam'이라고 적으면 내부적으로는 keras.optimizers.Adam()을 사용하게 됩니다. 그리고 성능은 loss 외에 accuracy를 더 보게 했습니다.

조각 코드를 모아 모델을 생성하는 클래스를 구성하면 다음과 같습니다.

```
from keras import layers, models

class DNN(models.Sequential):
    def __init__(self, Nin, Nh_l, Nout):
        super().__init__()
        self.add(layers.Dense(Nh_l[0], activation='relu',
                              input_shape=(Nin,), name='Hidden-1'))
        self.add(layers.Dense(Nh_l[1], activation='relu',
                              name='Hidden-2'))
        self.add(layers.Dense(Nout, activation='softmax'))
```

```
        self.compile(loss='categorical_crossentropy',
                     optimizer='adam',
                     metrics=['accuracy'])
```

3.2.3 데이터 준비

❸ 분류 DNN을 위한 데이터 준비는 2.2.2항 '분류 ANN에 사용할 데이터 가져오기'와 같습니다.

3.2.4 학습 및 성능 평가

❹ 학습과 성능 평가 단계입니다. 학습과 성능 평가를 수행하는 것은 은닉 계층이 늘어도 분류 ANN의 구현과 같습니다.

```
import matplotlib.pyplot as plt
from keraspp.skeras import plot_loss, plot_acc

model = DNN(Nin, Nh_l, Nout)
(X_train, Y_train), (X_test, Y_test) = Data_func()

history = model.fit(X_train, Y_train, epochs=5, batch_size=100,
                    validation_split=0.2)
performace_test = model.evaluate(X_test, Y_test, batch_size=100)
print('Test Loss and Accuracy ->', performace_test)

plot_loss(history)
plt.show()
plot_acc(history)
plt.show()
```

한편 DNN은 ANN보다 더 깊은 신경망이기 때문에 분류 학습에 대한 둘의 결과가 다를 수가 있습니다. 이를 확인하고자 DNN의 결과를 살펴보겠습니다. 분류 DNN의 출력 결과는 다음과 같습니다. 최종 성능 평가의 손실과 정확도는

0.099와 0.97로 이번 예제의 경우 ANN의 결과와 거의 유사합니다. ANN은 손실과 정확도가 각각 0.109와 0.97이었습니다. MNIST는 비교적 이미지가 간단해 ANN과 DNN의 성능 차이가 거의 없습니다. 하지만 학습 데이터가 많거나 복잡한 이미지에서는 일반적으로 DNN이 더 우수한 성능을 보인다고 알려져 있습니다.

```
Train on 48000 samples, validate on 12000 samples
Epoch 1/5
48000/48000 [==============================] - 7s - loss:
0.3746 - acc: 0.8947 - val_loss: 0.1888 - val_acc: 0.9448
Epoch 2/5
48000/48000 [==============================] - 2s - loss:
0.1562 - acc: 0.9543 - val_loss: 0.1339 - val_acc: 0.9617
Epoch 3/5
48000/48000 [==============================] - 2s - loss:
0.1117 - acc: 0.9669 - val_loss: 0.1121 - val_acc: 0.9666
Epoch 4/5
48000/48000 [==============================] - 2s - loss:
0.0858 - acc: 0.9738 - val_loss: 0.1058 - val_acc: 0.9691
Epoch 5/5
48000/48000 [==============================] - 2s - loss:
0.0680 - acc: 0.9794 - val_loss: 0.0986 - val_acc: 0.9722
```

전체 코드

이 책의 깃허브에서 이번 예제를 내려받을 수 있습니다.

- 깃허브 파일명: ex3_1_dnn_mnist_cl.py
- 깃허브 주피터: nb_ex3_1_dnn_mnist_cl.ipynb

윈도우, 맥OS, 우분투에서 다음과 같은 명령으로 실행합니다.

```
$ python ex3_1_dnn_mnist_cl.py
```

예제 3-1 필기체를 분류하는 DNN 구현

❶ *# 기본 매개변수 설정*
```
Nin = 784
Nh_l = [100, 50]
number_of_class = 10
Nout = number_of_class
```

❷ *# DNN 모델 구현*
```
from keras import layers, models
class DNN(models.Sequential):
    def __init__(self, Nin, Nh_l, Nout):
        super().__init__()
        self.add(layers.Dense(Nh_l[0], activation='relu',
            input_shape=(Nin,), name='Hidden-1'))
        self.add(layers.Dense(Nh_l[1], activation='relu',
            name='Hidden-2'))
        self.add(layers.Dense(Nout, activation='softmax'))
        self.compile(loss='categorical_crossentropy',
                        optimizer='adam',
                        metrics=['accuracy'])
```

❸ *# 데이터 준비*
```
import numpy as np
from keras import datasets
from keras.utils import np_utils

def Data_func():
    (X_train, y_train), (X_test, y_test) = datasets.mnist.load_data()

    Y_train = np_utils.to_categorical(y_train)
    Y_test = np_utils.to_categorical(y_test)

    L, H, W = X_train.shape
    X_train = X_train.reshape(-1, W * H)
    X_test = X_test.reshape(-1, W * H)

    X_train = X_train / 255.0
    X_test = X_test / 255.0
```

```
            return (X_train, Y_train), (X_test, Y_test)

❹  # 학습 및 성능 평가
    import matplotlib.pyplot as plt
    from keraspp.skeras import plot_loss, plot_acc

    def main():
        model = DNN(Nin, Nh_l, Nout)
        (X_train, Y_train), (X_test, Y_test) = Data_func()

        history = model.fit(X_train, Y_train, epochs=5, batch_size=100,
                            validation_split=0.2)
        performace_test = model.evaluate(X_test, Y_test, batch_size=100)
        print('Test Loss and Accuracy ->', performace_test)

        plot_loss(history)
        plt.show()
        plot_acc(history)
        plt.show()
```

3.3 컬러 이미지를 분류하는 DNN 구현

이번에는 필기체보다 복잡도가 높은 컬러 이미지를 DNN으로 분류해봅니다.

1 CIFAR-10 데이터 소개

2 데이터 가져오기

3 DNN 모델링

4 학습 효과 분석 준비

5 DNN 학습 및 성능 평가

사용할 CIFAR-10 데이터셋은 [그림 3-3]과 같이 10가지 사물이 담긴 컬러 이미지이며 아래 URL에서 내려받을 수 있습니다. 총 6만 장이며, 이 중 5만 장은 학습용이고 1만 장은 평가용입니다. 하나의 사진 크기는 32×32입니다. RGB로 구성된 컬러 이미지이므로 $32 \times 32 \times 3$이 이미지 한 장당 픽셀 수입니다.

- CIFAR-10 데이터셋: http://www.cs.toronto.edu/~kriz/cifar.html

그림 3-3 CIFAR-10 이미지 종류와 예시   출처: http://www.cs.toronto.edu

3.3.1 데이터 가져오기

❶ 데이터를 불러와서 학습을 위한 사전 처리를 합니다.

컬러 이미지 데이터가 들어 있는 CIFAR-10은 각각 RGB인 3가지 채널로 구성됩니다. 데이터를 불러오는 데 필요한 패키지는 2.2.2항에서 사용한 MNIST의 필기체 패키지와 같습니다.

```python
import numpy as np
from keras import datasets
from keras.utils import np_utils
```

이제 데이터를 불러와서 사전 처리를 할 차례입니다. 먼저 CIFAR-10 컬러 이미지 데이터를 불러옵니다.

```
(X_train, y_train), (X_test, y_test) = datasets.cifar10.load_data()
```

2.2.2항에서 다룬 MNIST를 불러오는 코드와 달라진 것은 datasets.mnist. load_data() 대신 datasets.cifar10.load_data()를 사용한 겁니다.

1차원으로 구성된 목푯값 배열인 y_train, y_test는 MNIST와 동일하게 10가지 클래스로 구분된 2차원 배열로 변환해줍니다.

```
Y_train = np_utils.to_categorical(y_train)
Y_test = np_utils.to_categorical(y_test)
```

분류 DNN의 출력은 원소 10개로 구성된 이진 벡터입니다. 이렇게 변환하면 목푯값과 출력값의 데이터 모양이 같아집니다. 일반적으로 분류 방식은 각 클래스마다 출력 노드가 하나입니다. 출력값은 주어진 입력 이미지에 대해 각 클래스에 해당할 가능성을 나타냅니다. 예를 들어 CIFAR-10 데이터셋의 경우 클래스가 10개이므로 출력 노드 수는 10개가 됩니다. 반면 목푯값은 0~9까지 정숫값으로 저장되어 있어서 정숫값을 np_utils.to_categorical()을 이용해 10개의 원소를 가진 이진 벡터로 변환했습니다.

한편 성능 분석 등을 위해 분류 DNN의 출력값 Y_train을 이진 벡터에서 정수 스칼라로 역변환할 때가 있습니다. 이때는 y_train=np.argmax(Y_train, axis=1)과 같이 최댓값의 인자를 찾아주면 됩니다.

이제 컬러값을 포함하는 이미지 배열을 DNN이 다룰 수 있도록 차원을 바꿔야 합니다.

```
L, H, W, C = X_train.shape
X_train = X_train.reshape(-1, H * W * C)
X_test = X_test.reshape(-1, H * W * C)
```

앞서 MNIST는 L, H, W를 X_train.shape로부터 가져왔습니다. 그때는
RGB에 해당하는 채널 정보가 데이터에 들어 있지 않아서 C에 해당하는 정보
를 가져올 수 없었습니다. 반면에 컬러 이미지는 채널이 포함된 4차원이기 때문
에 L, H, W, C 정보를 X_train.shape로부터 가져옵니다. L은 데이터 수, H는
이미지 높이(x축), W는 이미지 넓이(y축), C는 이미지 채널 수에 해당합니다.
DNN은 벡터 형태의 정보를 다루기 때문에 데이터 차원을 2로 하고 첫 줄은 L로
설정하고 둘째 줄은 H × W × C가 되도록 합니다.

데이터 가져오기 코드의 나머지 부분은 2.2.2항 '분류 ANN에 사용할 데이터
가져오기'와 같습니다.

재사용성을 고려하여 함수로 정리하면 다음과 같습니다.

```
def Data_func():
    (X_train, y_train), (X_test, y_test) = datasets.cifar10.load_data()

    Y_train = np_utils.to_categorical(y_train)
    Y_test = np_utils.to_categorical(y_test)

    L, H, W, C = X_train.shape
    X_train = X_train.reshape(-1, H * W * C)
    X_test = X_test.reshape(-1, H * W * C)

    X_train = X_train / 255.0
    X_test = X_test / 255.0

    return (X_train, Y_train), (X_test, Y_test)
```

3.3.2 DNN 모델링

❷ DNN 모델은 비교를 위해 3.2절에서 사용한 모델을 그대로 사용합니다. 다만 드롭아웃 확률은 함수의 인자로 전달해 원하는 값으로 조정하도록 합니다.

```python
from keras import layers, models

class DNN(models.Sequential):
    def __init__(self, Nin, Nh_l, Pd_l, Nout):
        super().__init__()

        self.add(layers.Dense(Nh_l[0], activation='relu',
                              input_shape=(Nin,), name='Hidden-1'))
        self.add(layers.Dropout(Pd_l[0]))

        self.add(layers.Dense(Nh_l[1], activation='relu',
                              name='Hidden-2'))
        self.add(layers.Dropout(Pd_l[1]))

        self.add(layers.Dense(Nout, activation='softmax'))

        self.compile(loss='categorical_crossentropy',
                     optimizer='adam',
                     metrics=['accuracy'])
```

우선 초기화 함수가 Pd_l 배열을 입력받도록 했습니다. Pd_l은 두 개의 인자로 드롭아웃 확률을 지정합니다. 이를 위해 3.2.2항에서 구현한 모델링 코드 중간에 드롭아웃을 설정했습니다.

3.3.3 학습 효과 분석

❸ 학습 효과를 분석하는 코드는 2.2.3항의 코드를 가져옵니다.

```python
from keraspp.skeras import plot_loss, plot_acc
import matplotlib.pyplot as plt
```

3.3.4 학습 및 성능 평가

❹ 사진 데이터를 분류하는 학습을 진행한 후 그 성능을 평가합니다.

먼저 모델링에 필요한 매개변수를 설정합니다.

```
Nh_l = [100, 50]
Pd_l = [0.0, 0.0]
number_of_class = 10
Nout = number_of_class
```

Pd_l은 새롭게 추가된 배열입니다. 이번에 정의한 DNN 모델은 드롭아웃을 두 번 수행합니다. 각 드롭아웃의 확률을 Pd_l로 조정할 수 있습니다.

앞서 만든 Data_func() 함수로 데이터를 불러옵니다. 그리고 모델링에 필요한 매개변수를 이용해 DNN 객체의 인스턴스를 만듭니다.

```
(X_train, Y_train), (X_test, Y_test) = Data_func()
model = DNN(X_train.shape[1], Nh_l, Pd_l, Nout)
```

여기서 Pd_l은 새롭게 정의된 모델의 드롭아웃의 확률을 설정하는 두 매개변수값으로 구성된 배열입니다.

이제 학습합니다. 학습 진행 경과는 history 변수에 저장됩니다.

```
history = model.fit(X_train, Y_train, epochs=10, batch_size=100,
                    validation_split=0.2)
```

학습이 진행되면 다음과 같이 학습 진행 상황이 출력됩니다. 총 100회의 학습이 진행되어 처음 1회와 마지막 3회만 결과에 포함했습니다. 전체적인 흐름은 history를 통한 학습 그래프로 파악할 수 있습니다.

```
Train on 40000 samples, validate on 10000 samples
Epoch 1/100
40000/40000 [==============================] - 3s - loss:
1.9446 - acc: 0.3004 - val_loss: 1.8597 - val_acc: 0.3188

(중략)

Epoch 98/100
40000/40000 [==============================] - 3s - loss:
1.1069 - acc: 0.6004 - val_loss: 1.5826 - val_acc: 0.4788
Epoch 99/100
40000/40000 [==============================] - 3s - loss:
1.1147 - acc: 0.5999 - val_loss: 1.5890 - val_acc: 0.4725
Epoch 100/100
40000/40000 [==============================] - 3s - loss:
1.1056 - acc: 0.6034 - val_loss: 1.5940 - val_acc: 0.4744
```

이제 평가 데이터를 통해 최종 성능을 알아볼 차례입니다.

```
performace_test = model.evaluate(X_test, Y_test, batch_size=100)
print('Test Loss and Accuracy ->', performace_test)
```

수행된 결과는 다음과 같습니다.

10가지 사물을 인공지능이 47.8%까지 분류할 수 있다는 의미입니다.

```
Test Loss and Accuracy -> [1.5685403978824615, 0.47779998332262041]
```

이제 학습이 어떻게 진행되었는지 그 과정을 그래프로 분석할 차례입니다.

```
plot_acc(history)
plt.show()
plot_loss(history)
plt.show()
```

정확도와 손실의 변화는 [그림 3-4]와 같습니다.

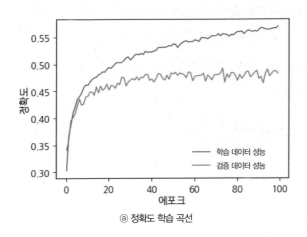

ⓐ 정확도 학습 곡선

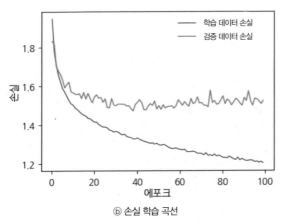

ⓑ 손실 학습 곡선

그림 3-4 학습 진행 상황

[그림 3-4]의 학습은 드롭아웃을 하지 않습니다. 그래서 학습 데이터와 검증 데이터 간에 성능 차이가 컸습니다. 두 데이터가 유사하려면 드롭아웃값을 조정해야 합니다. Pd_l=[0.05, 0.5]로 설정하여 과적합을 줄이면 [그림 3-5]와 같이 학습 데이터와 검증 데이터의 성능이 유사하도록 만든 학습 경과를 확인할 수

있습니다. 이 경우 검증 성능은 46%로 드롭아웃을 포함하지 않은 [그림 3-4] 때와 차이가 크지 않지만 학습이 오래 진행되는 경우 과적합 방지를 하지 않으면 검증 성능이 다시 나빠질 수 있어서 적정한 드롭아웃값을 설정해야 합니다. 물론 조기 종료, 1/2차 정규화 등 다른 기술로 과적합 방지를 하고 있거나 데이터가 충분히 많다면 드롭아웃을 꼭 사용할 필요는 없습니다.

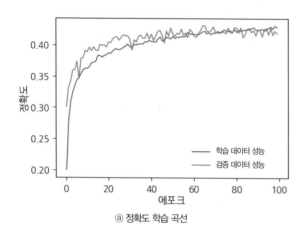

ⓐ 정확도 학습 곡선

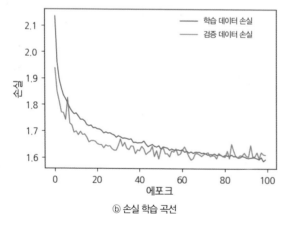

ⓑ 손실 학습 곡선

그림 3-5 드롭아웃 매개변수 배열을 (0.05, 0.5)로 설정한 경우의 학습 진행 상황

전체 코드

이 책의 깃허브에서 이번 예제를 내려받을 수 있습니다.

- 깃허브 파일명: ex3_2_dnn_cifar10_cl.py
- 깃허브 주피터: nb_ex3_2_dnn_cifar10_cl.ipynb

윈도우, 맥OS, 우분투에서 다음과 같은 명령으로 실행합니다.

```
$ python ex3_2_dnn_cifar10_cl.py
```

예제 3-2 컬러 이미지를 분류하는 DNN

❶ # 데이터 가져오기
```
import numpy as np
from keras import datasets
from keras.utils import np_utils

def Data_func():
    (X_train, y_train), (X_test, y_test) = datasets.cifar10.load_data()

    Y_train = np_utils.to_categorical(y_train)
    Y_test = np_utils.to_categorical(y_test)

    L, H, W, C = X_train.shape
    X_train = X_train.reshape(-1, W * H * C)
    X_test = X_test.reshape(-1, W * H * C)

    X_train = X_train / 255.0
    X_test = X_test / 255.0

    return (X_train, Y_train), (X_test, Y_test)
```

❷ # DNN 모델링
```
from keras import layers, models

class DNN(models.Sequential):
```

```
    def __init__(self, Nin, Nh_l, Pd_l, Nout):
        super().__init__()

        self.add(layers.Dense(Nh_l[0], activation='relu',
                                input_shape=(Nin,), name='Hidden-1'))
        self.add(layers.Dropout(Pd_l[0]))

        self.add(layers.Dense(Nh_l[1], activation='relu',
                                name='Hidden-2'))
        self.add(layers.Dropout(Pd_l[1]))

        self.add(layers.Dense(Nout, activation='softmax'))

        self.compile(loss='categorical_crossentropy',
                     optimizer='adam',
                     metrics=['accuracy'])
```

❸ # 학습 효과 분석
```
from keraspp.skeras import plot_loss, plot_acc
import matplotlib.pyplot as plt
```

❹ # 학습 및 성능 평가
```
def main(Pd_l=[0.0, 0.0]):
    Nh_l = [100, 50]
    number_of_class = 10
    Nout = number_of_class

    (X_train, Y_train), (X_test, Y_test) = Data_func()
    model = DNN(X_train.shape[1], Nh_l, Pd_l, Nout)
    history = model.fit(X_train, Y_train, epochs=100, batch_size=100,
                        validation_split=0.2)

    performace_test = model.evaluate(X_test, Y_test, batch_size=100)
    print('Test Loss and Accuracy ->', performace_test)

    plot_acc(history)
    plt.show()
    plot_loss(history)
    plt.show()
```

```
if __name__ == '__main__':
    main(Pd_l=[0.0, 0.0])
```

3.4 마치며

　DNN은 여러 개의 은닉 계층을 포함한 딥러닝 방식을 이용합니다. 다중 은닉 계층으로 학습해 복잡한 사물을 구분할 수도 있습니다. 예전에는 은닉 계층이 많으면 신경망의 가중치가 늘어나 학습 결과가 과적합 되는 경우가 많았지만, 최근에는 빅데이터가 제공되고 다양한 과적합 처리 알고리즘이 나오면서 이러한 단점이 해결되고 있습니다.

　다음 장에서는 다른 형태의 신경망에 대해 알아봅니다.

케라스로 구현하는 CNN

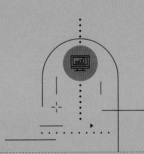

◆ 학습 목표 ◆

CNN의 원리를 이해하고 케라스로 구현하는 방법을 익힙니다. 그리고 실제 사물의 사진을 분류하는 능력을 기릅니다.

케라스로 구현하는 CNN

합성곱신경망Convolutional Neural Network, CNN 은 영상 처리에 많이 활용되는 합성곱을 이용하는 인공신경망 기술입니다. CNN은 합성곱을 이용해 가중치 수를 줄여 연산량을 줄이면서도 이미지 처리를 효과적으로 할 수 있습니다. 이를 통해 이미지의 특징점을 효율적으로 찾을 수 있어 인공신경망 효능을 더 높일 수 있습니다. 이 장에서 다루는 내용은 다음과 같습니다.

- CNN 원리
- 필기체를 분류하는 CNN 구현
- 컬러 이미지를 분류하는 CNN 구현

4.1 CNN 원리

CNN 개념과 구조를 살펴봅니다. CNN은 **합성곱 필터**Convolution filter 를 이용하여 신경망 동작을 수행합니다. 여러 작은 필터가 이미지 위를 돌아다니면서 특징점 Feature 을 찾아 합성곱 결과를 다음 계층으로 보냅니다. 따라서 DNN 대비 적은 수의 가중치로 이미지 처리를 효율적으로 할 수 있습니다.

CNN은 [그림 4-1]과 같이 주로 입력 부근 계층을 합성곱 계층으로 구성하고, 출력 부근 계층을 완전 연결 계층으로 구성합니다. CNN을 구성하는 계층 중에 합성곱 계층은 특징점을 효과적으로 찾는 데 활용되고 완전 연결 계층은 찾은 특징점을 기반으로 이미지를 분류하는 데 주로 활용됩니다.

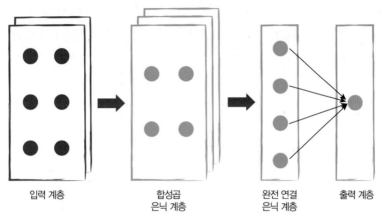

입력 계층   합성곱   완전 연결   출력 계층
                은닉 계층   은닉 계층

그림 4-1 CNN의 구조

CNN은 2차원이나 그 이상 차원의 데이터를 처리하는 데에 적합합니다. CNN의 처리를 이해하는 데 도움이 되도록 3장에서 살펴본 DNN 처리 방법과 비교해보겠습니다. DNN은 이미지를 1차원 벡터로 변환하여 전 계층이 1차원 방식으로 신호를 처리하기 때문에 2차원 특성을 처리하기에 한계가 있습니다. 반면 CNN은 2차원 합성곱으로 각 노드를 처리하기 때문에 이미지에 더 적합한 처리가 가능합니다. 즉, CNN은 이미지의 높이와 넓이를 생각하여 2차원 처리를 수행합니다. 그리고 컬러 이미지를 다룰 경우 컬러에 대한 계층은 깊이라는 별도의 차원으로 관리합니다.

또한 CNN은 합성곱 계층이 끝나면 [그림 4-2]와 같이 **맥스풀링**Max pooling 계층을
이용해 지역별로 최댓값을 찾아줍니다. 이렇게 하면 특징점 위치가 약간씩 달라
져도 딥러닝을 제대로 수행합니다.

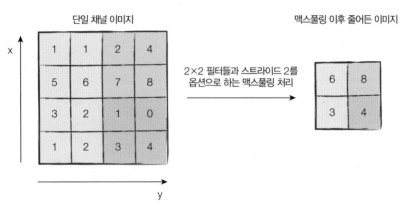

그림 4-2 Maxpooling2D의 동작 원리
출처: http://cs231n.github.io/convolutional-networks/

4.2 필기체를 분류하는 CNN 구현

2~3장에서 다룬 필기체 데이터를 CNN으로 분류합니다. CNN으로 분류하게
되면 합성곱을 통해 더 효율적으로 처리가 가능해집니다.

4.2.1 분류 CNN 모델링

❶ 합성곱 계층과 완전 연결 계층이 결합하여 구성된 분류 CNN을 모델링하는 방
법을 알아봅니다.

모델링에 필요한 케라스 패키지를 불러오는 것이 우선입니다. 케라스 패키지는
포괄적으로 로딩합니다.

```
import keras
```

이렇게 포괄적으로 케라스 패키지를 부르면 몇 번만 사용되는 함수를 별도의 가져오는 작업 없이 바로 사용할 수 있습니다. 물론 자주 사용하는 서브패키지라면 미리 가져오고 사용하는 것이 편리합니다.

케라스 구현에 필요한 계층과 모델 방식에 대한 서브패키지를 불러옵니다.

```
from keras import models, layers
```

models는 모델링 방식에 해당하는 프레임워크를 불러옵니다. 우리는 models 라는 서브패키지에 들어 있는 연쇄 방식 모델링 객체인 Sequential을 사용합니다. 다음은 CNN에 사용할 계층을 만드는 데 사용할 layers를 불러옵니다. layers 패키지는 Dense, Dropout, Flatten, Conv2D와 MaxPooling2D를 사용합니다. 특히, Conv2D, MaxPooling2D와 Flatten은 3장의 DNN에서 사용하지 않았던 계층입니다.

- Conv2D: 2차원 합성곱을 계산하는 클래스
- MaxPooling2D: 2차원 맥스풀링을 계산하는 클래스
- Flatten: 다차원 입력을 1차원 입력으로 변환하는 클래스

사용할 계층을 가져와서 from keras.layers import Conv2D처럼 구체적으로 지정하면 layers.Conv2D()를 Conv2D()로 줄여서 쓸 수 있습니다. Conv2D()가 여러 번 사용된다면 이 방법이 편리합니다. 하지만 파이썬 코딩의 유연성을 위해서는 지금처럼 from keras import layers와 같이 불러놓고 layers.Conv2D()처럼 본문에서 사용하는 방식이 많이 활용됩니다. 특히 Conv2D()가 layers 아래의 요소라는 점을 알 수 있는 장점도 있습니다. 어떤 방법을 사용할지는 코딩 스타일이나 코드 복잡도에 따라 선택하면 됩니다.

이번에는 케라스의 강력한 기능인 딥러닝 엔진의 함수를 직접 호출하거나 주요 매개변수를 제어하는 서브패키지를 가져옵니다.

```
from keras import backend
```

백엔드 서브패키지를 사용하면 딥러닝 엔진을 직접 제어할 수 있습니다. 또한 엔진에서 사용하는 시스템 매개변수값을 참조하거나 변경할 수 있습니다. 딥러닝 엔진을 직접 제어하는 경우에 따라 제어 코드를 다르게 작성해야 하는 경우도 있습니다. 주로 케라스가 제공하지 않는 새로운 함수를 만들 필요가 있는 경우에 사용됩니다. 예를 들어 엔진이 제공하는 함수를 활용하여 새로운 활성화 함수나 손실 함수를 만드는 경우가 그렇습니다. 그렇지만 케라스가 이미 많은 함수를 제공하고 있어 엔진 함수를 직접 활용하는 경우는 많지 않습니다.

분류 CNN 모델링은 객체지향으로 구성합니다. 객체지향으로 모델링을 구현하면 객체 인스턴스를 생성해 모델을 쉽게 사용할 수 있어서 코드 재사용성을 높일 수 있습니다.

CNN 객체를 models.Sequential로 상속하여 연쇄 방식으로 모델을 구현합니다. 연쇄 방식으로 신경망을 모델링하는 부모 객체의 초기화 함수를 먼저 부릅니다.

```
class CNN(models.Sequential):
    def __init__(self, input_shape, num_classes):
        super().__init__()
```

여기서 super()는 기본 특성을 상속한 부모 함수를 부릅니다. 따라서 super().init()은 models.Sequential.__init__(self)와 동일하게 동작합니다. 모델링에 필요한 입력 데이터 모양과 분류할 클래스 수를 초깃값으로 입력받습니다.

이제 CNN의 은닉 계층을 정의할 시점입니다. 첫 번째 은닉 계층 정의는 자신의 형태뿐 아니라 입력 계층의 형태를 동시에 설정합니다.

```
self.add(layers.Conv2D(32, kernel_size=(3, 3),
        activation='relu',
        input_shape=input_shape))
```

입력 계층의 형태는 객체의 초기화 변수인 input_shape의 값을 따릅니다. 이는 초기화 함수의 입력값이므로 모델의 인스턴스를 만들 때 정해집니다. 흥미로운 점은 합성곱 계층은 완전 연결 계층과 달리 input_shape가 2차원 이미지로 구성된다는 점입니다. RGB로 여러 색상을 표현하기 때문에 채널을 포함하여 input_shape는 길이가 3인 리스트입니다.

이 계층의 합성곱 형태는 커널의 크기가 3×3인 커널 32개로 구성됩니다. DNN에서 마찬가지로 ReLU를 활성화 함수로 사용했습니다.

두 번째 CNN 계층은 첫 번째 계층과 유사하지만 2가지 기능이 더 추가되었습니다.

```
self.add(layers.Conv2D(64, (3, 3), activation='relu'))
self.add(layers.MaxPooling2D(pool_size=(2, 2)))
self.add(layers.Dropout(0.25))
```

이 계층의 커널 수는 64개로 첫 번째 CNN 계층의 커널 수보다 많습니다. 흥미로운 것은 이 계층의 다음 계층이 최대 풀링을 수행하는 Maxpooling2D()라는 겁니다. 이 Maxpooling2D()는 합성곱을 한 뒤에 인접한 2×2셀을 묶어서 가장 큰 값만 내보내는 부속 계층입니다. 부속 계층은 학습을 통해 가중치가 바뀌는 형태는 아니지만 입력 신호를 특정한 형태로 변화시키는 계층을 의미합니다. 맥스풀링이 끝나면 전체 노드 중 평균 25% 노드의 출력을 끄는 드롭아웃을 수행하게 합니다.

다음 부속 계층은 Flatten() 처리를 통해 입력을 벡터로 바꿉니다. 합성곱은 이미지 형태로 프로세스가 진행되지만 **완전 연결 계층** Fully connected layer 은 이미지가 벡터로 통합된 뒤 진행됩니다. Flatten()은 2차원 이미지를 1차원 벡터로 변환시키는 부속 계층입니다.

```
self.add(layers.Flatten())
```

부속 계층은 완전 연결 계층으로 구성된 은닉 계층 1개와 출력 계층 1개를 포함합니다. 은닉 계층은 길이가 128이고 ReLU를 활성화 함수로 사용합니다. 이후 50% 확률로 드롭아웃을 수행합니다. 그다음엔 길이가 num_classes인 완전 연결 계층을 출력으로 포함하고 이 계층은 소프트맥스 활성화 함수를 사용합니다. num_classes는 분류할 클래스 수입니다.

```
self.add(layers.Dense(128, activation='relu'))
self.add(layers.Dropout(0.5)
self.add(layers.Dense(num_classes, activation='softmax'))
```

두 가지 완전 연결 계층으로 구성한 DNN 계층이 필요한 이유는 실질적 분류 작업을 하기 위해서입니다. 앞단의 2차원 합성곱 계층의 목적은 이미지의 특징점을 잘 찾기 위한 것입니다. 그러나 각각의 주목적이 '특징점 찾기'와 '실질 분류하기'라 하더라도 스스로 학습해 최적화되기 때문에 그 역할이 적정하게 둘로 분배됩니다. 다시 말해 어느 한쪽이 절대적으로 특정 역할을 한다고 말하기는 어렵습니다(딥러닝 계층의 역할은 사실상 블랙박스와 같아서 내부를 알기가 힘듭니다. 많은 연구진이 효율적으로 딥러닝 내부 상태를 파악하려고 노력하고 있습니다).

분류 CNN 모델이 구성되고 나면 컴파일을 합니다.

```python
self.compile(loss=keras.losses.categorical_crossentropy,
             optimizer=keras.optimizers.Adadelta(),
             metrics=['accuracy'])
```

구현한 각각의 모델 생성 클래스를 합치면 다음과 같습니다.

```python
class CNN(models.Sequential):
    def __init__(self, input_shape, num_classes):
        super().__init__()

        self.add(layers.Conv2D(32, kernel_size=(3, 3),
                 activation='relu',
                 input_shape=input_shape))
        self.add(layers.Conv2D(64, (3, 3), activation='relu'))
        self.add(layers.MaxPooling2D(pool_size=(2, 2)))
        self.add(layers.Dropout(0.25))
        self.add(layers.Flatten())
        self.add(layers.Dense(128, activation='relu'))
        self.add(layers.Dropout(0.5))
        self.add(layers.Dense(num_classes, activation='softmax'))

        self.compile(loss=keras.losses.categorical_crossentropy,
                     optimizer='rmsprop',
                     metrics=['accuracy'])
```

4.2.2 분류 CNN을 위한 데이터 준비

❷ 분류 CNN에 사용할 데이터는 앞서 다뤘던 MNIST이고, 이에 대한 CNN을 위해 사전처리를 진행합니다.

MNIST는 6만 건의 필기체 숫자를 모은 공개 데이터입니다. 케라스는 딥러닝 성능 평가에 많이 사용되는 MNIST 데이터를 서브패키지를 통해 내려받아서 사용하도록 지원합니다.

케라스가 지원하는 데이터셋을 내려받으려면 datasets라는 서브패키지를 호출합니다.

```
from keras import datasets
```

이 서브패키지에서 MNIST 데이터를 가져오는 방법은 간단합니다.

```
(x_train, y_train), (x_test, y_test) = datasets.mnist.load_data()
```

mnist.load_data()를 호출하면 온라인에서 MNIST 데이터를 내려받아 변수에 넣어줍니다. 여기서 x_train과 x_test는 각각 학습 및 성능 평가에 사용할 필기체 이미지 변수들의 배열입니다. 또한 y_train과 y_test는 학습과 성능 평가에 사용할 필기체 이미지의 레이블 정보의 배열입니다.

이제 datasets의 함수로 불러온 데이터를 CNN에서 쓸 수 있게 전처리하겠습니다. CNN은 DNN에서의 데이터 준비 과정과 2가지 면에서 다릅니다. 첫째, 이미지를 벡터화하지 않고 그대로 사용합니다. 따라서 2차원 이미지를 1차원 벡터로 변환하지 않습니다. 둘째, 흑백 이미지의 채널 정보를 처리하려면 추가적인 차원을 이미지 데이터에 포함해야 합니다. 컬러 이미지는 RGB 색상을 다루는 채널 정보가 이미지 데이터에 이미 포함되어 있어 이미지를 나타내는 각 입력 데이터가 3차원으로 구성됩니다. 그러나 흑백 이미지는 채널 정보가 존재하지 않아서 입력 데이터의 차원을 하나 더 추가합니다. 그럼 흑백 이미지 데이터에 채널 정보를 추가하는 방법을 알아보겠습니다.

채널은 이미지 배열의 앞 단에 추가되어야 할 수도 있고 뒷 단에 추가되어야 할 수도 있습니다. 채널의 위치는 케라스의 시스템 매개변수인 'image_data_format'에 지정되어 있습니다. 따라서 먼저 이 매개변수를 확인합니다.

```
if backend.image_data_format() == 'channels_first':
```

이 경우는 이미지 배열 앞 단에 존재합니다. 앞 단에 존재할 때는 이미지 열과 행 앞 채널에 해당하는 차원을 위치시킵니다.

```
x_train = x_train.reshape(x_train.shape[0], 1, img_rows, img_cols)
x_test = x_test.reshape(x_test.shape[0], 1, img_rows, img_cols)
input_shape = (1, img_rows, img_cols)
```

위치시킨 후 입력 데이터의 모양을 나타내는 input_shape에도 (1, img_rows, img_cols)와 같이 맨 앞에 채널 수를 표시합니다.

만약 케라스 매개변수 image_data_format이 'channels_first'가 아니라면 채널 차원이 이미지 배열 다음에 위치하도록 해야 합니다.

```
x_train = x_train.reshape(x_train.shape[0], img_rows, img_cols, 1)
x_test = x_test.reshape(x_test.shape[0], img_rows, img_cols, 1)
input_shape = (img_rows, img_cols, 1)
```

이제는 이미지 정보의 맨 끝에 채널에 대한 차원이 들어갔습니다.

케라스는 엔진과 상관없이 채널의 위치를 앞 단 또는 뒷 단에 선택적으로 위치하도록 설정할 수 있습니다. 위치 변경은 backend.set_image_data_ format('channels_last')와 같이 가능합니다.

그리고 x_train.reshape(x_train.shape[0], 1, img_rows, img_cols)는 이미지 데이터인 x_train을 샘플 수, 채널 수, 이미지의 가로 길이, 이미지의 세로 길이로 구성했습니다. 따라서 3장의 DNN과 달리 이미지의 가로와 세로가 구분되어 다뤄집니다. DNN에서는 이미지의 세로와 가로 길이를 1차원으로 변경해 하나의 벡터로 처리했습니다. 그래서 2차원적인 특성이 효과적으로 고려되지 못했습니다.

4.2.3 분류 CNN 학습 효과 분석
❸ 학습 효과를 분석하기 위해 그래프를 그리는 기능을 가져옵니다.

```
from keraspp.skeras import plot_acc, plot_loss
import matplotlib.pyplot as plt
```

4.2.4 분류 CNN 학습 및 성능 평가
❹ 데이터와 모델이 준비되었으니 이제 이들을 이용해 학습과 성능 평가를 진행할 차례입니다.

우선은 딥러닝 학습에 사용할 매개변수를 정의합니다.

```
epochs = 10
batch_size = 128
```

학습을 위한 총 에포크는 10번으로 정하고 1회 학습 시 입력 데이터를 128개씩 나눠서 입력합니다.

이제 데이터 객체와 모델 객체의 인스턴스를 생성합니다.

```
data = DATA()
model = CNN(data.input_shape, data.num_classes)
```

준비된 데이터를 data 인스턴스에 넣어두고, 모델을 model 인스턴스에 저장합니다. 모델을 만들려면 입력 데이터의 모양과 최종 분류할 클래스 수를 알아야 하는데, 이는 입력 데이터의 특성이므로 입력 데이터를 다루는 클래스인 DATA의 속성에서 가져왔습니다. 여기서 data.input_shape와 data.num_classes는 입력 데이터의 형태와 클래스 수를 각각 나타냅니다.

이제 분류 CNN 학습을 진행할 차례입니다.

```
model.fit(data.x_train, data.y_train,
          batch_size=batch_size,
          epochs=epochs,
          validation_split=0.2)
```

모델에 학습할 데이터와 그 데이터의 레이블 정보를 같이 제공합니다. 그리고 validation_split = 0.2와 같이 지정해 성능 검증용 데이터는 학습 데이터의 일부를 사용합니다. 여기서는 20%를 분리하여 검증 데이터로 사용했습니다. 검증 데이터는 학습 데이터의 일부분이므로 나중에 사용하는 평가 데이터와는 다릅니다.

마지막으로 성능 평가를 수행합니다.

```
score = model.evaluate(data.x_test, data.y_test)
print('Test loss:', score[0])
print('Test accuracy:', score[1])
```

평가 데이터는 학습이나 검증에 사용되지 않은 별도의 데이터입니다. 이를 통해 학습한 모델의 성능을 객관적으로 검증합니다.

학습이 잘 진행되었는지 학습 곡선을 그려서 확인합니다.

```
plot_acc(history)
plt.show()
plot_loss(history)
plt.show()
```

본 필기체 분류 CNN 모델의 학습 곡선은 다음 그림과 같이 나오게 됩니다. ⓐ는
정확도 학습 곡선이고, ⓑ는 손실 학습 곡선입니다.

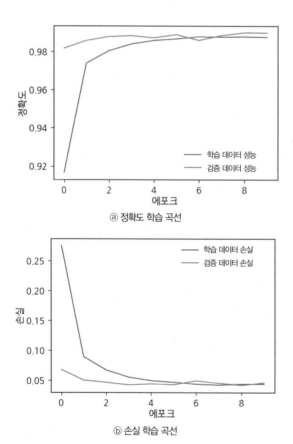

그림 4-3 필기체 분류 CNN의 학습 곡선

전체 코드

이 책의 깃허브에서 이번 예제를 내려받을 수 있습니다.

- 깃허브 파일명: ex4_1_cnn_mnist_cl.py
- 깃허브 주피터: nb_ex4_1_cnn_mnist_cl.ipynb

윈도우, 맥OS, 우분투에서 다음과 같은 명령으로 실행합니다.

```
$ python ex4_1_cnn_mnist_cl.py
```

예제 4-1 필기체를 분류하는 CNN

```python
❶ # 분류 CNN 모델링
import keras
from keras import models, layers
from keras import backend

class CNN(models.Sequential):
    def __init__(self, input_shape, num_classes):
        super().__init__()

        self.add(layers.Conv2D(32, kernel_size=(3, 3),
                    activation='relu',
                    input_shape=input_shape))
        self.add(layers.Conv2D(64, (3, 3), activation='relu'))
        self.add(layers.MaxPooling2D(pool_size=(2, 2)))
        self.add(layers.Dropout(0.25))
        self.add(layers.Flatten())
        self.add(layers.Dense(128, activation='relu'))
        self.add(layers.Dropout(0.5))
        self.add(layers.Dense(num_classes, activation='softmax'))

        self.compile(loss=keras.losses.categorical_crossentropy,
                    optimizer='rmsprop',
                    metrics=['accuracy'])
```

```
❷ # 분류 CNN을 위한 데이터 준비
  from keras import datasets

  class DATA():
      def __init__(self):
          num_classes = 10

          (x_train, y_train), (x_test, y_test) = datasets.mnist.load_
          data()
          img_rows, img_cols = x_train.shape[1:]

          if backend.image_data_format() == 'channels_first':
              x_train = x_train.reshape(x_train.shape[0], 1,
                                        img_rows, img_cols)
              x_test = x_test.reshape(x_test.shape[0], 1,
                                      img_rows, img_cols)
              input_shape = (1, img_rows, img_cols)
          else:
              x_train = x_train.reshape(x_train.shape[0],
                                        img_rows, img_cols, 1)
              x_test = x_test.reshape(x_test.shape[0], img_rows,
                                      img_cols, 1)
              input_shape = (img_rows, img_cols, 1)

          x_train = x_train.astype('float32')
          x_test = x_test.astype('float32')
          x_train /= 255
          x_test /= 255

          y_train = keras.utils.to_categorical(y_train, num_classes)
          y_test = keras.utils.to_categorical(y_test, num_classes)

          self.input_shape = input_shape
          self.num_classes = num_classes
          self.x_train, self.y_train = x_train, y_train
          self.x_test, self.y_test = x_test, y_test


❸ # 분류 CNN 학습 효과 분석
  from keraspp.skeras import plot_acc, plot_loss
```

```
    import matplotlib.pyplot as plt

❹ # 분류 CNN 학습 및 성능 평가
  def main():
      epochs = 10
      batch_size = 128

      data = DATA()
      model = CNN(data.input_shape, data.num_classes)

      model.fit(data.x_train, data.y_train,
               batch_size=batch_size,
               epochs=epochs,
               validation_split=0.2)

      score = model.evaluate(data.x_test, data.y_test)
      print()
      print('Test loss:', score[0])
      print('Test accuracy:', score[1])

      plot_acc(history)
      plt.show()
      plot_loss(history)
      plt.show()

  if __name__ == '__main__':
      main()
```

4.3 컬러 이미지를 분류하는 CNN 구현

CNN을 이용해 사진을 분류하는 방법을 다룹니다. 사진 분류와 필기체 분류는 CNN 입장에서는 크게 다르지 않습니다. 둘 다 이미지를 학습하여 인식하기 때문입니다. 앞서 다룬 필기체 이미지는 형태가 단순하고 흑백이었는데 이번에는 형태가 더 복잡한 컬러 이미지입니다. 따라서 CNN의 분류 모델을 좀 더 일반화하여 흑백과 컬러 이미지를 모두 처리할 수 있는 코드를 구현합니다.

여기에서 사용할 데이터는 3.3절 '컬러 이미지를 분류하는 DNN 구현'에서 다룬 CIFAR-10입니다. 구현 순서는 다음과 같습니다.

1 분류 CNN 패키지 가져오기
2 분류 CNN 모델링
3 분류 CNN을 위한 데이터 준비
4 분류 CNN의 학습 및 성능 평가를 위한 머신 클래스
5 분류 CNN의 수행

4.3.1 분류 CNN 패키지 가져오기

❶ 필요한 패키지를 가져옵니다. 먼저 sklearn에서 관련 패키지를 가져옵니다.

```
from sklearn import model_selection, metrics
from sklearn.preprocessing import MinMaxScaler
```

sklearn의 model_selection은 인공지능 모델의 최적화에 필요한 다양한 툴을 제공합니다. metrics는 모델 결과의 성능을 나타내는 지표를 계산하는 툴을 제공합니다. 끝으로 MinMaxScaler는 지정한 최댓값과 최솟값을 이용해 입력값의 크기를 조정하는 클래스입니다. 이 클래스를 사용하면 입력값의 최댓값과 최솟값이 지정한 최댓값과 최솟값이 되도록 입력 데이터의 평균과 크기를 일괄 변환합니다.

유용한 기능을 제공하는 파이썬 패키지도 가져옵니다.

```
import numpy as np
import matplotlib.pyplot as plt
import os
```

넘파이는 계산용 패키지이고, matplotlib.pyplot은 그래픽을 위한 패키지입니다. os는 파일 처리와 관련된 툴을 제공합니다.

다음으로 케라스 모델링을 위한 서브패키지를 불러옵니다.

```python
from keras import backend as K
from keras.utils import np_utils
from keras.models import Model
from keras.layers import Input, Conv2D, MaxPooling2D, Flatten,
                         Dense, Dropout
```

이미 4.2절에서 설명한 툴이므로 개별 설명을 생략합니다.

다음은 케라스를 편리하게 사용하기 위해 2.2절에서 만든 2가지 모듈을 불러옵니다.

```python
from keraspp import skeras
from keraspp import sfile
```

skeras는 2.2절에서 설명한 학습 곡선을 그리는 plot_loss(), plot_acc()를 모아 둔 파일입니다. 그리고 sfile은 학습 결과를 저장하는 함수를 제공합니다.

4.3.2 분류 CNN 모델링

❷ 분류 CNN 모델링을 만듭니다. 사용할 인공신경망 모델은 LeNet입니다. **LeNet 신경망**은 얀 르쿤Yann Lecun 교수팀에서 만든 합성곱 방식 인공신경망입니다. LeNet은 합성곱 계층 두 개와 완전 연결 계층 하나로 구성됩니다. [그림 4-4]는 LeNet 인공신경망 블록도입니다.

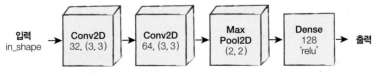

그림 4-4 LeNet 인공신경망의 블록도

이 모델을 구현하기 위해 CNN 클래스를 선언하고 초기화 멤버 함수를 만듭니다. CNN은 모델의 일종이므로 케라스의 Model 클래스를 상속해서 만들었습니다.

```
class CNN(Model):
    def __init__(self, nb_classes):
        super(CNN,self).__init__()
        self.nb_classes = nb_classes
```

먼저 CNN이 상속한 부모 클래스인 Model의 초기화 함수를 super()를 통해 수행했습니다. 그리고 분류할 항목 수에 해당하는 입력 변수 nb_classes를 같은 이름의 멤버 변수에 저장했습니다.

그 아래에는 모델에 사용될 구성 요소들을 선언했습니다.

```
self.conv2D_A = Conv2D(32, kernel_size=(3, 3), activation='relu')
self.conv2D_B = Conv2D(64, (3, 3), activation='relu')
self.maxPooling2D_A = MaxPooling2D(pool_size=(2, 2))
self.dropout_A = Dropout(0.25)
self.flatten = Flatten()

self.dense_A = Dense(128, activation='relu')
self.dropout_B = Dropout(0.5)
self.dense_B = Dense(nb_classes, activation='softmax',
                     name='preds')
```

Conv2D, MaxPooling2D, Dropout, Flatten, Dense 등 필요한 계층과 프로세스를 자기 변수로 정의했습니다. 이 자기 변수들은 신경망 처리 호출 단계에서 사용됩니다.

다음은 모델 호출 시 사용되는 객체 함수 call()을 만듭니다.

```
def call(self, x):
    h = self.conv2D_A(x)
    h = self.conv2D_B(h)
    h = self.maxPooling2D_A(h)
    h = self.dropout_A(h)
```

여기서 두 은닉 계층인 conv2D_A와 conv2D_B 모두 (3, 3)의 크기로 구성된 합성곱 필터를 사용합니다. 둘 다 활성화 함수를 ReLU로 설정한 계층입니다. 그런 후에 2차원 맥스풀링을 진행합니다. 맥스풀링은 (2, 2) 크기의 블록 단위로 가장 큰 값을 찾아내 차원을 1/4로 줄이게 됩니다. 즉, 이 작업을 마치고 나면 입력 크기가 가로세로 두 축으로 각각 반씩 줄어듭니다. 드롭아웃의 입력을 드롭할 확률은 25%입니다.

합성곱 계층의 처리 결과를 완전 연결 계층으로 보내기 위해 3차원 텐서를 1차원 벡터로 바꾸는 평면화 작업이 필요합니다. 합성곱 계층은 3차원 데이터를 다루지만 완전 연결 계층은 1차원 데이터를 다루기 때문에 필요한 변환 작업입니다.

```
h = self.flatten(h)
```

완전 연결 계층과 연결하고자 Flatten()을 사용해 3차원 데이터를 1차원으로 줄였습니다.

이제 완전 연결 계층으로 구성된 은닉 계층과 출력 계층을 정의할 차례입니다.

```
h = self.dense_A(h)
h = self.dropout_B(h)
```

여기서 완전 연결 계층은 128개 노드로 구성되었으며 ReLU를 활성화 함수로 사용합니다. 드롭아웃의 확률은 50%로 설정했습니다.

출력 계층은 nb_classes에 해당하는 만큼 노드로 구성되고 활성화 함수는 소프트맥스로 지정했습니다.

```
y = self.dense_B(h)
```

이제 신경망 처리가 끝난 결과를 돌려주도록 합니다.

```
return y
```

위에서 작업한 조각 코드를 모아 분류 CNN 모델을 만드는 클래스를 정리하면 다음과 같습니다.

```
class CNN(Model):
    def __init__(self, nb_classes):
        super(CNN, self).__init__()
        self.nb_classes = nb_classes

        self.conv2D_A = Conv2D(32, kernel_size=(3, 3), activation='relu')
        self.conv2D_B = Conv2D(64, (3, 3), activation='relu')
        self.maxPooling2D_A = MaxPooling2D(pool_size=(2, 2))
        self.dropout_A = Dropout(0.25)
        self.flatten = Flatten()

        self.dense_A = Dense(128, activation='relu')
        self.dropout_B = Dropout(0.5)
        self.dense_B = Dense(nb_classes, activation='softmax',
                             name='preds')

    def call(self, x):
        h = self.conv2D_A(x)
```

```
        h = self.conv2D_B(h)
        h = self.maxPooling2D_A(h)
        h = self.dropout_A(h)
        h = self.flatten(h)

        h = self.dense_A(h)
        h = self.dropout_B(h)

        y = self.dense_B(h)

        return y
```

다음과 같이 호출하면 CNN 클래스로부터 만들어진 model을 사용할 준비가 됩니다.

```
nb_classes = 10
model = CNN(nb_classes=nb_classes)
model.compile(loss='categorical_crossentropy',
                    optimizer='adadelta', metrics=['accuracy'])
```

4.3.3 분류 CNN을 위한 데이터 준비

❸ 주어진 데이터를 머신러닝에 사용하기 적합하도록 조정하는 기능인 DataSet 클래스를 만듭니다.

먼저 클래스를 선언하고 초기화를 진행합니다.

```
class DataSet():
    def __init__(self, X, y, nb_classes, scaling=True,
                    test_size=0.2, random_state=0):
```

이 클래스는 입력과 출력 변수로 X, y를 입력받고 y에 대한 클래스 수를 nb_

classes로 제공받습니다. 그리고 나머지 초기화 인자인 scaling, test_size, random_state는 True, 0.2, 0으로 기본값을 정합니다.

다음은 입력값인 X를 멤버 변수로 지정한 후 채널 정보를 추가합니다.

```
self.X = X
self.add_channels()
X = self.X
```

객체지향의 장점을 이용해 self.add_channels()에 입력값을 전달하는 방법보다는 멤버 변수인 self.X를 이용해 채널을 더하는 작업이 진행되도록 했습니다. 참고로 이렇게 멤버 변수를 활용함으로 멤버 함수에게 전달할 변수의 개수나 종류가 변해도 코드를 재사용하기가 쉬워져 편리합니다.

이제 채널이 추가된 X와 목푯값 y 전체에서 학습과 검증에 사용할 데이터를 분리합니다.

```
X_train, X_test, y_train, y_test = model_selection.train_test_split(
        X, y, test_size=0.2, random_state=random_state)
```

80%는 학습 데이터로 지정했고 나머지 20%는 검증 데이터로 설정했습니다. 파이썬의 scikit learn 패키지에서 불러온 model_selection.train_test_split() 함수는 데이터를 학습과 테스트 파트로 분리하기 전에 데이터를 무작위 순으로 혼합합니다. 혼합을 원하지 않는다면 shuffle=False를 이 함수의 인자로 추가하면 됩니다.

이미지 데이터가 정수인 경우가 있으니 32비트 규격의 실수로 바꾸어줍니다.

```
X_train = X_train.astype('float32')
X_test = X_test.astype('float32')
```

그리고 입력 변수 scaling이 True인 경우 이미지의 최댓값과 최솟값이 특정한 값이 되도록 스케일링시킵니다.

```
if scaling:
    # scaling to have (0, 1) for each feature (each pixel)
    scaler = MinMaxScaler()
    n = X_train.shape[0]
    X_train = scaler.fit_transform(
        X_train.reshape(n, -1)).reshape(X_train.shape)
    n = X_test.shape[0]
    X_test = scaler.transform(
        X_test.reshape(n, -1)).reshape(X_test.shape)
    self.scaler = scaler
```

스케일링에 **사이킷런**^{Scikit-learn} 의 MinMaxScaler() 클래스를 사용했습니다. 이 때 스케일링 기준은 학습 데이터인 X_train으로만 해야 합니다. 그리고 X_test 는 X_train에 의해 정해진 기준을 따르게 합니다.

또한 출력값은 원핫^{One-hot} 인코딩을 이용해 정숫값을 이진 벡터로 바꾸어줍니다. 여기서 원핫 인코딩은 인공지능의 분류 성능을 높이기 위한 방법으로 출력의 형태를 분류하고자 하는 전체 클래스 수를 길이로 가지는 이진 벡터로 변환하게 됩니다. 전체 클래스 수는 정수인 목푯값의 최댓값 또는 서로 다른 정수의 개수와 동일합니다.

```
Y_train = np_utils.to_categorical(y_train, nb_classes)
Y_test = np_utils.to_categorical(y_test, nb_classes)
```

여기서 nb_classes는 클래스 수를 의미합니다. nb_classes에서 지정한 값 만큼 이진 원소를 가진 벡터로 바꾸어줍니다.

이제 학습과 검증에 사용할 데이터를 멤버 변수로 등록합니다.

```
self.X_train, self.X_test = X_train, X_test
self.Y_train, self.Y_test = Y_train, Y_test
self.y_train, self.y_test = y_train, y_test
```

이제 출력의 형태를 nb_classes 클래스의 인스턴스를 활용해 학습 및 검증 데 이터를 자유롭게 사용할 수 있습니다.

다음은 채널 정보를 데이터에 포함하는 과정입니다.

```python
def add_channels(self):
    X = self.X

    if len(X.shape) == 3:
        N, img_rows, img_cols = X.shape

        if K.image_dim_ordering() == 'th':
            X = X.reshape(X.shape[0], 1, img_rows, img_cols)
            input_shape = (1, img_rows, img_cols)
        else:
            X = X.reshape(X.shape[0], img_rows, img_cols, 1)
            input_shape = (img_rows, img_cols, 1)
    else:
        input_shape = X.shape[1:]  # channel is already included.

    self.X = X
    self.input_shape = input_shape
```

컬러 이미지에는 이미 채널 정보가 들어 있어서 if len(X.shape)==3으로 흑백 이미지인지 검사하고 진행했습니다. 케라스의 환경 변수인 image_dim_ ordering이 'th' 즉 시애노 방식의 데이터 포맷을 사용한다면 채널 정보를 길이 정보 바로 다음인 두 번째 차원에 삽입합니다. 그렇지 않고 텐서플로 방식의 데이터 포맷인 경우에는 맨 마지막에 넣어줍니다. 그러고 나서 input_shape에는 X의 각 원소 형태를 입력합니다.

이 DataSet 클래스는 다음과 같은 코드로 사용할 수 있습니다.

```python
from keras import datasets
(X, y), (x_test, y_test) = datasets.cifar10.load_data()
nb_classes = 10
data = DataSet(X, y, nb_classes)
print('data.input_shape', data.input_shape)
```

이제 결과가 출력됩니다.

```
(40000, 32, 32, 3) (40000, 1)
X_train shape: (40000, 32, 32, 3)
40000 train samples
10000 test samples
data.input_shape (32, 32, 3)
```

만들어진 데이터를 이용해 앞서 정의한 CNN 모델로 간단하게 학습하는 방법은 다음과 같습니다.

```python
epochs=2
batch_size=128
verbose=1
history = model.fit(data.X_train, data.Y_train,
                    batch_size=batch_size, epochs=epochs,
                    verbose=verbose,
                    validation_data=(data.X_test, data.Y_test))
```

위 코드의 결과로 학습 진행 상황이 다음과 같이 표시됩니다.

```
Epoch 1/2
313/313 [==============================] - 47s 150ms/step -
loss: 2.3076 - accuracy: 0.1087 - val_loss: 2.2870 - val_accuracy: 0.1377
Epoch 2/2
313/313 [==============================] - 49s 158ms/step -
loss: 2.2918 - accuracy: 0.1227 - val_loss: 2.2746 - val_accuracy: 0.1754
```

4.3.4 분류 CNN의 학습 및 성능 평가를 위한 머신 클래스

❹ 학습 및 성능 평가를 쉽게 수행할 수 있는 상위 개념 클래스인 Machine을 만듭니다. Machine은 부모 클래스가 없는 최상단 클래스를 말합니다.

먼저 클래스를 초기화합니다.

```
class Machine():
    def __init__(self, X, y, nb_classes=2, fig=True):
        self.nb_classes = nb_classes
        self.set_data(X, y)
        self.set_model()
        self.fig = fig
```

초기화 함수는 두 개의 설정 함수를 호출했습니다. 첫 번째는 데이터를 설정하는 함수이고 다음은 model을 설정하는 함수입니다. 그리고 data 처리, model 생성, 수행 결과를 그림으로 어떻게 보여줄지 클래스 전체에 영향을 주는 멤버 변수 fig에 저장했습니다.

데이터를 지정하는 함수는 DataSet 클래스를 이용해 구현합니다.

```
    def set_data(self, X, y):
        nb_classes = self.nb_classes
        self.data = DataSet(X, y, nb_classes)
```

입력받은 X, y와 클래스 수를 DataSet에 제공하여 그 결과는 self.data라는 멤버 변수에 저장했습니다.

다음은 모델을 설정하는 함수입니다.

```python
def set_model(self):
    nb_classes = self.nb_classes
    data = self.data
    self.model = CNN(nb_classes=nb_classes)
    self.model.compile(loss='categorical_crossentropy',
                  optimizer='adadelta', metrics=['accuracy'])
```

모델은 CNN 클래스를 활용해 만들었고 그 결과를 멤버 변수에 저장했습니다. 또한 model에 대한 컴파일을 수행하여 바로 학습을 할 수 있는 상태로 만들었습니다.

이제 학습을 진행할 멤버 함수를 만듭니다.

```python
def fit(self, nb_epoch=10, batch_size=128, verbose=1):
    data = self.data
    model = self.model

    history = model.fit(data.X_train, data.Y_train,
                        batch_size=batch_size, epochs=nb_epoch,
                        verbose=verbose,
                        validation_data=(data.X_test, data.Y_test))
    return history
```

nb_epoch, batch_size, verbose는 각각 에포크, 학습 시 한번에 처리할 블록 길이, 화면에 진행 상황 표시 방법을 나타내는 변수입니다.

먼저 data와 model을 해당 멤버 변수로부터 가져옵니다. 멤버 변수를 바로 사용하지 않은 이유는 코드의 복잡도를 줄이기 위해서입니다.

그리고 나서 data.X_train, data.Y_train을 인자로 지정하여 fit() 함수로 학습합니다. 학습이 끝나면 학습 곡선에 대한 정보를 담은 history를 반환합니다.

다음으로 학습과 성능 평가 전체를 진행하는 run() 멤버 함수를 구현할 차례입니다. 함수 길이가 약간 길어 4단계로 나누어서 설명합니다.

먼저 run() 함수를 정의하고 멤버 변수 중 사용할 변수를 지정합니다.

```
def run(self, nb_epoch=10, batch_size=128, verbose=1):
    data = self.data
    model = self.model
    fig = self.fig
```

다음은 함수 내에서 학습과 성능 평가를 담당하는 부분입니다.

```
history = self.fit(nb_epoch=nb_epoch, batch_size=batch_size,
                   verbose=verbose)
score = model.evaluate(data.X_test, data.Y_test, verbose=0)

print('Confusion matrix')
Y_test_pred = model.predict(data.X_test, verbose=0)
y_test_pred = np.argmax(Y_test_pred, axis=1)
print(metrics.confusion_matrix(data.y_test, y_test_pred))

print('Test score:', score[0])
print('Test accuracy:', score[1])
```

학습은 앞서 설명한 멤버 함수인 self.fit()을 이용했습니다. 이 함수는 model. fit()과 동일하지만 학습 후 학습 곡선을 self.history에 저장한다는 점이 다릅니다. 저장해두면 클래스 밖에서도 self.history를 참조할 수 있고 학습이 끝난 후 학습 곡선을 분석할 때 외부에서 history 변수를 확인할 수 있어 유용합니다.

다음은 오류 매트릭스를 표시하는 부분입니다. 오류 매트릭스 계산에 공개 머신러닝 툴인 sklearn 아래의 metrics 서브패키지에 들어 있는 metrics.confusion _matrix 함수를 이용했습니다. 이 confusion matrix을 계산하는 데 필요한 평가 데이터의 예측값을 model.predict() 함수를 이용해 구했습니다. 예측하게 되면 노드별로 이진값으로 결과가 출력되기 때문에 인덱스를 나타내는 정수 벡터로 바꿀 필요가 있습니다. 이를 np.argmax() 함수로 수행합니다. 이렇게 나온 값을 metrics.confusion_matrix() 함수를 이용해 실젯값과 비교하여 오류 매트릭스를 구합니다.

학습 곡선과 학습으로 생성될 모델을 추후 사용하거나 분석하기 위해 저장합니다.

```
suffix = sfile.unique_filename('datatime')
foldname = 'output_' + suffix
os.makedirs(foldname)
skeras.save_history_history('history_history.npy',
                            history.history, fold=foldname)
model.save_weights(os.path.join(foldname, 'dl_model.h5'))
print('Output results are saved in', foldname)
```

sfile.unique_filename() 함수는 현재 시각을 초 단위로 구해 새로운 이름을 만듭니다. os.makerdirs() 함수는 새로운 저장용 폴더를 만듭니다. 그 후에 skeras.save_history_history() 함수로 학습 곡선이 들어 있는 history를 'history_history.npy'에 저장합니다. 그리고 학습된 모델의 가중치는 'dl_mode.h5'에 저장합니다. 이때 저장하는 폴더가 겹치지 않기 위해 생성한 문자열 suffix 앞에 임의로 'output_'이라는 이름을 붙입니다. 따라서 매번 저장 시 새로운 폴더 안에 저장되어 추후 이전 결과를 볼 때 유리합니다. 저장이 끝나면 저장된 폴더명을 보여줍니다.

fig 플래그가 True라면 화면에 학습 곡선을 그립니다.

```
if fig:
    plt.figure(figsize=(12, 4))
    plt.subplot(1, 2, 1)
    skeras.plot_acc(history)
    plt.subplot(1, 2, 2)
    skeras.plot_loss(history)
    plt.show()

self.history = history
```

여기서 history에 들어 있는 정확도 학습 곡선은 skeras.plot_acc()로, 손실 학습 곡선은 skeras.plot_loss()로 그립니다. 다 그리고 나면 self.history에 학습 곡선 정보를 저장합니다. 이를 사용하면 클래스 밖에서도 machine.history를 이용해 학습 곡선을 모니터링할 수 있습니다.

전체 코드

위의 머신 클래스 코드를 모두 모으면 다음과 같이 인공지능 영상 분류를 쉽게 할 수 있는 환경이 됩니다. 이 코드는 Keraspp 깃허브의 저장소에 들어 있습니다.

- 깃허브 파일명: keraspp/aicnn.py
- 추가로 필요한 파일
  - 그래프 그리기 코드: keraspp/skeras.py
  - 파일 저장 코드: keraspp/sfile

예제 4-2 컬러 이미지를 분류하는 CNN

❶ # 분류 CNN 패키지 가져오기
```
from sklearn import model_selection, metrics
from sklearn.preprocessing import MinMaxScaler
import numpy as np
```

```python
import matplotlib.pyplot as plt
import os

from keras import backend as K
from keras.utils import np_utils
from keras.models import Model
from keras.layers import Input, Conv2D, MaxPooling2D,
                         Flatten, Dense, Dropout

from keraspp import skeras
from keraspp import sfile
```

❷ # 분류 CNN 모델링
```python
class CNN(Model):
    def __init__(self, nb_classes): #, in_shape=None):
        super(CNN,self).__init__()
        self.nb_classes = nb_classes
        #self.in_shape = in_shape

        self.conv2D_A = Conv2D(32, kernel_size=(3, 3),
                               activation='relu')
        self.conv2D_B = Conv2D(64, (3, 3), activation='relu')
        self.maxPooling2D_A = MaxPooling2D(pool_size=(2, 2))
        self.dropout_A = Dropout(0.25)
        self.flatten = Flatten()

        self.dense_A = Dense(128, activation='relu')
        self.dropout_B = Dropout(0.5)
        self.dense_B = Dense(nb_classes, activation='softmax',
                             name='preds')

    def call(self, x):
        nb_classes = self.nb_classes
        # in_shape = self.in_shape

        #x = Input(in_shape)

        h = self.conv2D_A(x)
        h = self.conv2D_B(h)
        h = self.maxPooling2D_A(h)
```

```
        h = self.dropout_A(h)
        h = self.flatten(h)

        h = self.dense_A(h)
        h = self.dropout_B(h)

        y = self.dense_B(h)

        return y
```

❸ # 분류 CNN을 위한 데이터 준비
```
class DataSet:
    def __init__(self, X, y, nb_classes, scaling=True,
                 test_size=0.2, random_state=0):
        self.X = X
        self.add_channels()
        X = self.X
        # the data, shuffled and split between train and test sets
        X_train, X_test, y_train, y_test =
            model_selection.train_test_split(
            X, y, test_size=0.2, random_state=random_state)

        print(X_train.shape, y_train.shape)

        X_train = X_train.astype('float32')
        X_test = X_test.astype('float32')

        if scaling:
            # scaling to have (0, 1) for each feature (each pixel)
            scaler = MinMaxScaler()
            n = X_train.shape[0]
            X_train = scaler.fit_transform(
                X_train.reshape(n, -1)).reshape(X_train.shape)
            n = X_test.shape[0]
            X_test = scaler.transform(
                X_test.reshape(n, -1)).reshape(X_test.shape)
            self.scaler = scaler

        print('X_train shape:', X_train.shape)
        print(X_train.shape[0], 'train samples')
```

```
            print(X_test.shape[0], 'test samples')

            # convert class vectors to binary class matrices
            Y_train = np_utils.to_categorical(y_train, nb_classes)
            Y_test = np_utils.to_categorical(y_test, nb_classes)

            self.X_train, self.X_test = X_train, X_test
            self.Y_train, self.Y_test = Y_train, Y_test
            self.y_train, self.y_test = y_train, y_test
            # self.input_shape = input_shape

        def add_channels(self):
            X = self.X

            if len(X.shape) == 3:
                N, img_rows, img_cols = X.shape

                if K.image_dim_ordering() == 'th':
                    X = X.reshape(X.shape[0], 1, img_rows, img_cols)
                    input_shape = (1, img_rows, img_cols)
                else:
                    X = X.reshape(X.shape[0], img_rows, img_cols, 1)
                    input_shape = (img_rows, img_cols, 1)
            else:
                input_shape = X.shape[1:]  # channel is already included.

            self.X = X
            self.input_shape = input_shape

❹ # 분류 CNN의 학습 및 성능 평가를 위한 머신 클래스
    class Machine():
        def __init__(self, X, y, nb_classes=2, fig=True):
            self.nb_classes = nb_classes
            self.set_data(X, y)
            self.set_model()
            self.fig = fig

        def set_data(self, X, y):
            nb_classes = self.nb_classes
            self.data = DataSet(X, y, nb_classes)
```

```python
        print('data.input_shape', self.data.input_shape)

    def set_model(self):
        nb_classes = self.nb_classes
        data = self.data
        self.model = CNN(nb_classes=nb_classes)
        self.model.compile(loss='categorical_crossentropy',
                        optimizer='adadelta', metrics=['accuracy'])

    def fit(self, epochs=10, batch_size=128, verbose=1):
        data = self.data
        model = self.model

        history = model.fit(data.X_train, data.Y_train,
                            batch_size=batch_size, epochs=epochs,
                            verbose=verbose,
                            validation_data=(data.X_test, data.Y_test))
        return history

    def run(self, epochs=100, batch_size=128, verbose=1):
        data = self.data
        model = self.model
        fig = self.fig

        history = self.fit(epochs=epochs, batch_size=batch_size,
                            verbose=verbose)

        score = model.evaluate(data.X_test, data.Y_test, verbose=0)

        print('Confusion matrix')
        Y_test_pred = model.predict(data.X_test, verbose=0)
        y_test_pred = np.argmax(Y_test_pred, axis=1)
        print(metrics.confusion_matrix(data.y_test, y_test_pred))

        print('Test score:', score[0])
        print('Test accuracy:', score[1])

        # Save results
        suffix = sfile.unique_filename('datatime')
        foldname = 'output_' + suffix
```

```
        os.makedirs(foldname)
        skeras.save_history_history('history_history.npy',
                            history.history, fold=foldname)
        model.save_weights(os.path.join(foldname, 'dl_model.h5'))
        print('Output results are saved in', foldname)

        if fig:
            plt.figure(figsize=(12, 4))
            plt.subplot(1, 2, 1)
            skeras.plot_acc(history)
            plt.subplot(1, 2, 2)
            skeras.plot_loss(history)
            plt.show()

        self.history = history

        return foldname
```

4.3.5 분류 CNN의 학습 및 성능 평가 수행

❶ 분류 CNN을 위해 머신에 기반하여 컬러 이미지를 분류합니다.

코드는 상당히 짧지만 데이터에도 적용할 수 있어 다른 이미지를 비슷하게 분류

할 필요가 있을 때 매우 유용하게 사용할 수 있습니다.

먼저 필요한 케라스 패키지와 위에서 만든 머신 관련 코드가 있는 aicnn.py를

가져옵니다.

```
from keras import datasets
import keras
assert keras.backend.image_data_format() == 'channels_last'
from keraspp import aicnn
```

image_data_format을 channels_last로 가정했으므로 만약 channels_

first로 설정된 경우 오류를 내도록 assert문을 포함했습니다.

aicnn.Machine을 상속받아 Machine을 작성합니다.

```
class Machine(aicnn.Machine):
    def __init__(self):
        (X, y), (x_test, y_test) = datasets.cifar10.load_data()
        super().__init__(X, y, nb_classes=10)
```

이 머신은 cifar10에서 데이터를 가지고 와서 aicnn.Machine ()을 사용할 수
있습니다.

메인 함수를 구성해 Machine을 돌릴 차례입니다.

```
def main():
    m = Machine()
    m.run()
```

머신의 인스턴스를 만들고 멤버 함수인 run ()으로 수행했습니다.

이 파일을 파이썬 명령행에서 부를 수 있도록 만들어줍니다.

```
if __name__ == '__main__':
    main()
```

이 문장은 ch4_3_cnn_cifar10.py 파일이 가져올 때는 수행되지 않습니다.
다음과 같이 명령행을 이용해 수행해야 실행됩니다.

```
$ python ch4_3_cnn_cifar10.py
```

수행하게 되면 다음과 같은 결과를 출력합니다.

```
(40000, 32, 32, 3) (40000, 1)
X_train shape: (40000, 32, 32, 3)
40000 train samples
10000 test samples
data.input_shape (32, 32, 3)
Train on 40000 samples, validate on 10000 samples
Epoch 1/100
40000/40000 [==============================] - 92s - loss:
1.8967 - acc: 0.3136 - val_loss: 1.5593 - val_acc: 0.4473

(중략)

Epoch 100/100
40000/40000 [==============================] - 3s - loss:
0.3570 - acc: 0.8859 - val_loss: 0.9947 - val_acc: 0.7160
Confusion matrix
[[744  27  43  20  17   4  12   4  89  44]
 [ 15 810   5  12   4   1  13   3  16 107]
 [ 58   6 640  72  65  50  62  39  20   4]
 [ 26  10  79 591  47 128  81  28  18  22]
 [ 31   2  73  72 605  28  56  81  13   6]
 [ 10   4  65 228  43 564  32  46  10  14]
 [  8   6  53  45  30  11 788   2   5   5]
 [ 10   3  39  55  72  44   7 746   3  20]
 [ 61  45  18  16   3   1   4   4 807  30]
 [ 30  75  12  18   4   3   7  10  16 865]]
Test score: 0.99474778223
Test accuracy: 0.716
Output results are saved in output_2c07614e-13c5-4299-9791-b489bcb58e24
```

사용할 데이터 모양에 대한 정보가 나온 후 학습 진행 상황이 나옵니다. 총 100
회 학습이 진행되는데 지면 관계상 1회와 100회만 표시했습니다. 100회 학습이
진행되고 나면 20%의 평가 데이터로 성능 평가 결과가 나옵니다. 성능 평가 결과
는 손실이 0.9947이고 정확도가 0.716입니다. 다음은 혼란 행렬을 출력 시켜 과

연 어떤 클래스끼리 얼마나 분류 혼란을 일으키고 있는지를 확인하도록 합니다. 끝으로 이런 결과를 임의의 출력 폴더인 'output_2c07614e-13c5-4299-9791-b489bcb58e24'에 저장했음을 알려줍니다.

학습과 검증 결과가 텍스트로 나온 다음 [그림 4-5]와 같이 학습 곡선이 그림으로 출력됩니다.

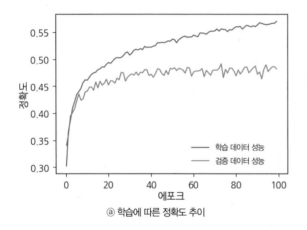

ⓐ 학습에 따른 정확도 추이

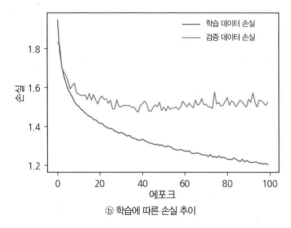

ⓑ 학습에 따른 손실 추이

그림 4-5 _ 컬러 이미지를 분류하는 CNN의 학습 곡선

전체 코드

이 책의 깃허브에서 이번 예제를 내려받을 수 있습니다.

- 깃허브 파일명: ex4_2_cnn_cifar10_cl.py
- 깃허브 주피터: nb_ex4_2_cnn_cifar10_cl.ipynb
- 추가로 필요한 파일
  - 머신 클래스 코드: keraspp/aicnn.py

윈도우, 맥OS, 우분투에서 다음과 같은 명령으로 실행합니다.

```
$ python ex4_2_cnn.cifar10_cl.py
```

예제 4-3 컬러 이미지를 분류하는 CNN 실행

❶ # 분류 CNN의 학습 및 성능 평가 수행
```
from keras import datasets
import keras
assert keras.backend.image_data_format() == 'channels_last'

from keraspp import aicnn

class Machine(aicnn.Machine):
    def __init__(self):
        (X, y), (x_test, y_test) = datasets.cifar10.load_data()
        super().__init__(X, y, nb_classes=10)

def main():
    m = Machine()
    m.run()

if __name__ == '__main__':
    main()
```

4.4 마치며

CNN을 케라스로 구현하는 방법을 알아봤습니다. CNN은 합성곱 계층을 이용하여 적은 가중치 수로도 이미지 분류에서 높은 성능을 냅니다. 가중치 수가 적기 때문에 과적합의 가능성도 작아집니다. 또한 이미지의 특성에 맞게 합성곱 필터링이 이루어지기 때문에 이미지 내에 있는 특징점을 잘 찾아냅니다.

5장에서는 결과 데이터 처리에 강점이 있는 인공신경망을 다룹니다.

케라스로 구현하는 RNN

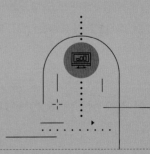

RNN의 기본 개념을 이해하고 구현 방법을 익힙니다.

케라스로 구현하는 RNN

순환신경망^{Recurrent Neural Network, RNN}은 계층의 출력이 순환하는 인공신경망입니다. 순환 방식은 은닉 계층의 결과가 다음 계층으로 넘어갈 뿐 아니라 자기 계층으로 다시 들어옵니다. 따라서 시계열 정보처럼 앞뒤 신호가 서로 상관도가 있는 경우 인공신경망의 성능을 더 높일 수 있습니다. 이 장에서 다루는 내용은 다음과 같습니다.

- RNN의 이해
- 문장을 판별하는 LSTM 구현
- 결과 데이터를 예측하는 LSTM 구현

5.1 RNN 원리

이 절에서는 RNN의 개념과 구조를 살펴보고, 현재 가장 많이 사용되는 RNN 방식인 LSTM을 다룰 예정입니다. 여기서 LSTM은 Long Short-Term Memory의 약자입니다.

5.1.1 RNN의 개념과 구조

RNN은 신호를 순환하여 시계열 신호와 같이 상호 관계가 있는 신호를 처리하는 인공신경망입니다. 그러나 이렇게 단순한 방식으로 구현하면 경우에 따라서 학습이 제대로 이뤄지지 않을 수 있습니다. 출력된 신호가 계속 순환하면 활성화 함수를 반복적으로 거치게 되어서 경사값을 구하기가 힘들기 때문입니다. 경사값을 구하기 힘든 이유는 다음과 같습니다.

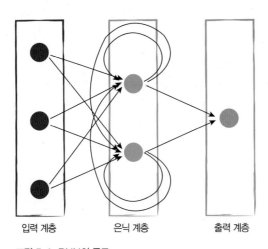

입력 계층   은닉 계층   출력 계층

그림 5-1 RNN의 구조

경사는 학습 방향을 결정하는 연산자로서 활성화 함수와 연계됩니다. 활성화 함수는 신호가 커지면 포화가 되는 특성이 있어서 약간만 입력값이 커져도 미분값이 매우 작아집니다. 이때 순환하여 활성화 함수를 반복해서 지나다 보면 이 미분값이 0에 매우 가까워져 학습이 어렵게 됩니다. 따라서 이런 문제를 없애려면 곱셈보다는 덧셈을 사용해 과거의 값을 처리하는 것이 유리합니다.

LSTM은 이런 문제점을 개선하고자 제안된 RNN의 한 방법입니다.

5.1.2 LSTM 구조 및 동작

LSTM은 [그림 5-2]와 같이 입력 조절 벡터, 망각 벡터, 출력 조절 벡터를 이용해 입력과 출력 신호를 게이팅^{Gating}합니다. 여기서 게이팅은 신호의 양을 조정해주는 기법입니다. 입력 조절 벡터는 입력신호가 tanh 활성화 함수의 완전 연결 계층을 거친 이후의 값을 조절합니다. 망각 벡터는 과거 입력의 일부를 현재 입력에 반영합니다. 그리고 출력 조절 벡터는 과거의 값과 수정된 입력값을 고려해 tanh 활성화 함수로 게이팅을 수행하고 게이팅된 최종 결과가 출력 조절 벡터로 나가게 됩니다. 이 최종 결과는 데이터 처리를 위한 tanh 계층 그리고 게이팅을 위한 새 시그모이드 계층에 다시 입력으로 들어갑니다.

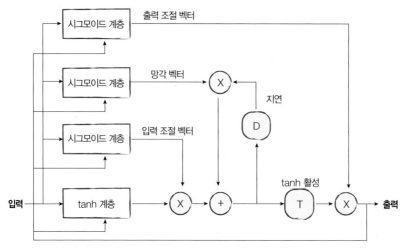

그림 5-2 LSTM의 구조도

케라스는 순환 계층의 구현에 사용하는 LSTM 클래스 등을 제공하고 있어 직접 구현하지 않고도 불러다 사용할 수 있어 편리합니다. 이어서 LSTM을 어떻게 사용하는지 예제를 구현하며 알아봅니다.

5.2 문장을 판별하는 LSTM 구현

LSTM을 이용하여 문장의 의미를 이해하는 예제를 구현합니다. 영화 추천 데이터베이스를 이용해 한 사람이 영화 평가를 글로 남긴 것이 별표로 나타내는 지표와의 상관관계가 어떠한지 학습합니다. 학습이 완료된 후 새로운 평가 글이 주어졌을 때 인공신경망이 판별 결과를 예측하도록 만듭니다.

이번 예제는 케라스 배포 깃허브에 들어 있는 LSTM 예제를 쉽게 구현하도록 보완한 것입니다.

- 깃허브 파일명: keraspp 깃허브 내 ex5_1_lstm_imdb_cl

5.2.1 라이브러리 패키지 가져오기

❶ LSTM을 이용한 판별망 구현에 필요한 라이브러리를 먼저 가져옵니다.

제일 먼저 __future__ 패키지에서 print_fuction을 불러옵니다.

```
from __future__ import print_function
```

이 패키지는 파이썬 2와 파이썬 3의 호환성을 위한 겁니다. 코드의 가장 첫 부분에 이렇게 정의를 하고 나면 파이썬 3 문법으로 print() 명령을 사용해도 파이썬 2에서 코드를 돌릴 수 있게 됩니다. 케라스 깃허브의 예제 등 다수의 케라스 공개 예제가 이 패키지를 가져오는 경우가 많으니 알아두면 도움이 됩니다.

> NOTE 이 책의 모든 예제는 파이썬 3를 기반으로 하는데, 이 예제들이 파이썬 2에서 돌아가도록 쉽게 고치는 방법이 있습니다. 바로 __future__ 패키지를 사용하는 것입니다. 여기서는 __future__ 패키지 기능 중 가장 많이 사용되는 print_function에 대해서만 간단히 설명하겠습니다. 다른 부분은 파이썬 메뉴얼을 활용하길 바랍니다.

먼저 __future__ 패키지를 이용해 코드가 파이썬 2와 파이썬 3에 모두 실행될 수 있도록 만듭니다.

```
from __future__ import print_function
```

파이썬의 print 명령어는 버전 2와 버전 3에서 다른 방법으로 사용됩니다. 파이썬 2에서는 함수가 아니기 때문에 괄호를 달지 않고 사용합니다. 그러나 버전 3에서는 아래에서 보듯이 print 명령어도 하나의 함수로 다루기 때문에 괄호가 필요합니다.

파이썬 2

```
print "hello python"
```

파이썬 3

```
print("Hello python")
```

__future__ 패키지에서 print_function을 가져오면 파이썬 2도 버전 3처럼 print 명령 뒤에 ( )를 붙여서 사용하도록 바뀌게 됩니다. 정리하면 다음과 같습니다.

```
from __future__ import print_function
print("Hello python")
```

이제 print문을 파이썬 3 방식으로 작성했지만 파이썬 2에서도 오류 없이 실행할 수 있습니다.

RNN에 필요한 케라스 클래스를 불러옵니다.

```
from keras.preprocessing import sequence
from keras.datasets import imdb
from keras import layers, models
```

sequence는 preprocessing이 제공하는 서브패키지입니다. 이 패키지는 pad_sequence( )와 같은 sequence를 처리하는 함수를 제공합니다. 또한 models

는 케라스 모델링에 사용되는 서브패키지입니다. layers는 인공신경망의 계층을 만드는 서브패키지이고, 이 layers 아래에 들어 있는 Dense, Embedding, LSTM을 사용합니다. Dense는 완전 연결 계층을 만드는 클래스이고, Embedding은 단어를 의미 벡터로 바꾸는 계층에 대한 클래스이며, LSTM은 LSTM 계층을 만드는 클래스입니다.

5.2.2 데이터 준비

❷ 데이터는 케라스가 제공하는 공개 데이터인 IMDB를 사용합니다. IMDB는 25,000건의 영화평과 이진화된 영화 평점 정보(추천=1, 미추천=0)를 담고 있습니다. 평점 정보는 별점Star points이 많은 경우는 긍정, 그렇지 않은 경우는 부정으로 나눠진 정보입니다. 이 예제는 학습을 마친 후 인공신경망이 주어진 영화평을 분석해 영화 평점 정보를 예측합니다.

먼저 Data 클래스를 선언합니다. 다음은 IMDB 데이터셋을 불러옵니다.

```python
class Data:
    def __init__(self, max_features=20000, maxlen=80):
        (self.x_train, self.y_train), (self.x_test, self.y_test) =
            imdb.load_data(num_words=max_features)
```

서브패키지인 imdb 안에 load_data() 함수를 이용해 데이터를 불러왔습니다. 불러올 때 최대 단어 빈도를 max_features값으로 제안했습니다. 여기서는 20,000이 사용되었습니다.

이 코드를 수행하면 다음과 같이 화면에 표시됩니다.

```
Downloading data from https://s3.amazonaws.com/text-datasets/imdb.npz
```

Downloading data from 뒤에 나온 주소는 데이터를 불러올 주소입니다. 일반적으로 데이터셋에 들어 있는 문장은 길이가 다르기 때문에 LSTM이 처리하기 적합하도록 길이를 통일하는 작업을 진행합니다.

```
self.x_train = sequence.pad_sequences(self.x_train, maxlen=maxlen)
self.x_test = sequence.pad_sequences(self.x_test, maxlen=maxlen)
```

문장에서 maxlen 이후에 있는 단어는 케라스 서브패키지인 sequence에서 제공하는 pad_sequences() 함수로 잘라냅니다. 여기서는 최대 길이를 80으로 설정했습니다. 문장 길이가 maxlen보다 작으면 부족한 부분을 0으로 채웁니다. value라는 키워드 인자로 채우는 값을 설정할 수 있습니다.

5.2.3 모델링

❸ LSTM 모델링을 위한 클래스를 선언합니다.

```
class RNN_LSTM(models.Model):
    def __init__(self, max_features, maxlen):
```

모델링은 models.Model 클래스를 상속해서 만듭니다.
그 아래에 입력층을 만들고 다음으로 임베딩 계층을 포함합니다.

```
        x = layers.Input((maxlen,))
        h = layers.Embedding(max_features, 128)(x)
```

최대 특징 점수를 max_features에 정의된 20,000으로 설정했고 임베딩 후 출력 벡터 크기를 128로 설정했습니다. 입력에 각 샘플은 80개의 원소로 된 1차원 신호열이었지만 임베딩을 통과하면서 각 단어가 128의 길이를 가지는 벡터로 바뀌면서 입력 데이터의 모양이 80 × 128로 변경됩니다.

다음으로 노드 128개로 구성된 LSTM 계층을 포함합니다.

```
h = layers.LSTM(128, dropout=0.2, recurrent_dropout=0.2)(h)
```

이 계층은 일반 드롭아웃과 순환 드롭아웃을 모두 20%로 설정했습니다.

최종적으로 출력은 시그모이드 활성화 함수로 구성된 출력 노드 하나로 구성합니다.

```
y = layers.Dense(1, activation='sigmoid')(h)
super().__init__(x, y)
```

손실 함수와 최적화 함수를 인자로 지정하여 모델을 컴파일합니다.

```
model.compile(loss='binary_crossentropy',
              optimizer='adam', metrics=['accuracy'])
```

긍정인지 부정인지에 대한 이진 판별값을 출력으로 다루므로 손실 함수를 'binary_crossentropy'로, 최적화 함수를 'adam'으로 설정했습니다. 학습 기간에는 에포크마다 손실뿐 아니라 정확도를 구하도록 metrics에 'accuracy'를 추가 설정했습니다.

5.2.4 학습 및 성능 평가

❹ 학습 및 성능 평가를 담당할 머신 클래스를 만듭니다.

```
class Machine:
    def __init__(self,
```

```
            max_features=20000,
            maxlen=80):
    self.data = Data(max_features, maxlen)
    self.model = RNN_LSTM(max_features, maxlen)
```

머신 클래스에서 사용되는 상수 max_features와 maxlen을 각각 20000과 80으로 설정했습니다. 이 중 max_features는 다루는 단어의 최대 수입니다. 글에는 아주 다양한 단어가 무작위로 사용되지만, 빈도 순위가 20,000등 안에 드는 단어만 취급한다는 의미입니다. 즉, 빈도가 설정한 기준보다 낮은 단어는 무시됩니다. 다음 상수인 maxlen은 한 문장의 최대 단어 수를 나타냅니다.

학습과 평가를 수행할 run() 멤버 함수를 만듭니다.

```
def run(self, epochs=3, batch_size=32):
    data = self.data
    model = self.model
    print('Training stage')
    print('==============')
```

총 에포크를 3으로 지정했고, 배치 크기인 batch_size를 32로 지정했습니다. 이제 LSTM을 학습시키는 코드를 포함할 차례입니다.

```
model.fit(x_train, y_train, batch_size=batch_size,
          epochs=epochs, validation_data=(x_test, y_test))
```

앞서 준비한 x_train, y_train을 이용해 학습을 시킵니다. 이때 배치 데이터의 크기는 앞서 정의한 batch_size로 설정했고 epochs가 지정한 횟수만큼 학습합니다. 검증 데이터는 학습 데이터의 일부를 사용하는 대신 학습 데이터와는 별도로 준비한 평가 데이터(x_test, y_test)를 사용합니다.

학습이 얼마나 잘되었는지 평가 데이터를 이용해 확인할 차례입니다.

```
score, acc = model.evaluate(data.x_test, data.y_test,
                            batch_size=batch_size)
print('Test performance: accuracy={0}, loss={1}'.format(acc,
    score))
```

검증 데이터와 평가 데이터를 같은 것으로 사용했습니다. 검증 과정이 학습에 영향을 준 적이 없기 때문입니다.

학습 및 성능 평가의 진행은 지금까지 만든 코드를 이용해 다음처럼 간단한 코드로 수행할 수 있습니다.

```
m = Machine()
m.run()
```

학습이 진행되는 동안 다음과 같은 화면이 각 에포크에 출력됩니다.

```
Training stage
==============
Train on 25000 samples, validate on 25000 samples
Epoch 1/3
25000/25000 [==============================] - 126s - loss:
0.4605 - acc: 0.7826 - val_loss: 0.3689 - val_acc: 0.8386
Epoch 2/3
25000/25000 [==============================] - 126s - loss:
0.2974 - acc: 0.8790 - val_loss: 0.3930 - val_acc: 0.8358
Epoch 3/3
25000/25000 [==============================] - 125s - loss:
0.2144 - acc: 0.9188 - val_loss: 0.4274 - val_acc: 0.8130
25000/25000 [==============================] - 25s
```

이렇게 학습이 진행되는 동안 상황이 매회 출력됩니다. loss, acc는 학습 데이터에 대한 손실 및 정확도 성능이고, val_loss, val_acc는 검증 데이터에 대한 손실과 정확도입니다.

성능 평가가 진행되고 나면 다음과 같이 결과가 화면에 출력됩니다.

```
Test performance: accuracy=0.813, loss=0.42737488670825957
```

평가 결과는 수행하는 컴퓨터마다 무작위로 선정되는 시드의 값 차이로 약간 달라질 수 있습니다.

전체 코드

이 책의 깃허브에서 이번 예제를 내려받을 수 있습니다.

- 깃허브 파일명: ex5_1_lstm_imdb_cl.py
- 깃허브 주피터: nb_ex5_1_lstm_imdb_cl.ipynb

윈도우, 맥OS, 우분투에서 다음과 같은 명령으로 실행합니다.

```
$ python  ex5_1_lstm_imdb_cl.py
```

예제 5-1 문장을 판별하는 LSTM

❶ # 라이브러리 패키지 가져오기
```python
from __future__ import print_function
from keras.preprocessing import sequence
from keras.datasets import imdb
from keras import layers, models
```

❷ # 데이터 준비
```python
class Data:
    def __init__(self, max_features=20000, maxlen=80):
```

```python
        (self.x_train, self.y_train), (self.x_test, self.y_test) =
            imdb.load_data(num_words=max_features)
        self.x_train = sequence.pad_sequences(self.x_train,
                                                maxlen=maxlen)
        self.x_test = sequence.pad_sequences(self.x_test,
                                                maxlen=maxlen)
```

❸ # 모델링
```python
class RNN_LSTM(models.Model):
    def __init__(self, max_features, maxlen):
        x = layers.Input((maxlen,))
        h = layers.Embedding(max_features, 128)(x)
        h = layers.LSTM(128, dropout=0.2, recurrent_dropout=0.2)(h)
        y = layers.Dense(1, activation='sigmoid')(h)
        super().__init__(x, y)

        # try using different optimizers and different optimizer configs
        self.compile(loss='binary_crossentropy',
                     optimizer='adam', metrics=['accuracy'])
```

❹ # 학습 및 성능 평가
```python
class Machine:
    def __init__(self,
                 max_features=20000,
                 maxlen=80):
        self.data = Data(max_features, maxlen)
        self.model = RNN_LSTM(max_features, maxlen)

    def run(self, epochs=3, batch_size=32):
        data = self.data
        model = self.model
        print('Training stage')
        print('==============')
        model.fit(data.x_train, data.y_train, batch_size=batch_size,
                  epochs=epochs, validation_data=(data.x_test,
                  data.y_test))

        score, acc = model.evaluate(data.x_test, data.y_test,
                                    batch_size=batch_size)
```

```
        print('Test performance: accuracy={0}, loss={1}'.format(acc,
                score))

def main():
    m = Machine()
    m.run()

if __name__ == '__main__':
    main()
```

5.3 시계열 데이터를 예측하는 LSTM 구현

4장까지는 보텀업 형태로 조각 코드를 모아서 실행하는 형태였다면, 이번 장은 좀 더 체계적으로 인공지능 코드를 만들어가는 법을 배우게 됩니다.

LSTM을 이용해 시계열 데이터에 대해 예측을 해봅니다. 세계 항공 여행 승객 수의 증가에 대한 데이터를 활용하겠습니다. 이전 12개월 치 승객 수를 이용해 다음 달의 승객 수를 예측합니다.

5.3.1 라이브러리 패키지 가져오기

❶ 데이터를 불러오고 기본적인 처리를 하는 데 필요한 두 패키지를 가져옵니다.

```
import pandas as pd
import numpy as np
```

여기서 **판다스**Pandas는 엑셀과 같이 시트로 관리되는 데이터를 처리하는 패키지이고, 넘파이는 숫자로 된 데이터 행렬을 처리하는 패키지입니다. 시트에 들어 있는 데이터를 불러오고 데이터를 평균화하는 데 판다스와 넘파이를 각각 사용합니다.

다음으로 결과를 그래프로 보여주는 데 필요한 맥플롯 라이브러리의 플롯 서브패키지를 불러옵니다.

```
import matplotlib.pyplot as plt
```

이제 모델의 성능 평가에 필요한 함수를 가져옵니다. 모델링을 진행한 후 성능 평가는 매우 중요합니다. 이를 위해서는 일부 데이터를 성능 평가에 사용하도록 학습에 사용하지 않고 남겨 두어야 합니다. 부르게 될 model_selection()은 데이터를 학습과 검증용으로 나누는 함수입니다.

```
from sklearn import model_selection
```

다음은 바 그래프를 그리기 위해 통계 그래픽 라이브러리를 제공하는 seaborn 패키지를 가져옵니다.

```
import seaborn as sns
```

이제 케라스와 관련된 패키지를 가져옵니다.

```
from keras import models, layers
```

models, layers는 케라스 안에 있는 모델링과 계층 관련 기능을 제공하는 서브패키지입니다.

마지막으로 여기서 제공하는 skeras 서브패키지를 불러옵니다. 패키지 skeras는 여기에서 사용하는 케라스 학습 결과를 그래프로 그려주는 함수 등을 제공하는 서브패키지입니다.

```
from keraspp import skeras
```

5.3.2 코드 실행 및 결과 보기

❷ 세부 코드를 보기 전에 머신을 만들고 실행하는 부분을 먼저 봅니다. 그리고 이를 바탕으로 어떻게 세부 코드를 구현할지 살펴봅니다.

LSTM을 이용하는 회귀 인공신경망을 실행하는 코드의 첫 줄은 다음과 같습니다.

```
def main():
    machine = Machine()
    machine.run(epochs=400)
```

Machine() 클래스를 이용해 machine을 인스턴스로 만들었습니다. 이 함수를 실행한다면 두 개의 데이터 시각화 그래프와 모델링 요약 정보가 출력됩니다.

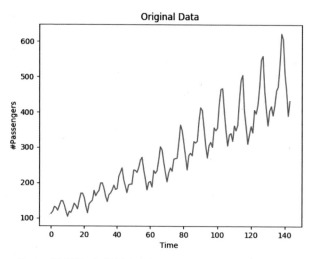

그림 5-3 월간 항공기 여행자 수의 추이

[그림 5-3]과 같이 먼저 사용한 데이터를 그래프로 보여줍니다. 이 데이터는 앞서 말했듯이 매월 늘어나는 항공기 여행자 수입니다. 그림에서 X축의 time은 월 단위입니다.

이 데이터는 −1과 1 사이의 값으로, 활성화를 수행하는 LSTM 인공신경망 기능을 충분히 활용할 수 없어 데이터 평균화를 진행합니다. 데이터 평균화 진행 이후에는 시계열 데이터가 [그림 5-4]와 같이 바뀌게 됩니다.

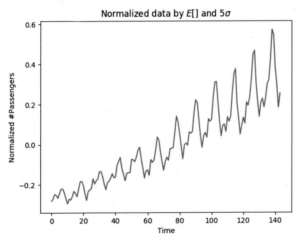

그림 5-4 평준화된 월간 항공기 여행자 수

두 그래프 뒤로 모델에 대한 요약 정보가 차트로 출력됩니다.

Layer (type)	Output Shape	Param #
input_1 (InputLayer)	(None, 12, 1)	0
lstm_1 (LSTM)	(None, 10)	480
dense_1 (Dense)	(None, 1)	11

```
Total params: 491
Trainable params: 491
Non-trainable params: 0
--------------------------------------------------------------
```

machine 인스턴스를 이용해 학습 및 성능 평가를 진행합니다. 코드가 수행되고 나면 가장 먼저 [그림 5-5]에 나오는 학습 곡선을 보여줍니다. 30회 정도 지나면 오류가 대폭 줄어들고 200회 정도가 지나면 거의 학습이 완료됩니다.

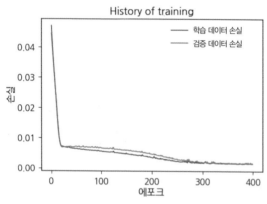

그림 5-5 LSTM 시계열 예측의 학습 곡선

그다음은 학습이 완료된 후 검증 데이터를 이용한 손실 측정, 예측값, 실젯값의 비교입니다. 손실 측정은 다음과 같습니다.

```
27/27 [==============================] - 0s
Loss: 0.00141373183578
```

여기서 예측 손실은 0.0014로 매우 적습니다. 검증 데이터로 예측값과 실젯값을 비교한 그래프는 [그림 5-6]과 같습니다. 그래프를 보면 대부분 예측이 잘 되었습니다.

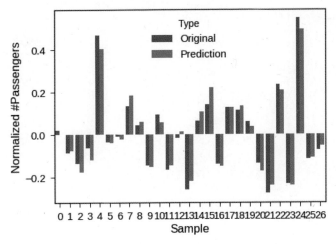

그림 5-6 LSTM 시계열 예측 신경망의 학습 후 예측 결과와 실젯값 비교

다음으로는 학습 데이터와 예측 데이터의 결과를 합쳐서 비교합니다. [그림 5-7]과 같이 전체적으로 학습이 얼마나 잘 이루어졌는지 확인하기 위해서입니다. 역시나 학습에 따른 예측은 손실값이 보여주듯이 잘 이루어졌습니다.

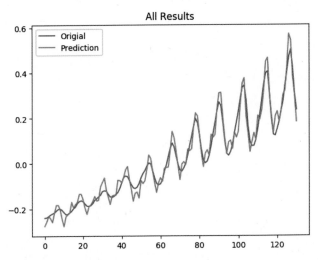

그림 5-7 LSTM 시계열 예측의 전체 데이터에 대한 예측값과 실젯값 비교

5.3.3 학습하고 평가하기

❸ 머신 클래스는 시계열 LSTM을 학습하고 평가하는 플랫폼입니다. 초기화 함수와 실행 함수를 만들면 됩니다.

우선 클래스를 선언한 후 머신을 초기화합니다.

```
class Machine():
    def __init__(self):
        self.data = Dataset()
        shape = self.data.X.shape[1:]
        self.model = rnn_model(shape)
```

데이터 생성에 사용할 Dataset() 클래스의 인스턴스를 만듭니다. 이 인스턴스를 멤버 변수인 self.data에 저장합니다. 그리고 LSTM의 입력 계층 크기를 shape 변수에 정의합니다. 이때 입력 데이터의 샘플 수는 shape에 포함될 필요가 없습니다. 따라서 여기서는 shape = (12, 1)이 됩니다. 그리고 rnn_model() 함수로 LSTM 모델을 만들어 멤버 변수인 self.model에 저장합니다. 이렇게 만들어진 self.data와 self.model은 머신을 실행하는 순간에 사용합니다.

이제 머신을 실행하는 멤버 함수를 만들 차례입니다. 함수를 선언하고 사용할 멤버 변수를 준비합니다.

```
def run(self, epochs=400):
    d = self.data
    X_train, X_test = d.X_train, d.X_test
    y_train, y_test = d.y_train, d.y_test
    X, y = d.X, d.y
    m = self.model
```

초기화 함수에서 정의했던 self.data의 내부 변수인 X_train, X_test, y_

train, y_test 그리고 X, y를 선언했습니다. 이 과정 없이 self.X_train을 사용하면 되지만, 그렇게 되면 어떤 멤버 변수가 이 함수에서 사용되는지 알 수 없기 때문에 선언했습니다. 이렇게 선언해놓으면 self를 반복해서 사용하지 않아 코드가 간결해져 가독성이 높아지는 것도 장점입니다. 이후 self.model을 m으로 선언해서 모델이 사용됨을 알립니다.

이제 모델의 학습을 진행할 단계입니다.

```
h = m.fit(X_train, y_train, epochs=epochs,
          validation_data=[X_test, y_test], verbose=0)

skeras.plot_loss(h)
plt.title('History of training')
plt.show()
```

모델의 멤버 함수인 fit()으로 학습합니다. 그리고 학습이 완료되면 학습 곡선을 skeras.plot_loss() 함수로 그립니다.

이제는 학습이 얼마나 잘 진행되었는지를 알아봅니다.

```
yp = m.predict(X_test).reshape(-1)
print('Loss:', m.evaluate(X_test, y_test))
```

모델의 멤버 함수인 evaluate()를 이용해 정량적으로 학습 성능을 표시했습니다. 학습이 끝난 모델을 평가 데이터를 이용해 예측한 뒤 얼마나 정확한지를 계산했습니다.

그리고 그래프를 이용해 원래 레이블 정보인 y_test와 예측한 레이블 정보인 yp를 같이 그려서 서로를 비교했습니다.

비교에는 plot()을 이용해 그린 선 그래프를 사용합니다.

```
plt.plot(yp, label='Origial')
plt.plot(y_test, label='Prediction')
plt.legend(loc=0)
plt.title('Validation Results')
plt.show()
```

그러나 이 방법은 데이터가 시간적인 관계가 없는데 시간순으로 되어 있어서 확인에 효과적이지 않을 수 있습니다. 따라서 막대그래프를 이용해 다음과 같이 그리도록 했습니다.

```
yp = m.predict(X_test).reshape(-1)
print('Loss:', m.evaluate(X_test, y_test))
print(yp.shape, y_test.shape)

df = pd.DataFrame()
df['Sample'] = list(range(len(y_test))) * 2
df['Normalized #Passengers'] = np.concatenate([y_test, yp], axis=0)
df['Type'] = ['Original'] * len(y_test) + ['Prediction'] * len(yp)

plt.figure(figsize=(7, 5))
sns.barplot(x="Sample", y="Normalized #Passengers",
            hue="Type", data=df)
plt.ylabel('Normalized #Passengers')
plt.show()
```

막대그래프를 그리는 데 시본Seaborn 패키지를 이용했습니다. 시본은 통계적 데이터의 시각화 기능을 제공하는 패키지입니다. 또한 판다스 패키지를 이용해 시계열 데이터를 데이터 프레임DataFrame으로 변환해 시본에 제공합니다. 목표 결과와 예측 결과를 비교하기 위해 다음과 같은 방법으로 결과 데이터를 3개의 열로 구성된 데이터 프레임으로 변환했습니다.

1 목표 결과와 예측 결과의 순서를 표시하는 Sample 열을 만듭니다. 이 열은 0부터 len(y_ test)-1까지 정수가 두 번 반복되어 들어갑니다. 첫 번째는 목표 결과의 순서이고 두 번째는 예측 결과의 순서입니다.

2 목표 결과와 예측 결과를 순서대로 결합해서 'Normalized #Passengers'라는 열을 만듭니다.

3 두 열의 앞쪽은 모두 목표 결과와 관련된 정보이고, 뒤쪽은 모두 예측 결과와 관련된 정보임을 표시하는 Type 열을 만듭니다.

인공지능을 이용한 데이터 처리에서 시각화는 매우 중요합니다. 인공신경망을 이용해 생성한 결과를 기반으로 데이터에서 새로운 의미를 찾는 경우도 많기 때문입니다.

이제 학습 데이터와 평가 데이터의 결과를 합쳐서 보여줍니다.

```
yp = m.predict(X)
plt.plot(yp, label='Original')
plt.plot(y, label='Prediction')
plt.legend(loc=0)
plt.title('All Results')
plt.show()
```

모델의 멤버 함수인 predict를 사용해 X_test가 아닌 전체 데이터 X에 대해 예측하도록 했습니다. 그리고 그 결과와 원래 레이블 정보를 시간 축으로 그렸습니다. 전체 데이터가 시간순으로 배열되어 있기 때문입니다.

5.3.4 LSTM 시계열 데이터 회귀 모델링

❹ 시계열 데이터의 회귀 모델링을 위한 LSTM 모델의 구성은 [그림 5-8]과 같습니다.

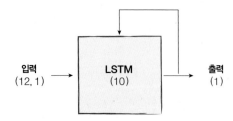

그림 5-8 LSTM 회귀 모델링 블록 다이어그램

케라스 라이브러리에서 제공하는 Model을 이용해 LSTM 회귀 모델을 만듭니다. 먼저 입력 계층을 정의합니다.

```
def rnn_model(shape):
    m_x = layers.Input(shape=shape)
```

입력 계층에 제공되는 데이터의 모양은 shape에 따라 정의됩니다. X가 입력 데이터라면 shape=X.shape[1:]과 각 샘플의 크기에 해당합니다.

다음은 LSTM 계층과 출력 계층을 설정합니다.

```
    m_h = layers.LSTM(10)(m_x)
    m_y = layers.Dense(1)(m_h)
```

LSTM의 노드 수는 10으로 정의했고 출력 계층의 노드 수는 이진 판별이므로 1로 정의했습니다.

이제 입력과 출력 데이터의 모양이 정해졌으니 모델을 정의합니다.

```
    m = models.Model(m_x, m_y)
```

모델을 구성했으므로 컴파일을 합니다. 그러고 나서 어떻게 모델이 만들어졌는지 화면에 요약해서 출력합니다.

```
m.compile('adam', 'mean_squared_error')
m.summary()
```

요약한 결과는 다음과 같습니다.

```
--------------------------------------------------------------
Layer (type)                  Output Shape              Param #
==============================================================
input_3 (InputLayer)          (None, 12, 1)             0
--------------------------------------------------------------
lstm_3 (LSTM)                 (None, 10)                480
--------------------------------------------------------------
dense_3 (Dense)               (None, 1)                 11
==============================================================
Total params: 491
Trainable params: 491
Non-trainable params: 0
--------------------------------------------------------------
```

요약을 보면 입력 계층은 12개의 시간열과 1개의 특징점으로 구성되어 있습니다. LSTM은 10개의 노드로 구성되어 있고 이를 처리하는 내부 매개변수가 480개입니다. 그리고 최종 출력 계층의 노드는 하나이며, LSTM과 출력 계층 사이에 적용되는 가중치의 수는 11개입니다. 11개 중 10개는 입력값에 대한 가중치이고, 1개는 평균값을 조절하는 가중치입니다.

5.3.5 데이터 가져오기

⑤ 데이터는 Dataset 클래스를 구성해서 가져옵니다.
클래스를 선언하고 초기화 함수를 정의합니다.

```
class Dataset:
    def __init__(self, fname='international-airline-passengers.csv',
                 D=12):
```

초기화 함수 매개변수로 데이터가 들어 있는 파일명과 시계열 길이가 주어집니다.

이제 데이터를 불러와서 학습 데이터와 평가 데이터를 나눕니다.

```
data_dn = load_data(fname=fname)
self.X, self.y = get_Xy(data_dn, D=D)
self.X_train, self.X_test, self.y_train, self.y_test =
    model_selection.train_test_split(self.X, self.y,
        test_size=0.2, random_state=42)
```

X, y와 X_train, X_test, y_train, y_test는 이 클래스의 인스턴스를 이용해 사용할 수 있습니다.

load_data() 함수를 구현할 차례입니다. 함수를 선언하고 판다스 패키지를 이용해 데이터 시트 구조로 된 데이터를 불러옵니다.

```
def load_data(fname='international-airline-passengers.csv'):
    dataset = pd.read_csv(fname, usecols=[1], engine='python',
                          skipfooter=3)
    data = dataset.values.reshape(-1)
```

데이터 시트에서 승객 수에 해당하는 1번째 열만 불러옵니다. 그리고 dataset을 판다스 데이터프레임 구조에서 넘파이 행렬로 바꾼 뒤 이 넘파이 행렬을 1차원 모양으로 바꾸어줍니다.

불러온 데이터가 어떻게 되어 있는지 선 그래프로 표시합니다.

```
    plt.plot(data)
    plt.xlabel('Time'); plt.ylabel('#Passengers')
    plt.title('Original Data')
    plt.show()
```

이 그래프의 x축이 Time이고 y축이 #Passengers임을 plt.xlabel()과 plt.
ylabel() 함수로 표현했습니다. 이 결과는 [그림 5-3]에 나와 있습니다.

이제 데이터를 표준화합니다. 표준화 방법은 평균을 제거하고 분산을 단위값으
로 만드는 기법입니다. 여기서는 분산의 제곱근을 5로 나눕니다.

```
    data_dn = (data - np.mean(data)) / np.std(data) / 5
    plt.plot(data_dn)
    plt.xlabel('Time'); plt.ylabel('Normalized #Passengers')
    plt.title('Normalized data by $E[]$ and $5\sigma$')
    plt.show()
```

이 결과는 표준화시킨 승객 수임을 plt.ylabel()을 이용해 표시했습니다. 이
그래프는 [그림 5-4]에 나와 있습니다.

다음으로 get_Xy() 함수를 구현할 단계입니다.

```
def get_Xy(data, D=12):
    # make X and y
    X_l = []
    y_l = []
    N = len(data)
    assert N > D, "N should be larger than D, where N is len(data)"
    for ii in range(N-D-1):
        X_l.append(data[ii:ii+D])
        y_l.append(data[ii+D])
    X = np.array(X_l)
    X = X.reshape(X.shape[0], X.shape[1], 1)
```

```
    y = np.array(y_l)
    print(X.shape, y.shape)
    return X, y
```

이 함수는 D 샘플만큼의 결과 데이터를 한 칸씩 옮겨가면서 시계열 벡터로 만들었습니다. 그리고 D+1 샘플값을 레이블로 했습니다. 즉 D개월간의 승객 수 변화를 통해 그다음 달의 승객 수를 예측할 수 있는지 알아보는 데이터셋을 만들었습니다.

이제 전체를 실행하기 위해 다음을 입력합니다.

```
main()
```

실행 결과는 부분별로 설명이 되어 있어서 여기서는 생략합니다.

전체 코드

이 책의 깃허브에서 이번 예제를 내려받을 수 있습니다.

- 깃허브 파일명: ex5_2_lstm_airplane.py
- 깃허브 주피터: nb_ex5_2_lstm_airplane.ipynb

윈도우, 맥OS, 우분투에서 다음과 같은 명령으로 실행합니다.

```
$ python ex5_2_lstm_airplane.py
```

예제 5-2 시계열 데이터를 예측하는 LSTM

❶ # 패키지 가져오기
   import pandas as pd

```python
import numpy as np
import matplotlib.pyplot as plt
from sklearn import model_selection
from keras import models, layers
import seaborn as sns

from keraspp import skeras
```

❷ # 코드 실행 및 결과 보기
```python
def main():
    machine = Machine()
    machine.run(epochs=400)
```

❸ # 학습하고 평가하기
```python
class Machine():
    def __init__(self):
        self.data = Dataset()
        shape = self.data.X.shape[1:]
        self.model = rnn_model(shape)

    def run(self, epochs=400):
        d = self.data
        X_train, X_test = d.X_train, d.X_test
        y_train, y_test = d.y_train, d.y_test
        X, y = d.X, d.y
        m = self.model
        h = m.fit(X_train, y_train, epochs=epochs,
                  validation_data=[X_test, y_test], verbose=0)

        skeras.plot_loss(h)
        plt.title('History of training')
        plt.show()

        yp = m.predict(X_test)
        print('Loss:', m.evaluate(X_test, y_test))
        plt.plot(yp, label='Origial')
        plt.plot(y_test, label='Prediction')
        plt.legend(loc=0)
        plt.title('Validation Results')
        plt.show()
```

```python
        yp = m.predict(X_test).reshape(-1)
        print('Loss:', m.evaluate(X_test, y_test))
        print(yp.shape, y_test.shape)

        df = pd.DataFrame()
        df['Sample'] = list(range(len(y_test))) * 2
        df['Normalized #Passengers'] = np.concatenate([y_test, yp],
                                                      axis=0)
        df['Type'] = ['Original'] * len(y_test) + ['Prediction'] * len(yp)

        plt.figure(figsize=(7, 5))
        sns.barplot(x="Sample", y="Normalized #Passengers",
                    hue="Type", data=df)
        plt.ylabel('Normalized #Passengers')
        plt.show()

        yp = m.predict(X)
        plt.plot(yp, label='Origial')
        plt.plot(y, label='Prediction')
        plt.legend(loc=0)
        plt.title('All Results')
        plt.show()
```

❹ # LSTM 시계열 회귀 모델링
```python
    def rnn_model(shape):
        m_x = layers.Input(shape=shape) #X.shape[1:]
        m_h = layers.LSTM(10)(m_x)
        m_y = layers.Dense(1)(m_h)
        m = models.Model(m_x, m_y)

        m.compile('adam', 'mean_squared_error')
        m.summary()

        return m
```

❺ # 데이터 가져오기
```python
    class Dataset:
        def __init__(self, fname='international-airline-passengers.csv',
                     D=12):
            data_dn = load_data(fname=fname)
```

```python
        X, y = get_Xy(data_dn, D=D)
        X_train, X_test, y_train, y_test = \
            model_selection.train_test_split(X, y, test_size=0.2,
                                              random_state=42)

        self.X, self.y = X, y
        self.X_train, self.X_test, self.y_train, self.y_test = X_train, \
            X_test, y_train, y_test


def load_data(fname='international-airline-passengers.csv'):
    dataset = pd.read_csv(fname, usecols=[1], engine='python',
                          skipfooter=3)
    data = dataset.values.reshape(-1)
    plt.plot(data)
    plt.xlabel('Time'); plt.ylabel('#Passengers')
    plt.title('Original Data')
    plt.show()

    # data normalize
    data_dn = (data - np.mean(data)) / np.std(data) / 5
    plt.plot(data_dn)
    plt.xlabel('Time'); plt.ylabel('Normalized #Passengers')
    plt.title('Normalized data by $E[]$ and $5\sigma$')
    plt.show()

    return data_dn


def get_Xy(data, D=12):
    # make X and y
    X_l = []
    y_l = []
    N = len(data)
    assert N > D, "N should be larger than D, where N is len(data)"
    for ii in range(N-D-1):
        X_l.append(data[ii:ii+D])
        y_l.append(data[ii+D])
    X = np.array(X_l)
    X = X.reshape(X.shape[0], X.shape[1], 1)
```

```
    y = np.array(y_l)
    print(X.shape, y.shape)
    return X, y


if __name__ == '__main__':
    main()
```

5.4 마치며

이번 장에서는 순환 방식으로 구성된 인공신경망 방식인 RNN에 대해 알아봤습니다. RNN은 순환 처리를 통해 문장, 음성 등과 같은 시계열 데이터 처리에 적합한 인공신경망입니다. 기존 RNN의 한계를 극복하고자 제안된 LSTM은 망각[Forget], 입력[Input], 출력[Output] 게이팅을 이용하여 우수한 시계열 데이터 처리 성능을 보여 음성 인식, 문장 번역 등에서 활발히 사용됩니다.

다음 장에서는 레이블이 없는 데이터에 적용 가능한 **비지도**[Unsupervised] 인공신경망의 구현 방법을 다룹니다.

케라스로 구현하는
AE

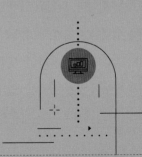

AE의 원리를 이해하고 케라스로 구현하는 방법을 익힙니다.

케라스로 구현하는
AE

오토인코더^{AutoEncoder, AE}는 **비지도학습**^{Unsupervised learning} 인공지능입니다. 2장부터 5장까지 다룬 ANN, DNN, CNN, RNN은 목푯값으로 학습하는 **지도학습**^{Supervised learning} 인공지능이었습니다. 지도학습과 다르게 비지도학습은 입력 데이터를 가공하여 목푯값을 출력하는 방식이 아니라 레이블 정보가 없는 데이터 특성을 분석하거나 추출하는 방식입니다.

비지도학습의 대표적인 방식인 AE의 목적은 입력 데이터의 특징점을 효율적으로 찾는 겁니다. 다차원 입력 데이터를 저차원 부호로 바꾸고 다시 저차원 부호를 처음 입력한 다차원 데이터로 바꾸면서 특징점을 찾아냅니다. 찾은 특징점은 데이터 압축 등에 응용할 수 있습니다. 또한 AE의 출력 데이터는 입력한 데이터에 비해 정보의 차원이 줄기 때문에 잡음 성분을 제거하는 용도로도 사용할 수 있습니다. 이 장에서 다루는 내용은 다음과 같습니다.

• AE 원리

- 완전 연결 계층을 이용한 AE 구현
- 합성곱 계층을 이용한 AE 구현

6.1 AE 원리

오토인코더는 입력한 데이터를 부호화한 후 복호화하는 신경망으로, 입력 데이터의 특징점을 추출합니다. 주로 활용되는 곳은 데이터 압축, 저차원화를 통한 데이터 관계 관찰, **배경 잡음 억제**^{Denoising} 등입니다. AE는 **주성분 분석**^{Principle Component Analysis, PCA}으로 처리하는 일차원 데이터 처리 방식을 딥러닝 방식으로 확장한 것입니다. AE는 신경망으로 특징점을 추출하기 때문에 데이터 구성이 복잡하거나 데이터가 대량인 경우에 주성분 분석 방법보다 효과적입니다.

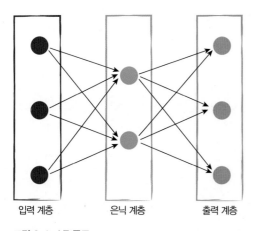

입력 계층　　　　　은닉 계층　　　　　출력 계층

그림 6-1 AE 구조

AE의 동작은 부호화 과정과 복호화 과정으로 이루어집니다.

부호화 과정은 다음과 같습니다.

1 입력 계층에서 들어온 다차원 데이터는 차원을 줄이는 은닉 계층으로 들어갑니다.
2 은닉 계층의 출력이 곧 부호화 결과입니다.

복호화 과정은 다음과 같습니다.

1 은닉 계층에서 출력한 부호화 결과는 출력 계층으로 들어갑니다. 이때 출력 계층의 노드 수는 은닉 계층의 노드 수보다 많습니다. 즉, 더 높은 차원의 데이터로 되돌아갑니다.
2 출력 계층은 입력 계층과 노드 수가 동일합니다.

이처럼 AE는 데이터의 차원을 줄였다가 늘려 부호화와 복호화가 연속적으로 일어나게 됩니다. AE의 부호화 및 복호화 과정에 사용되는 은닉 계층 수는 여럿일 수 있습니다.

6.2 완전 연결 계층을 이용한 AE 구현

필기체 숫자 즉 MNIST를 이용해 AE를 구현해봅니다. AE를 구성하는 계층은 완전 연결 계층이라고 가정하겠습니다. 이번 절의 핵심은 AE가 필기체 숫자를 차원이 작은 데이터로 부호화한 뒤 원래 이미지와 유사하게 다시 복호화할 수 있느냐입니다. 복구가 잘된다면 필기체 숫자는 차원이 줄어든 부호화 데이터로 변경이 가능하고, 이후에는 줄어든 부호로 정보 전달 또는 데이터 분류 등의 처리가 가능해집니다.

이제 완전 연결 계층 AE를 구현해보겠습니다.

6.2.1 완전 연결 계층 AE 모델링

❶ AE를 위한 딥러닝 모델을 만듭니다. 우선 모델링에 필요한 케라스 서브패키지를 불러옵니다.

```
from keras import layers, models
```

다음으로 객체를 구성하여 AE 모델링을 수행합니다.

```
class AE(models.Model):
    def __init__(self, x_nodes, z_dim):
        x_shape = (x_nodes,)
```

객체의 초깃값으로 입력 노드 수(x_nodes), 은닉 노드 수(z_dim)를 지정했습니다. 입력 계층의 구조를 나타내는 x_shape는 입력 노드 수(x_node)로 구성된 **튜플**^{Tuple}**12**로 정의했습니다.

이제 AE의 입력 계층, 은닉 계층, 출력 계층을 정의할 단계입니다.

```
x = layers.Input(shape=x_shape) # 입력 계층
z = layers.Dense(z_dim, activation='relu')(x)  # 은닉 계층
y = layers.Dense(x_nodes, activation='sigmoid')(z) # 출력 계층
```

입력 계층과 출력 계층의 노드 수를 같게 구성했습니다. 중간에 들어 있는 은닉 계층은 z_dim값에 따라 노드 수가 정해집니다. 은닉 계층의 활성화 함수는 ReLU로 설정했고 출력 계층의 활성화 함수는 시그모이드로 지정했습니다. 출력 계층의 활성화 함수를 시그모이드로 지정한 이유는 입력 이미지의 특성을 반영하기 위해서입니다. 입력으로 사용할 MNIST 이미지는 완전 흰색 또는 완전 검은색에 가까운 색으로 구성되어 있기 때문입니다. 만약 픽셀들이 흰색과 검은색 사이의 회색으로 골고루 분포하는 경우에는 출력 계층의 활성화 함수로 선형 함수가 더 적합합니다.

이제 AE의 구조를 확정하고 컴파일합니다.

---

12 파이썬 배열 3가지 중 간단한 것이 튜플입니다. 튜플은 (a, b, c)와 같이 괄호를 이용해 구성합니다. 다른 파이썬 배열은 대괄호로 구성하는 리스트(list)와 중괄호로 구성하는 딕셔너리(dictionary)가 있습니다.

```
        super().__init__(x, y)
        self.compile(optimizer='adadelta', loss='binary_crossentropy')
```

손실 함수를 'binary_crossentropy'로 설정했습니다. 교차 엔트로피는 분류 문제에 주로 사용하지만 예제에서는 AE용으로도 사용했습니다.

다음은 AE 모델링과 직접 상관은 없지만 추후에 AE 동작을 확인하는 데 필요한 부분을 구현합니다. 즉, AE를 구성하는 특정 계층의 출력값을 뽑아내거나 특정 계층에 새로운 입력값을 넣어서 결과를 보는 방법입니다. 이를 구현하려면 객체의 초기화 함수에서 필요한 계층과 몇몇 초기 매개변수를 저장해둘 필요가 있습니다.

```
        self.x = x
        self.z = z
        self.z_dim = z_dim
```

입력 계층, 은닉 계층, 은닉 계층의 노드 수를 객체 멤버 변수로 저장했습니다.

AE는 부호화와 복호화가 자동으로 수행되는 모델입니다. 그래서 종종 부호화가 어떻게 진행되는지 알고 싶을 때가 있습니다. 이럴 때는 AE 중간에 있는 은닉 계층의 결과를 출력으로 하는 모델을 추가로 설정해 신경망 외부에서 부호화 결과를 확인할 수 있습니다.

```
    def Encoder(self):
        return models.Model(self.x, self.z)
```

외부에서 새로운 부호화 데이터를 넣어 복호화 결과를 얻는 방법도 제공합니다. 이를 위해서 모니터링을 제공할 별도 복호화 모델을 만듭니다. 이 복호화 모델은 새롭게 입력을 정의하고 전체 AE 모델에서 복호화 계층을 가져와 만듭니다.

```
def Decoder(self):
    z_shape = (self.z_dim,)
    z = layers.Input(shape=z_shape)
    y_layer = self.layers[-1]
    y = y_layer(z)
    return models.Model(z, y)
```

외부에서 새롭게 들어오는 입력에 대응하므로 새로운 입력을 Input()으로 만들었습니다. 그리고 다음 은닉 계층은 기존에 사용하던 은닉 계층을 다시 사용하기 때문에 기존에 만든 계층 중 하나를 변수 self에서 가지고 왔습니다. self.layers[-1]은 제일 마지막 부분 즉 AE 자신의 출력 계층이라는 의미입니다.

지금까지 AE 고유의 모델과 부호화와 복호화를 각각 수행하는 추가 모델을 만들었습니다. 고유 모델을 만들 때 주요 공통 매개변수를 자기 멤버 변수로 지정해 두어 손쉽게 추가 모델을 구현할 수 있었습니다.

6.2.2 데이터 준비

❷ 사용할 MNIST 데이터를 케라스의 서브패키지로부터 불러옵니다.

```
from keras.datasets import mnist
(x_train, _), (x_test, _) = mnist.load_data()
```

여기서는 레이블 정보를 밑줄(_)로 전달받았습니다. 두 밑줄은 각각 학습과 검증 데이터에 대한 레이블 정보를 받는 자리입니다. 그러나 AE에서는 레이블 정보가 사용되지 않기 때문에 밑줄로 대체했습니다. 파이썬은 추후 사용하지 않는 함수 반환값 자리에 밑줄(_) 사용을 권장하기 때문입니다.

그럼 왜 AE에서는 레이블 정보가 필요 없을까요? AE가 비지도 학습 신경망이기 때문입니다. 비지도 학습 신경망은 별도의 목푯값 없이 학습합니다. 특히 AE는 레이블 정보 대신 입력 데이터가 곧 출력 데이터로 설정됩니다.

0부터 255 중에 하나로 표현되는 입력 이미지의 값이 1 이하가 되도록 정규화합니다.

```
x_train = x_train.astype('float32') / 255.
x_test = x_test.astype('float32') / 255.
```

DNN 즉 완전 연결 계층 구조에 적합하도록 인자의 형태를 3차원에서 2차원으로 축소합니다.

```
x_train = x_train.reshape((len(x_train), -1))
x_test = x_test.reshape((len(x_test), -1))
```

여기서 2차원으로 차원이 축소된 왼쪽 변수들의 첫 번째 인덱스는 이미지 수를 나타내고 두 번째 인덱스는 각 2차원의 이미지를 1차원으로 바꾼 후의 이미지 길이를 나타냅니다.

6.2.3 학습 효과 분석

❸ 학습 효과를 그래프로 분석하기 위해 필요한 함수와 패키지를 불러옵니다.

```
from keraspp.skeras import plot_loss, plot_acc
import matplotlib.pyplot as plt
```

여기서 plot_loss()와 plot_acc()는 2.2.3항에서 만든 걸 가져와서 사용합니다.

6.2.4 완전 연결 계층 AE의 동작 확인

❹ 완전 연결 계층 AE가 어떻게 동작했는지 확인합니다. AE는 입력 이미지를 더적은 차원의 데이터로 부호화하고 다시 원래 차원의 이미지 데이터로 복호화합니다. 이 과정에서 제대로 된 특징점을 찾는다면 테스트 이미지도 부호화 및 복호화를 하여 원래 이미지와 거의 같은 결과를 만들게 됩니다.

학습에 사용하지 않은 평가용 이미지가 어떻게 부호화되고 다시 복호화되는지 시각적으로 확인해보겠습니다. 이를 위해 AE 모델 중 부호화와 복호화 단계를 다루는 모델의 인스턴스를 각각 생성합니다.

```
encoder = autoencoder.Encoder()
decoder = autoencoder.Decoder()
```

encoder를 이용하면 입력 이미지가 어떻게 부호화되는지 알 수 있고, decoder를 이용하면 어떻게 복호화되는지를 각각 알 수 있습니다.

평가용 이미지를 넣어서 부호화 결과와 복호화 결과를 각각 생성합니다.

```
encoded_imgs = encoder.predict(x_test)
decoded_imgs = decoder.predict(encoded_imgs)
```

복호화 단계에서는 부호화한 데이터를 넣어서 복호화 데이터를 생성했습니다. 따라서 평가용 이미지, 부호화 데이터, 복호화 데이터는 서로 연계된 것입니다.

평가 결과 중에 화면에 표시할 이미지 수를 정합니다. 여기서는 10개로 지정했습니다. 또한 subplot 방식을 사용하여 10개를 하나의 그래프로 그리기 위해 그림의 전체 크기를 figure = (20, 6)으로 지정했습니다. 이것을 지정하지 않으면 좌우 축에 여러 이미지가 들어간 경우를 고려하지 않고 이미지가 하나라는 가정하에 화면이 구성되기 때문에, 각 그래프의 좌우 균형이 맞지 않거나 이미지의 크기가 너무 작아서 보기에 좋지 않습니다.

```
n = 10
plt.figure(figsize=(20, 6))
```

이제 평가용 이미지, 부호화 그래프, 복호화 이미지를 보여줄 차례입니다. 세 그림을 세로로 보여주어 서로 연계되어 있음을 알리도록 구성합니다.

```
for i in range(n):
    ax = plt.subplot(3, n, i + 1)
```

첫 줄에 보여줄 그림은 입력 이미지입니다. 입력 이미지는 평가용 이미지이므로 학습에 사용하지 않았던 데이터입니다. 화면은 흑백으로 보여줍니다.

```
plt.imshow(x_test[i].reshape(28, 28))
plt.gray()
```

이미지 주변 축들은 보이지 않도록 합니다.

```
ax.get_xaxis().set_visible(False)
ax.get_yaxis().set_visible(False)
```

다음 줄은 이미지가 압축된 형태를 보여줍니다. 합성곱 AE는 2차원 이미지를 1차원의 벡터로 압축하기 때문에 부호화된 정보는 1차원 그래프로 표시합니다.

```
ax = plt.subplot(3, n, i + 1 + n)
plt.stem(encoded_imgs[i].reshape(-1))
```

마지막 줄은 복호화한 이미지를 보여줍니다.

```
ax = plt.subplot(3, n, i + 1 + n + n)
plt.imshow(decoded_imgs[i].reshape(28, 28))
```

이제 그린 그래프를 실제로 화면에 보여줄 차례입니다.

```
plt.show()
```

그래프는 [그림 6-2]와 같습니다.

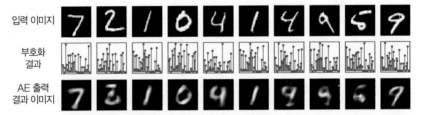

그림 6-2 완전 연결 계층 AE를 이용해 평가용 이미지를 처리한 결과

24×24(점 784개) 입력 이미지가 원소 36개로 구성된 벡터로 변환된 뒤 24×24 이미지로 복구됩니다. 첫 줄에 있는 숫자 10개는 실제 필기체 이미지입니다. 이 이미지는 실제 학습에는 사용하지 않은 평가용 이미지입니다. 학습은 학습 데이터만을 이용해서 진행했습니다. 그럼에도 제일 아래의 10개 이미지가 보여주듯이 필기체 숫자가 잘 복원되었습니다.

6.2.5 학습 및 성능 평가

❺ 학습과 성능 평가에 사용할 main() 함수를 만듭니다.

먼저 학습할 모델에 사용할 주요 매개변수와 AE 모델의 인스턴스를 정의합니다.

```
def main():
    x_nodes = 784
    z_dim = 36

    autoencoder = AE(x_nodes, z_dim)
```

입력 노드 수를 784로, 부호화 벡터 길이를 36으로 지정했습니다. 길이가 784
인 원래 이미지의 데이터 길이가 36으로 압축된다는 의미입니다.

autoencoder를 이용하여 학습과 성능 검증을 수행할 수 있습니다. 학습은 아
래처럼 autoencoder 인스턴스의 fit() 멤버 함수로 수행합니다.

```
history = autoencoder.fit(X_train, X_train,
                          epochs=10,
                          batch_size=256,
                          shuffle=True,
                          validation_data=(X_test, X_test))
```

입력과 출력을 모두 X_train으로 설정합니다. 즉 AE의 출력을 입력과 동일하
게 설정했습니다. 총 10회 학습하며, 1회 배치마다 데이터 256개를 프로세스에
보내도록 설정했습니다. 만약 GPU로 학습한다면 GPU 규격에 맞게 배치 크기
를 정하면 됩니다. 학습에 들어가는 데이터는 무작위 순서로 섞여 들어갑니다. 학
습 과정에서 진행 상황을 확인하기 위해 사용하는 검증 데이터는 X_test를 사용
했습니다.

이제 학습 결과를 그래프로 표시합니다.

```
plot_acc(history)
plt.show()
plot_loss(history)
plt.show()
```

AE 결과를 눈으로 확인할 수 있도록 원래 이미지와 AE를 수행한 이미지를 비교합니다.

```
show_ae(autoencoder)
plt.show()
```

지금까지 만든 코드를 수행할 차례입니다.

```
main()
```

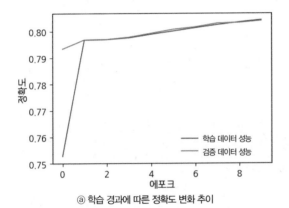

ⓐ 학습 경과에 따른 정확도 변화 추이

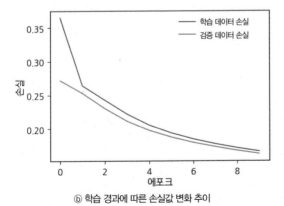

ⓑ 학습 경과에 따른 손실값 변화 추이

그림 6-3 완전 연결 계층 AE의 학습 결과 그래프

실제 출력된 그래프는 [그림 6-3]과 같습니다. 그래프에서 손실값은 부호화 후 복호화한 이미지가 원 이미지와 얼마나 유사한지를 나타냅니다. 손실값이 작을수록 부호화가 잘된 것입니다. 점선 학습 데이터와 실선의 검증 데이터를 이용한 두 손실 감소 그래프 모두 에포크가 늘수록 손실값이 점점 줄어든다는 것을 보여줍니다. 이로써 딥러닝으로 데이터 특성에 적합한 부호화 방식이 생성되고 있음을 확인할 수 있습니다.

전체 코드

이 책의 깃허브에서 이번 예제를 내려받을 수 있습니다.

- 깃허브 파일명: ex6_1_ae_fc_mnist_mc.py
- 깃허브 주피터: nb_ex6_1_ae_fc_mnist_mc.ipynb

윈도우, 맥OS, 우분투에서 다음과 같은 명령으로 실행합니다.

```
$ python ex6_1_ae_fc_mnist_mc.py
```

예제 6-1 완전 연결 계층을 이용한 AE

```
❶ # 완전 연결 계층 AE 모델링
  from keras import layers, models  # (Input, Dense), (Model)

  class AE(models.Model):
      def __init__(self, x_nodes=784, z_dim=36):
          x_shape = (x_nodes,)
          x = layers.Input(shape=x_shape)
          z = layers.Dense(z_dim, activation='relu')(x)
          y = layers.Dense(x_nodes, activation='sigmoid')(z)

          super().__init__(x, y)
```

```
            self.x = x
            self.z = z
            self.z_dim = z_dim

            self.compile(optimizer='adadelta', loss='binary_crossentropy',
                        metrics=['accuracy'])

        def Encoder(self):
            return models.Model(self.x, self.z)

        def Decoder(self):
            z_shape = (self.z_dim,)
            z = layers.Input(shape=z_shape)
            y_layer = self.layers[-1]
            y = y_layer(z)
            return models.Model(z, y)
```

❷ # 데이터 준비
```
    from keras.datasets import mnist
    import numpy as np
    (X_train, _), (X_test, _) = mnist.load_data()

    X_train = X_train.astype('float32') / 255.
    X_test = X_test.astype('float32') / 255.
    X_train = X_train.reshape((len(X_train), np.prod(X_train.shape[1:])))
    X_test = X_test.reshape((len(X_test), np.prod(X_test.shape[1:])))
    print(X_train.shape)
    print(X_test.shape)
```

❸ # 학습 효과 분석
```
    from keraspp.skeras import plot_loss, plot_acc
    import matplotlib.pyplot as plt
```

❹ # 완전 연결 계층 AE의 동작 확인
```
    def show_ae(autoencoder):
        encoder = autoencoder.Encoder()
        decoder = autoencoder.Decoder()

        encoded_imgs = encoder.predict(X_test)
        decoded_imgs = decoder.predict(encoded_imgs)
```

```python
    n = 10
    plt.figure(figsize=(20, 6))
    for i in range(n):
        ax = plt.subplot(3, n, i + 1)
        plt.imshow(X_test[i].reshape(28, 28))
        plt.gray()
        ax.get_xaxis().set_visible(False)
        ax.get_yaxis().set_visible(False)

        ax = plt.subplot(3, n, i + 1 + n)
        plt.stem(encoded_imgs[i].reshape(-1))
        plt.gray()
        ax.get_xaxis().set_visible(False)
        ax.get_yaxis().set_visible(False)

        ax = plt.subplot(3, n, i + 1 + n + n)
        plt.imshow(decoded_imgs[i].reshape(28, 28))
        plt.gray()
        ax.get_xaxis().set_visible(False)
        ax.get_yaxis().set_visible(False)

    plt.show()

❺ # 학습 및 성능 평가
def main():
    x_nodes = 784
    z_dim = 36

    autoencoder = AE(x_nodes, z_dim)

    history = autoencoder.fit(X_train, X_train,
                              epochs=10,
                              batch_size=256,
                              shuffle=True,
                              validation_data=(X_test, X_test))

    plot_acc(history)
    plt.show()
    plot_loss(history)
```

```
        plt.show()

        show_ae(autoencoder)
        plt.show()

    if __name__ == '__main__':
        main()
```

6.3 합성곱 계층을 이용한 AE 구현

이미지 처리에 효과적인 합성곱 계층을 이용한 AE 방식을 다룹니다. 합성곱 계층은 이미지 내에서 특징점 위치가 달라질 때도 효과적으로 대응할 수 있습니다. 완전 연결 계층을 이용한 방법은 이미지의 위치별로 각각 다르게 처리하기 때문에 비효율적입니다. 합성곱 계층 방식은 완전 연결 계층 방식보다 사용되는 가중치 수가 줄어들어 학습 최적화도 용이합니다. 이 절에서는 이런 합성곱 계층을 이용하여 AE를 구현합니다.

6.3.1 합성곱 AE 모델링

❶ 합성곱 계층을 이용하는 AE 신경망의 모델링을 알아보겠습니다. 우선 모델링에 필요한 서브패키지를 불러옵니다.

```
from keras import layers, models
```

6.2절에서 사용한 완전 연결 계층과 같은 서브패키지를 호출하지만 사용하는 계층은 다릅니다. Conv2D(), MaxPooling2D(), UpSampling2D(), Dropout()을 사용하여 모델링을 수행합니다.

이번 AE 예제에서는 부호화 단계와 복호화 단계가 각각 진행되기 때문에 여러 합성곱 계층이 사용됩니다. 따라서 구현 시 Conv2D 객체를 정의하는 코드를 여러 번 사용합니다. Conv2D 객체를 추가하는 함수를 간략하게 만들어 이를 간략화하고 추후 가독성을 높이겠습니다.

```python
def Conv2D(filters, kernel_size, padding='same', activation='relu'):
    return layers.Conv2D(filters, kernel_size, padding=padding,
                         activation=activation)
```

padding과 activation값으로 기본값을 제공해 호출 코드를 간단하게 만들었습니다. Conv2D() 함수를 이용하면 padding이나 activation에 대해 정의는 하지 않고 필터 수와 필터 크기만 입력하면 됩니다.

AE 객체를 구성합니다. 초기화 함수인 __init__()을 정의할 때 입력 데이터 모양을 변수로 받습니다.

```python
class AE(models.Model):
    def __init__(self, org_shap):
        # Input
        original = layers.Input(shape=org_shape)
```

MNIST의 경우 original로 정의된 입력 계층에 들어가는 데이터 모양은 채널 정보의 위치에 따라 (1, 28, 28) 또는 (28, 28, 1)이 됩니다. 채널 수인 1은 첫 번째에 표시될 수도 있고 마지막에 표시될 수도 있습니다. 이는 케라스 설정에서 정해줄 수 있습니다.

합성곱 AE는 총 7개의 합성곱 계층으로 구성됩니다. 첫 번째부터 세 번째까지는 부호화를 위한 합성곱 계층입니다. 네 번째부터 여섯 번째는 복호화를 하는 합성곱 계층이고 일곱 번째는 부호화 및 출력을 하는 합성곱 계층입니다. 2차원 이미지를 바로 출력하기 때문에 3장의 합성곱 계층을 이용하는 CNN 분류와는 달리 마지막 층도 완전 연결 계층으로 구성하지 않고 합성곱 계층으로 구성했습니다.

첫 번째 합성곱 계층은 4개의 3×3 형태의 2차원 필터로 구성됩니다. 이 2차원 필터에 사용된 가중치 수는 4×3×3으로 36개입니다.

```
x = Conv2D(4, (3, 3))(original)
x = layers.MaxPooling2D((2, 2), padding='same')(x)
```

합성곱 계산이 끝나면 (2, 2) 형태의 맥스풀링이 적용됩니다. (2, 2) 맥스풀링은 평면에 사각으로 인접한 4개의 점 중에 가장 큰 값을 대푯값으로 찾아서 출력하는 방식입니다. 이 단계를 지나면 이미지 크기는 4분의 1로 줄어들고 개수는 4배가 되어 결국 14×14 크기의 이미지 4장이 출력됩니다. 각 이미지는 합성곱 필터가 지정한 특징점 4개가 각각 강조되게 만들어집니다.

두 번째는 3×3 필터 8개를 적용합니다. 맥스풀링은 첫 번째 단계와 동일하게 (2, 2) 비율로 적용됩니다.

```
x = Conv2D(8, (3, 3))(x)
x = layers.MaxPooling2D((2, 2), padding='same')(x)
```

이 두 번째 계층을 지나면 7×7 크기의 이미지 8장이 출력됩니다.

세 번째 합성곱 계층은 부호화 결과를 출력합니다.

```
z = layers.Conv2D(1, (7, 7))(x)
```

이 과정까지 수행하면 부호화가 마무리되면서 28×28 크기였던 입력 이미지한 장이 4분의 1 수준인 7×7 크기의 부호화 이미지 한 장으로 바뀌게 됩니다.

이제 복호화 과정을 통해 7×7로 줄어든 부호화 이미지가 어떻게 28×28 크기의 입력 이미지로 돌아가는지 살펴보겠습니다.

먼저, 필터 수를 늘려 전체 이미지 공간을 늘립니다. 같은 크기의 이미지가 16장이 되도록 합니다. 그러고 나서 이미지의 샘플링 비율을 좌우 두 배씩으로 올립니다.

```
y = Conv2D(16, (3, 3))(z)
y = layers.UpSampling2D((2, 2))(y)
```

UpSampling2D((2, 2))는 x축과 y축 모두에 대해 **샘플링 비율**^{Sampling rate}을 2배 높입니다. 부호화에서 적용했던 MaxPooling2D((2, 2))에 대응하는 기능입니다. Conv2D()는 부호화 과정에서는 특징점을 찾아내는 역할을 했지만, 복호화 과정에서는 특징점을 복원하는 역할을 합니다. 이 단계를 지나면서 이미지는 다시 14×14로 정밀해지고 전체 이미지는 16장이 됩니다.

이제 16장으로 늘어난 이미지를 8장으로 줄이면서 화소를 좀 더 정교화합니다. 그리고 그 결과에 샘플링 비율을 좌우로 2배씩 올려 이미지 크기를 입력 이미지 크기와 같은 28×28로 만듭니다.

```
x = Conv2D(8, (3, 3))(x)
x = layers.UpSampling2D((2, 2))(z)
```

8장의 28×28 크기의 중간 이미지가 생성되었습니다.

한 번 더 합성곱을 수행하면서 이미지 특징점을 더 구체적으로 묘사합니다. 그리고 좀 더 입력 이미지에 가까워지도록 특징점 간의 조합이 일어나게 합니다. 조합된 이미지 수가 4개가 되도록 필터를 4개 사용합니다.

```
x = Conv2D(4, (3, 3))(x)
```

다음은 출력 단계입니다. 2차원 이미지가 별도 변환 없이 신경망에서 바로 출력
되도록 합성곱 계층을 이용하여 출력 데이터를 만듭니다. 출력 데이터를 만드는
과정에 (3, 3) 합성곱 계산을 추가하여 복원합니다.

```
decoded = Conv2D(1, (3, 3), activation='sigmoid')(y)
```

여기서 출력 계층의 활성화 함수를 시그모이드로 선정했습니다. 이번 예제에서
다루는 MNIST 데이터는 흑백 이미지이며 이미지에서 숫자가 위치하는 곳은 색
상이 최댓값에 가깝고 그렇지 않은 부분은 최솟값에 가까워 **이진 정보**^{Binary information}
를 다룰 때 사용하는 시그모이드 함수를 출력 계층의 활성화 함수로 사용했습니
다. 최종단을 지나면 이미지의 원래 크기인 28×28로 되돌아갑니다.

6.3.2 데이터 준비 및 학습 효과 분석

❷ 데이터 준비와 학습 효과 분석은 4장 CNN과 2장 ANN 구현에 사용했던 코
드를 재사용합니다. 파이썬의 가져오기 명령어로 이전 파일에 구현된 객체 또는
함수를 가져옵니다.

```
from ex4_1_cnn_mnist_cl import DATA
from keraspp.skeras import plot_loss, plot_acc
import matplotlib.pyplot as plt
```

6.3.3 합성곱 AE 결과 시각화

❸ 결과 데이터의 차원을 조정해 합성곱 AE 결과를 시각화합니다. 이 방법은 완

전 연결 계층 AE 시각화와 유사합니다.

데이터가 저장된 차원의 형태를 파악하기 위해 backend를 가져옵니다. 백엔드를 텐서플로가 아닌 다른 딥러닝 라이브러리를 사용할 때도 적응하기 위한 것입니다.

```
from keras import backend
```

결과를 시각화하는 함수를 만듭니다. 우선 앞서 학습한 모델을 통해 결과를 예측합니다.

```
def show_ae(autoencoder, data):
    x_test = data.x_test
    decoded_imgs = autoencoder.predict(x_test)
    print(decoded_imgs.shape, data.x_test.shape)
```

입력 데이터와 AE 결과 데이터가 합성곱 AE에서는 채널을 포함하여 4차원이기 때문에 시각화를 위해 3차원으로 변경합니다.

```
if backend.image_data_format() == 'channels_first':
    N, n_ch, n_i, n_j = x_test.shape
else:
    N, n_i, n_j, n_ch = x_test.shape

x_test = x_test.reshape(N, n_i, n_j)
decoded_imgs = decoded_imgs.reshape(decoded_imgs.shape[0], n_i,
                n_j)
```

차원 변경에 파이썬 넘파이의 reshape() 함수를 사용합니다. 이 함수는 차원을 바꿀 수 있지만, 차원을 바꾸기 전후의 전체 원소 개수가 동일하도록

reshape() 함수의 인자를 주의해서 설정해야 합니다. 다시 말해 배열의 차원의 곱은 항상 일정해야 합니다. x라는 배열이 차원이 바뀌어 y라는 배열이 되었지만 np.prod(x.shape)==np.prod(y.shape)가 항상 성립되어야 합니다. np.prod는 요소의 값을 모두 곱하는 넘파이 함수입니다.

또한 AE의 결과 이미지를 입력 이미지와 비교하기 위해 컬러 팔레트를 조정합니다. 2.2절 '필기체를 구분하는 분류 ANN 구현'에서는 흑백^{Gray} 모드로 사용했지만 여기서는 구분이 용이하도록 색깔을 활용합니다.

```python
        ax = plt.subplot(2, n, i + 1)
        plt.imshow(x_test[i])
        # plt.gray()
        ax.get_xaxis().set_visible(False)
        ax.get_yaxis().set_visible(False)

        ax = plt.subplot(2, n, i + 1 + n)
        plt.imshow(decoded_imgs[i])
        # plt.gray()
        ax.get_xaxis().set_visible(False)
        ax.get_yaxis().set_visible(False)
    plt.show()
```

6.3.4 합성곱 AE 학습 및 성능 평가

❹ 합성곱 AE 모델링, 데이터 준비, 학습, 결과 시각화 코드를 준비했으니 이제 실제 학습과 성능 평가를 수행하겠습니다.

전체를 다루는 메인 함수의 입력은 epoch와 batch_size입니다. 기본값으로 각각 20과 128을 설정합니다. 그리고 data와 autoencoder의 인스턴스를 만듭니다.

```
def main(epochs=20, batch_size=128):
    data = DATA()
    autoencoder = AE(data.input_shape)
```

AE()는 입력 이미지의 모양을 참조하여 인스턴스가 만들어지도록 입력 이미지의 모양 정보에 해당하는 data.input_shape를 AE()의 입력 인자로 제공합니다. 이제 합성곱 AE를 학습합니다.

```
history = autoencoder.fit(data.x_train, data.x_train,
                          epochs=epochs,
                          batch_size=batch_size,
                          shuffle=True,
                          validation_split=0.2)
```

학습에 사용할 배열이 DATA 클래스의 data 인스턴스 멤버 변수로 포함되어 있습니다. 그리고 AE는 입력과 출력이 동일하므로 두 곳에 모두 data.x_train 을 사용하도록 했습니다. AE는 입력과 출력이 같은 신경망이기 때문입니다. 참고로 ANN, DNN, CNN, RNN은 출력과 입력이 다릅니다(출력을 y_train으로 지정했었습니다). AE는 **비지도학습 방식**Unsupervised learning method 이지만 앞선 4장의 방법은 **지도학습 방식**Supervised learning method 의 신경망이기 때문에 출력 데이터를 지정하는 방법이 다른 겁니다.

학습이 어떻게 진행되었는지 그래프로 확인합니다.

```
plot_acc(history)
plt.show()
plot_loss(history)
plt.show()
```

첫 번째 줄은 에포크가 늘어감에 따른 결과의 정확도입니다. 다음은 입력 대비 출력의 손실치입니다. 둘 다 AE 결과가 입력 결과와 얼마나 유사한지를 측정한 결과입니다. 분류 결과가 아닌데도 정확도 측정이 가능했던 것은 컴파일 시 교차 엔트로피 즉 'cross entropy'를 손실 함수로 지정했기 때문입니다. 그렇지 않고 'mse'를 지정하면 정확도를 표시할 수 없고, 손실로 학습 진행의 추이를 관찰해야 합니다.

[그림 6-4]는 총 에포크(20회) 동안 학습한 결과를 보여줍니다. 학습이 진행됨에 따라 정확도는 계속 높아지고 손실은 계속해서 감소하고 있습니다.

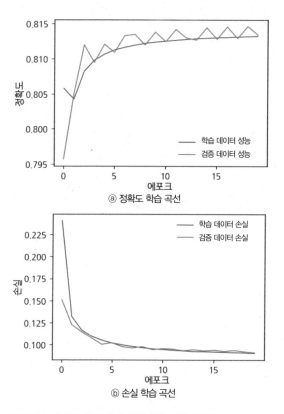

그림 6-4 합성곱 AE의 학습 진행 상황 그래프 표시

정확도와 손실 그래프를 확인한 결과 과적합 없이 제대로 학습이 진행됐다면 AE의 결과를 시각화합니다.

```
show_ae(autoencoder, data)
plt.show()
```

시각화를 수행한 결과는 [그림 6-5]와 같습니다.

그림 6-5 합성곱 AE 결과 시각화

윗줄은 평가에 사용한 원래 이미지이고 아랫줄은 AE 출력 결과 이미지입니다. 시각화 결과는 학습에 참여하지 않은 평가용 필기체 숫자입니다. 이를 완전 연결 계층의 시각화 결과인 [그림 6-2]와 비교해보면 결과 이미지가 더 선명해졌음을 알 수 있습니다. CNN은 부분적인 특징점을 잘 잡기 때문에 특히 이미지의 복잡도가 높은 경우 완전 연결 계층으로 처리한 결과와 대비하여 더 우수한 성능을 보입니다.

전체 코드

이 책의 깃허브에서 이번 예제를 내려받을 수 있습니다.

- 깃허브 파일명: ex6_2_ae_conv_mnist_mc.py
- 깃허브 주피터: nb_ex6_2_ae_conv_mnist_mc.ipynb

윈도우, 맥OS, 우분투에서 다음과 같은 명령으로 실행합니다.

```
$ python ex6_2_ae_conv_mnist_mc.py
```

예제 6-2 합성곱 계층을 이용한 AE

❶ ```python
# 합성곱 AE 모델링
from keras import layers, models

def Conv2D(filters, kernel_size, padding='same', activation='relu'):
    return layers.Conv2D(filters, kernel_size, padding=padding,
                         activation=activation)

class AE(models.Model):
    def __init__(self, org_shape=(1, 28, 28)):
        # Input
        original = layers.Input(shape=org_shape)

        # encoding-1
        x = Conv2D(4, (3, 3))(original)
        x = layers.MaxPooling2D((2, 2), padding='same')(x)

        # encoding-2
        x = Conv2D(8, (3, 3))(x)
        x = layers.MaxPooling2D((2, 2), padding='same')(x)

        # encoding-3: encoding output: 7x7 pixels
        z = Conv2D(1, (7, 7))(x)

        # decoding-1
        y = Conv2D(16, (3, 3))(z)
        y = layers.UpSampling2D((2, 2))(y)

        # decoding-2
        y = Conv2D(8, (3, 3))(y)
        y = layers.UpSampling2D((2, 2))(y)

        # decoding-3
        y = Conv2D(4, (3, 3))(y)
```
```

```
    # decoding & Output
    decoded = Conv2D(1, (3, 3), activation='sigmoid')(y)

    super().__init__(original, decoded)
    self.compile(optimizer='adadelta', loss='binary_crossentropy',
                 metrics=['accuracy'])
```

❷ # 데이터 준비 및 학습 효과 분석
```
from ex4_1_cnn_mnist_cl import DATA
from keraspp.skeras import plot_loss, plot_acc
import matplotlib.pyplot as plt
```

❸ # 합성곱 AE 결과 시각화
```
from keras import backend

def show_ae(autoencoder, data):
    x_test = data.x_test
    decoded_imgs = autoencoder.predict(x_test)
    print(decoded_imgs.shape, data.x_test.shape)

    if backend.image_data_format() == 'channels_first':
        N, n_ch, n_i, n_j = x_test.shape
    else:
        N, n_i, n_j, n_ch = x_test.shape

    x_test = x_test.reshape(N, n_i, n_j)
    decoded_imgs = decoded_imgs.reshape(decoded_imgs.shape[0], n_i,
                                        n_j)

    n = 10
    plt.figure(figsize=(20, 4))
    for i in range(n):

        ax = plt.subplot(2, n, i + 1)
        plt.imshow(x_test[i])
        # plt.gray()
        ax.get_xaxis().set_visible(False)
        ax.get_yaxis().set_visible(False)

        ax = plt.subplot(2, n, i + 1 + n)
```

```
        plt.imshow(decoded_imgs[i])
        # plt.gray()
        ax.get_xaxis().set_visible(False)
        ax.get_yaxis().set_visible(False)
    plt.show()

❹ # 합성곱 AE 학습 및 성능 평가
  def main(epochs=20, batch_size=128):
      data = DATA()
      autoencoder = AE(data.input_shape)

      history = autoencoder.fit(data.x_train, data.x_train,
                                epochs=epochs,
                                batch_size=batch_size,
                                shuffle=True,
                                validation_split=0.2)

      plot_acc(history)
      plt.show()
      plot_loss(history)
      plt.show()

      show_ae(autoencoder, data)
      plt.show()

  if __name__ == '__main__':
      main()
```

6.4 마치며

인공신경망으로 구현하는 비지도학습 방법인 AE에 대해 알아봤습니다. AE는
부호화와 복호화 단계가 연속으로 붙어 있어서 자기 데이터를 부호화시킨 후에
다시 복호화합니다. 이 과정을 거쳐 데이터의 주요 특징점을 뽑아냅니다. 이렇게
뽑은 특징점 정보는 데이터 압축, 효율적인 분류망 구성, 배경 잡음 억제 등에 활
용할 수 있습니다.

또한 이 장에서는 완전 연결 계층을 이용한 AE와 합성곱 계층을 이용한 AE를 구현했습니다.

인공지능 기술이 지도학습에서 비지도학습으로 발전하면서 인공지능의 활용 범위가 더 넓어졌습니다. 사실 대부분의 데이터에 레이블 정보가 없어 지도학습만으로는 한계가 있습니다. 그러나 AE 등 비지도학습 인공신경망의 구현과 응용 방법을 알고 나면 인공지능의 활용 범위를 무궁무진하게 늘릴 수 있습니다.

7장에서는 또 다른 흥미로운 비지도학습 방법을 다룹니다.

케라스로 구현하는 GAN

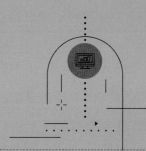

GAN의 원리를 이해하고 완전 연결 계층과 합성곱 계층을 이용한 GAN의 구현 방법을 익힙니다.

CHAPTER 7

케라스로 구현하는
GAN

생성적적대신경망 Generative Adversarial Network, GAN 은 경쟁하여 최적화를 수행하는 생성형 신경망입니다. GAN 내부의 두 신경망이 상호 경쟁하면서 학습합니다. 두 신경망 중의 하나는 **생성망**이고 다른 하나는 **판별망**입니다. 이 장에서 다루는 내용은 다음과 같습니다.

- GAN 원리
- 확률분포 생성을 위한 완전 연결 계층 GAN 구현
- 필기체를 생성하는 합성곱 계층 GAN 구현

7.1 GAN 원리

GAN은 경쟁적 학습 방법을 이용하는 생성형 인공지능입니다. 이 절에서는 GAN의 목적, 개념, 구조 그리고 GAN을 구성하는 생성망과 판별망에 대해 알아보겠습니다.

7.1.1 GAN의 목적과 개념

GAN은 생성형 인공지능 방식으로 **실제 데이터**^{Real data}와 비슷한 확률분포를 가지는 **허구 데이터**^{Fake data}를 생성합니다. 허구 데이터는 GAN에서 만들어진 데이터이기 때문에 **생성 데이터**라고도 합니다. 예를 들어 GAN은 실제 데이터로 얼굴 사진을 제공하면 비슷한 확률분포를 가지는 새로운 허구 얼굴 사진을 생성합니다. 반면 DNN, CNN과 같은 판별형 신경망은 데이터의 레이블을 학습하여 데이터를 판별합니다.

그럼 GAN의 기본 개념을 알아봅시다. DNN은 레이블이 있는 정보를 학습하는 지도학습 방식이지만 GAN은 레이블이 없는 정보를 다루는 비지도학습입니다.

GAN에서 입력 데이터는 **무작위 잡음**이고 출력 데이터는 입력 데이터보다 높은 차원으로 구성됩니다. 입력한 무작위 잡음은 출력 데이터와 상관이 없기 때문에 GAN은 비지도형의 생성형 신경망입니다. 출력 데이터는 특정 분포도를 갖는 데이터로 가정합니다. 예를 들어 필기체 숫자나 사람의 얼굴 사진 등이 될 수 있습니다. 학습을 마친 GAN에 새로운 무작위 잡음을 입력하면 학습한 실제 데이터와 유사한 형태의 허구 데이터를 출력합니다. 예를 들어 필기체 숫자나 사람의 얼굴을 학습시키면 학습시킨 것과 비슷한 필기체 숫자나 사람의 얼굴이 나옵니다. 잡음은 이론적으로 무한한 변이가 가능하므로 출력으로 나온 결과는 학습에 사용한 그 어떤 데이터와도 완전히 같지는 않습니다.

7.1.2 GAN의 구조

GAN 인공신경망이 어떻게 구성되어 있는지 알아봅니다.

GAN 인공지능은 경쟁적인 방법으로 학습을 수행합니다. GAN은 [그림 7-1]과 같이 두 망이 복합 구성되어 있습니다. 첫 번째는 생성망이고 다음은 판별망입니다. 학습의 목적은 학습한 실제 데이터와 같은 확률분포를 가지는 새로운 허구 데이터를 만들도록 생성망을 학습시키는 겁니다.

생성망이 실제 데이터와 확률분포상 유사한 데이터를 만들려면 GAN의 학습이 잘 진행되어야 합니다. 판별망은 실제 데이터인지 만들어진 허구 데이터인지를 더 잘 구분하도록 학습하고, 생성망은 학습을 통해 판별망을 더 잘 속이도록 학습합니다. 이 두 과정을 계속 순환하면서 학습하는 방법이 경쟁적 학습법입니다.

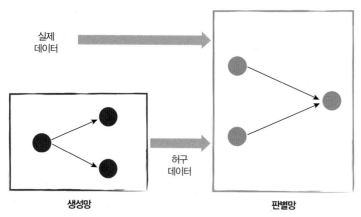

그림 7-1 GAN의 구조

7.1.3 GAN의 동작 원리

GAN을 구성하는 두 가지 신경망인 생성망과 판별망의 동작 원리를 알아봅니다.

GAN에서 생성망은 주어진 데이터와 유사한 허구 데이터를 생성합니다. 허구 데이터는 생성망이 저차원의 무작위 데이터를 가공해 만들게 됩니다. 이때 허구 데이터는 실제 데이터와 확률분포가 최대한 비슷하게 만들어집니다.

GAN에서 판별망은 입력받은 데이터가 생성망에서 만든 허구 데이터인지 아니면 학습을 위해 주어진 실제 데이터인지를 구분합니다. 허구 데이터인지 실제 데이터인지를 구분할 수 있게 된 판별망은 그 결과를 생성망을 학습하는 데 사용하도록 제공합니다.

이런 두 생성망과 판별망의 학습을 반복해서 수행하면 허구 이미지가 점점 실제 이미지와 유사하게 됩니다. 판별망은 앞서 생성망에 의해 만들어진 허구 이미지와 주어진 실제 이미지를 효율적으로 판별할 수 있도록 점진적으로 학습을 진행합니다. 현재의 발전된 생성망의 결과를 허구로 판별할 수 있도록 상호 공진화하는 방식입니다.

GAN에서도 이미지를 판별하고 생성할 때 합성곱 계층을 사용하면 완전 연결 계층보다 더 효과적인 처리를 할 수 있습니다. 계속해서 예제를 통해 두 경우 모두에 대해 알아보겠습니다.

7.1.4 GAN의 동작 사례

GAN을 제안한 이안 굿펠로우의 논문[13]에 제시된 예제를 활용하여 GAN이 어떻게 구현되는지 알아봅니다. [그림 7-2]는 GAN이 입력된 확률변수를 변환 시켜 원하는 확률변수로 바꾸어 출력하는 예를 보여줍니다.

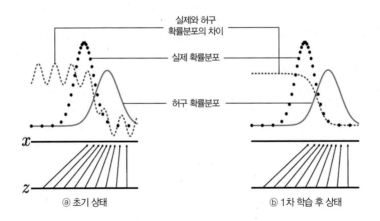

---

13 Goodfellow, Ian; Pouget-Abadie, Jean; Mirza, Mehdi; Xu, Bing; Warde-Farley, David; Ozair, Sherjil; Courville, Aaron; Bengio, Yoshua (2014). Generative Adversarial Nets (PDF). Proceedings of the International Conference on Neural Information Processing Systems (NIPS 2014). pp. 2672-2680.

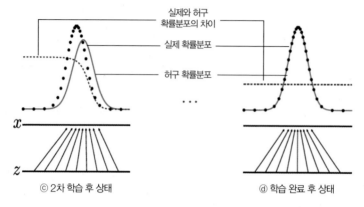

실제와 허구
확률분포의 차이

실제 확률분포

허구 확률분포

. . .

x

z

ⓒ 2차 학습 후 상태   ⓓ 학습 완료 후 상태

그림 7-2 GAN을 통한 확률분포 학습 경과

이제 판별망의 동작 원리를 알아봅니다. 판별망의 동작원리를 [그림 7–3]에 도식화하였습니다.

판별망은 **무작위 잡음 벡터 Z**를 입력받아 생성하는 생성망의 결과를 판별하는 신경망입니다. 이번 사례에서 무작위 잡음 벡터는 실제 데이터와 다른 분포를 둡니다. 일반적으로 판별망은 개별 이미지가 무엇인지 판별하는 데 사용됩니다. 그렇지만 GAN의 판별망은 개별 이미지가 아닌 이미지의 확률분포를 판별합니다. 판별망은 실제 데이터와 생성망이 만든 허구 데이터의 확률분포 차이를 판별하도록 학습됩니다.

목표 데이터를 참, 즉 1로 판별하는 과정은 [그림 7–3]의 ⓐ 흐름도와 같습니다. 먼저 실제 데이터의 일부를 판별망에 입력합니다. 실제 데이터 전체에서 일부를 가져오는 방식은 일반적인 배치 처리와 같이 이루어집니다. **미분 가능한 판별 함수인 D**가 실제 데이터의 샘플을 1로 판별할 수 있도록 학습시킵니다. 판별 함수 D는 정확도가 높은 판별을 위해 신경망으로 구성합니다.

생성 데이터를 거짓, 즉 0으로 판별하는 단계는 [그림 7–3]의 ⓑ 흐름도와 같습니다. GAN은 실제 데이터의 확률분포와 다른 임의의 확률분포를 가진 무작위 잡음을 만듭니다. 만들어진 무작위 잡음을 **미분 가능한 생성 함수 G**에 통과시킵니다. 여기서도 복잡한 확률분포를 변환하기 위해 생성 함수 G를 신경망으로 구성합니다. 다음으로 생성 함수 G가 생성한 데이터를 추출합니다. 추출된 데이터를 목표 데이터와 마찬가지로 판별 함수 D에 통과시킵니다. 판별 함수는 실제 데이터 판별에 사용한 신경망을 한 번 더 사용합니다. 판별값은 거짓 즉 0이 되어야 합니다.

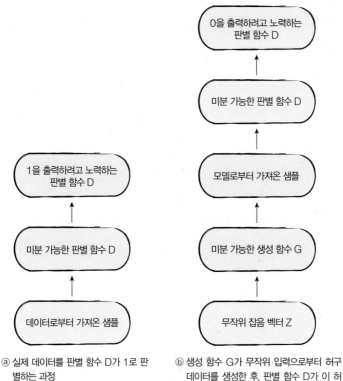

ⓐ 실제 데이터를 판별 함수 D가 1로 판별하는 과정

ⓑ 생성 함수 G가 무작위 입력으로부터 허구 데이터를 생성한 후, 판별 함수 D가 이 허구 데이터를 0으로 판별하는 과정

그림 7-3 판별망의 동작 원리

판별값은 실제 데이터를 입력하면 1, 생성 데이터를 입력하면 0이어야 합니다. 이 판별은 학습 과정이 진행되면서 점점 명확해집니다. 초기 생성망은 임의의 형태로 구성된다고 가정합니다. 판별망을 학습시킬 때 생성망까지 학습되면 안 되므로 생성망의 가중치는 학습이 되지 않도록 고정해야 합니다. 이제 판별에 들어가는 입력은 실제 데이터에서 추출한 배치 데이터와 생성망에서 만든 허구 데이터로 구성됩니다. 그리고 목표 출력값은 각 데이터 군별로 1과 0에 해당합니다. 이런 조건으로 판별망 학습을 진행합니다. 단, 판별망 학습 이후에 생성망이 또다시 진화되기 때문에, 순환적으로 계속 판별망을 학습시키는 점은 기존의 일반 판별망과 다릅니다. 이는 신경망을 구성하는 부분에서 좀 더 자세히 다룹니다.

판별망 학습이 끝나면 생성망을 학습할 차례입니다. 우선 생성망의 결과가 판별망으로 들어가도록 가상 신경망 모델을 구성합니다. 이를 '**생성망 최적화를 위한 학습용 생성 함수 GD**' 또는 '**학습용 생성망**'이라고 합니다. 주의할 점은 이 학습용 생성망은 새로운 신경망이 아니라 기존의 생성망과 판별이 합쳐진 가상 신경망이라는 점입니다. 또한 이 학습용 생성망 모델에서 판별망 부분은 학습이 되지 않도록 가중치를 고정합니다. 이렇게 하면 학습용 생성망에서 판별망은 무작위 잡음 벡터 Z로부터 생성된 허구 이미지가 얼마나 실제 이미지와 유사한지 판별한 결과를 내게 됩니다. 그리고 이 판별한 결과가 모두 실제가 되도록 생성망을 학습합니다. 허구인지 실제인지 구분한 결과는 일반적인 분류망에서와 마찬가지로 교차 엔트로피로 계산하게 됩니다. 궁극적으로 쿨백–라이블러 발산^{Kullback-Leibler Divergence, KLD}을 계산하는 형태로 진행이 됩니다.

학습용 생성망의 학습을 통해 생성망은 한 단계 진화합니다.

진화된 생성망은 또다시 무작위 입력 벡터 Z에 대해 이미지 변환을 수행합니다. 이렇게 판별망과 생성망의 학습이 한 번씩 실행되면 GAN 전체 학습이 한 번 수행된 겁니다. 이 전체 최적화와 각 망의 부분 최적화를 병행하면서 GAN은 점점 목표한 최적 단계로 발전합니다. 결국 임의의 정규분포 입력의 분포를 조절하여 실제 이미지를 생성하도록 발전합니다. 최적화가 완전히 끝나면 이론적으로는 생성망의 결과와 실제 이미지를 판별망이 구분하지 못하게 됩니다. 이런 경지를 달성하려면 각 생성망과 판별망이 최적으로 구성되고 둘의 밸런스도 맞아야 합니다.

7.2 확률분포 생성을 위한 완전 연결 계층 GAN 구현

GAN을 이용해 정규분포 신호를 생성하는 방법을 다룹니다. 이 예제는 GAN을 처음 제안한 논문에 게재된 예제입니다. 생성을 위해 입력되는 무작위 잡음 벡터 Z는 균등분포 확률 신호인데 출력은 정규분포 확률 신호로 만들어 내게 됩니다. 이제 순차적으로 구현해보겠습니다.

7.2.1 패키지 가져오기

❶ 확률분포 생성 GAN을 구현하는 데 필요한 패키지 가져오기 단계를 살펴봅니다.

GAN의 구현에 필요한 행렬 계산을 다루는 넘파이와 그래픽을 담당하는 맷플롯 라이브러리를 가져옵니다.

```
import numpy as np
import matplotlib.pyplot as plt
```

다음은 인공지능 구현에 필요한 케라스 서브패키지를 불러옵니다.

```
from keras import models
from keras.layers import Dense, Conv1D, Reshape, Flatten, Lambda
```

최적화에 사용되는 클래스와 백엔드 패키지도 가져옵니다.

```
from keras.optimizers import Adam
from keras import backend as K
```

Adam 클래스를 가져온 이유는 최적화에 사용하는 매개변수를 코드에서 변경하기 위해서입니다. 케라스는 컴파일 단계에서 optimizer를 문자열로 지정하면 매개변수가 기본값으로 최적화됩니다. 따라서 최적화 매개변수값을 변경하길 원한다면 해당 최적화 클래스를 가져오기 바랍니다.

7.2.2 데이터 생성 클래스 만들기

❷ GAN에 적용할 데이터 관리 클래스를 다음과 같이 만듭니다.

```
class Data:
    def __init__(self, mu, sigma, ni_D):
        self.real_sample = lambda n_batch: np.random.normal(mu,
                                sigma, (n_batch, ni_D))
        self.in_sample = lambda n_batch: np.random.rand(n_batch, ni_D)
```

GAN에는 두 가지 데이터가 필요합니다. 첫 번째는 GAN으로 흉내 내고자 하는 실제 데이터입니다. 두 번째는 실제 데이터와 통계적 특성이 다른 무작위 잡음 데이터입니다. 이 둘을 만들려면 확률변수를 생성하는 함수가 필요합니다.

정규분포 확률변수는 numpy 아래에 random.normal() 함수로 생성합니다. random.normal() 함수를 활용해서 확률변수를 생성하는 함수를 lambda로 만들어 반환합니다. 이 함수를 이용하면 추후 원하는 수만큼 확률변수를 만들 수 있습니다. 그리고 인자를 위한 확률은 random.rand()를 사용해 연속균등분포로 지정합니다.

7.2.3 GAN 모델링

❸ 다음과 같은 순서로 GAN을 모델링합니다.

1 호출한 클래스 외부 함수 만들기: add_decorate( ), add_decorate_shape(input_
shape), model_compile( )

2 클래스 초기화 함수: __init__( )

3 판별망 구현 멤버 함수: gen_D( )

4 생성망 구현 멤버 함수: gen_G( )

5 학습용 생성망 구현 멤버 함수: make_GD( )

6 판별망 학습 멤버 함수: D_train_on_batch( )

7 학습용 생성망 학습 멤버 함수: GD_train_on_batch( )

먼저 GAN 모델 구성에 사용될 3개의 함수를 만듭니다.

람다 계층의 처리 함수인 add_decorate( )를 만듭니다.

```
def add_decorate(x):
    m = K.mean(x, axis=-1, keepdims=True)
    d = K.square(x - m)
    return K.concatenate([x, d], axis=-1)
```

이 함수는 입력 벡터에 새로운 벡터를 추가합니다. 새로운 벡터는 입력 벡터의
각 요소에서 벡터 평균을 뺀 값을 제곱한 값을 가집니다(즉, $(x-m)^2$한 값). 벡
터 추가는 K.concatenate( ) 엔진 함수로 구현합니다. 입력 벡터와 추가 벡터를
연속으로 붙여서 새로운 벡터를 만듭니다. 붙이는 위치를 지정하는 인자 axis를
−1로 설정했습니다. 벡터의 가장 마지막 차원을 서로 연결하라는 의미입니다.

출력 데이터의 모양을 지정하는 add_decorate_shape(input_shape)를
만듭니다.

```
def add_decorate_shape(input_shape):
    shape = list(input_shape)
    assert len(shape) == 2
    shape[1] *= 2
    return tuple(shape)
```

이 함수는 원래의 입력 데이터 모양인 input_shape를 입력받아 람다 계층의
처리 함수가 돌려주는 출력 벡터의 크기를 설정하는 형태로 구성됩니다.

컴파일 단계가 끝나고 학습 단계에서 처리 함수가 계산되면 출력 벡터의 크기
가 반환되지만 케라스에서는 이렇게 add_decorate_shape()를 이용해 그 크
기를 컴파일 이전에 명시해 주어야 합니다. 왜냐하면 케라스는 컴파일할 때 신경
망의 구조를 설정하는데, 그러려면 컴파일 시점에서 각 계층의 입력과 출력 크기
를 알 수 있어야 하기 때문입니다. 입력을 처리하는 add_decorate()에서 입력
노드의 크기가 출력 시 두 배로 바뀌었습니다. 따라서 여기서도 두 배에 해당하는
shape를 출력합니다. shape[0]은 배치 크기이기 때문에 바꾸지 않습니다. 참고
로 배치 크기는 실제 학습 단계에서 결정됩니다.

정의한 신경망을 컴파일하는 model_compile()을 구현합니다.

```
lr = 2e-4  # 0.0002
adam = Adam(lr=lr, beta_1=0.9, beta_2=0.999)
def model_compile(model):
    return model.compile(loss='binary_crossentropy', optimizer=adam,
                         metrics=['accuracy'])
```

model.compile()을 기본 학습 매개변수로 실행할 때는 optimizer = 'adam'
과 같이 최적화 함수의 이름만 지정하면 되지만 원하는 매개변수로 설정하려면
해당하는 최적화 클래스를 지정해야 합니다. 여기서는 Adam 클래스를 사용하여

학습 속도를 2e-4, beta 값을 (0.9, 0.999)로 설정했습니다.

이제 GAN의 판별망과 생성망을 모델링하는 클래스의 초기화 함수를 만들겠습니다.

```
class GAN:
    def __init__(self, ni_D, nh_D, nh_G):
        self.ni_D = ni_D
        self.nh_D = nh_D
        self.nh_G = nh_G

        self.D = self.gen_D()
        self.G = self.gen_G()
        self.GD = self.make_GD()
```

멤버 변수로 판별망의 입력 길이(ni_D), 판별망의 두 은닉 계층의 노드 수 (nh_D), 생성망의 두 은닉 계층의 노드 수(nh_G)를 지정합니다. gen_D(), gen_G(), make_GD()를 실행 시켜 판별망, 생성망, 학습형 생성망을 구성하여 멤버 변수인 D, G, GD에 담습니다.

판별망을 구현하는 멤버 함수를 만듭니다. GAN 모델에서 구현할 판별망은 [그림 7-4]와 같습니다.

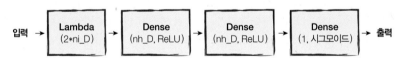

그림 7-4 GAN 모델에서 구현할 판별망의 구조

판별망은 입력과 출력 계층을 포함하여 여섯 계층으로 구성됩니다. 입력 계층 다음은 **람다 계층**입니다. 그다음은 두 개의 은닉 계층이고 마지막은 출력 계층입니다. 두 은닉 계층과 출력 계층은 모두 완전 연결 계층으로 구성됩니다.

[그림 7-4]에 나온 판별망을 케라스의 연쇄 방식으로 구현합니다.

```
def gen_D(self):
    ni_D = self.ni_D
    nh_D = self.nh_D
    D = models.Sequential()
    D.add(Lambda(add_decorate, output_shape=add_decorate_shape,
                input_shape=(ni_D,)))
```

입력 신호를 변형하는 계층을 케라스에서 제공하는 Lambda 클래스를 사용해 만들 수 있습니다. Lambda 클래스는 계층의 동작을 처리하는 함수인 add_decorate()와 계층을 통과한 출력 텐서의 모양인 output_shape를 입력받습니다.

```
    D.add(Dense(nh_D, activation='relu'))
    D.add(Dense(nh_D, activation='relu'))
    D.add(Dense(1, activation='sigmoid'))

    model_compile(D)
    return D
```

은닉 계층이 될 처음 두 Dense()는 nh_D만큼의 노드로 구성되어 있고 활성화 함수로 ReLu를 사용합니다. 출력 계층이 될 마지막 Dense()는 노드 하나로 구성되어 있고 활성화 함수로 시그모이드를 사용합니다. 판별망의 구성을 완료했으니 model_compile()로 컴파일합니다.

이제 생성망을 구현하는 멤버 함수를 만듭니다. 생성망의 구조는 [그림 7-5]와 같습니다.

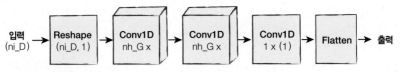

그림 7-5 생성망의 구조

생성망 모델링도 판별망처럼 연쇄 방식으로 구성합니다.

```
def gen_G(self):
    ni_D = self.ni_D
    nh_G = self.nh_G
    G = models.Sequential()  # (Batch, ni_D)
```

생성망에서 생성된 확률변수가 주어진 확률변수와 같은 확률분포를 가지는지 판별망으로 판단하려면 확률변수 여럿이 필요합니다. 이를 위해서 생성망은 매번 ni_D만큼의 확률변수를 생성합니다.

```
G.add(Reshape((ni_D, 1), input_shape=(ni_D,)))
```

각 확률변수는 서로 독립적으로 생성합니다. 이를 위해 각 층은 1차원 합성곱을 사용하여 구성합니다. 생성망에 들어가는 입력 데이터의 모양은 (Batch, input_dim)입니다. 1차원 합성곱 계층에 벡터 입력을 넣으려면 (Batch, steps, input_dim)으로 데이터 차원을 확대해야 합니다. Reshape()를 사용해서 input_dim이 steps 축으로 전환하면 됩니다.

차원을 확대한 후 두 1차원 합성곱 계층을 거쳐 확률변수의 확률분포를 바꿔줍니다.

```
G.add(Conv1D(nh_G, 1, activation='relu'))
G.add(Conv1D(nh_G, 1, activation='sigmoid'))
```

특정 범위에 들어온 입력을 목표하는 확률분포와 최대한 같은 범위로 바꿉니다. 이때 1차원 합성곱은 Conv1D(nh_G, 1, ...)로 계산합니다. nh_D는 변환에 사용할 필터 수입니다. 필터 수를 늘려주면 입력 신호의 범위를 좀 더 세분화해서 처리할 수 있습니다. 각 필터의 출력은 입력 신호의 분포가 목표 신호의 분포와 비슷해지도록 만듭니다. 그리고 두 번째 입력값인 1은 커널 크기를 말하며 입력 벡터 간의 상관도를 높여주는 역할을 합니다. 출력 변수의 확률분포도 인자의 확률분포와 마찬가지로 서로 다른 확률변수끼리는 독립이라고 가정했기 때문입니다. 합성곱 이후에 통과할 활성화 함수는 정밀한 조정을 위해 한 번은 ReLU로 하고 다른 한 번은 시그모이드로 설정합니다.

중간 과정에서는 필터 nh_G개로 처리를 했지만 마지막에는 출력이 하나여야 합니다.

```
G.add(Conv1D(1, 1))
```

두 번의 합성곱 계층에 의한 변환이 끝나면 다시 1차원 벡터로 복구합니다.

```
G.add(Flatten())
```

추후 판별망은 완전 연결 계층으로 판별하기 때문에 생성망의 출력을 1차원으로 바꾸는 겁니다.

참고로 케라스는 입력 데이터의 모양을 1차원으로 지정해도 내부에서는 2차원으로 동작합니다. 케라스 내부에서 다루는 2차원에서 추가된 차원은 배치 처리의 크기 즉 배치 처리 단위로 사용되는 데이터 수에 해당합니다. 따라서 케라스에서 첫 번째 차원을 실제 모델링에서 지정하지 않아도 돼 편리합니다. 다만, 9.3절에

서 다루는 고급 기능인 람다 계층이나 손실 함수에서 K.mean(), K.square()
와 같은 엔진 함수를 사용하는 경우는 배치 크기를 지정해야 합니다.

생성망 모델링이 끝나면 처음에 만들었던 model_compile() 함수로 모델을
컴파일합니다.

```
model_compile(G)
    return G
```

컴파일된 모델을 멤버 함수 gen_G()의 출력값으로 반환합니다.

이제 학습용 생성망을 구현하는 멤버 함수를 만듭니다. 학습용 생성망은 생성망
을 학습시키는 가상 신경망입니다. 이는 생성망의 상단에 판별망을 달아주어 구
현합니다. 이때 판별망의 가중치는 학습 중에 변하지 않도록 해야 합니다.

```
def make_GD(self):
    G, D = self.G, self.D
    GD = models.Sequential()
    GD.add(G)
    GD.add(D)

    D.trainable = False
    model_compile(GD)
    D.trainable = True
    return GD
```

models.Sequential()로 가상 모델 GD를 만듭니다. 그 후 add() 멤버 함
수로 생성망 G를 포함합니다. 이때 GD와 G는 같은 형태입니다. 즉 가중치를 공
유합니다. 둘은 이름만 다를 뿐 같은 모델입니다.

다음 단계에서 다시 멤버 함수 add()로 판별망 D를 가상의 신경망 GD에 포

함합니다. 순서상으로 상단에 D가 위치합니다. 이렇게 하면 학습용 생성망의 모델이 만들어집니다.

마지막으로 컴파일합니다. 먼저 D가 학습되지 않도록 trainable을 끕니다. 이제 GD를 컴파일합니다. 다시 trainable을 켭니다.

만들어진 GD를 멤버 함수 make_GD()의 출력값으로 반환합니다.

다음으로 판별망의 학습을 진행하는 함수를 만들겠습니다. 새로운 함수가 필요한 이유는 GAN이 비지도형 신경망이라서 일반적인 지도형 학습을 사용할 수 없기 때문입니다.

판별망의 학습을 진행하는 함수를 구현합니다.

```python
def D_train_on_batch(self, Real, Gen):
    D = self.D
    X = np.concatenate([Real, Gen], axis=0)
    y = np.array([1] * Real.shape[0] + [0] * Gen.shape[0])
    D.train_on_batch(X, y)
```

판별망은 생성망이 만든 출력을 허구 즉 0으로 판단하고, 실제 신호를 1로 판단합니다. 이를 한꺼번에 학습하고자 실제 신호 벡터와 생성망이 만든 허구 신호 벡터를 넘파이 라이브러리가 제공하는 concatenate() 함수로 연결합니다. 또한 목푯값 벡터도 앞쪽 반은 1, 뒤쪽 반은 0으로 만듭니다. 그렇게 하면 D.train_on_batch()로 판별망을 학습할 때 실제와 허구 데이터 둘 다를 이용해 손실값을 계산합니다.

그 후에 연결된 벡터를 입력, 만들어진 목푯값 벡터를 출력으로 해서 모델의 멤버 변수 train_on_batch()로 학습시킵니다. 여기서 사용하는 train_on_batch()는 앞서 사용했던 fit()과는 처리하는 데이터양이 다릅니다. fit()은 전체 데이터를 입력받아 배치 처리로 반복 학습하는데, train_on_batch()는 배치 크기의 데이터만 입력받고 1회만 학습합니다.

학습용 생성망을 학습시키는 멤버 함수를 만듭니다.

```
def GD_train_on_batch(self, Z):
    GD = self.GD
    y = np.array([1] * Z.shape[0])
    GD.train_on_batch(Z, y)
```

학습용 생성망도 판별망의 학습과 마찬가지로 어떤 값을 목표로 할지 지정했습니다. 생성망에서 출력되는 허구값을 판별망에서 실젯값으로 판별하도록 학습해야 하므로 목표 출력값을 모두 1로 설정했습니다. 그리고 생성망에 들어가는 입력값을 입력으로 하고 모두 1로 설정한 벡터를 출력으로 하여 train_on_batch()를 이용해 학습하도록 했습니다.

7.2.4 머신 구현하기

❹ 머신은 데이터와 모델로 GAN을 학습하고 성능을 평가하는 인공신경망 전체를 총괄하는 객체입니다. 여기서는 Machine 클래스로 머신 객체를 구현합니다.

먼저 머신 내부를 구현합니다. 멤버 함수별로 구분하여 다음과 같은 순서로 살펴봅니다.

1 클래스 초기화 함수: __init__()

2 실행 멤버 함수: run()

3 에포크 단위 실행 멤버 함수: run_epochs()

4 학습 진행 멤버 함수: train()

5 매 순간 학습 진행 멤버 함수: train_each()

6 판별망 학습 멤버 함수: train_D()

7 학습용 생성망 학습 멤버 함수: train_GD( )

8 성능 평가 및 그래프 그리기 멤버 함수: test_and_show( )

9 상황 출력 정적 함수: print_stat( )

머신 클래스 초기화 함수를 만듭니다. 먼저 변수 G, D, GD는 각각 생성망, 판별망, 학습용 생성망을 지칭합니다.

GAN이 임의의 통계 특성을 지닌 정규분포를 생성하도록 평균값과 표준편차를 4와 1.25로 설정합니다.

```
class Machine:
    def __init__(self, n_batch=10, ni_D=100):
        data_mean = 4
        data_stddev = 1.25
        self.data = Data(data_mean, data_stddev, ni_D)
```

판별망이 한꺼번에 받아들일 확률변수 수(ni_D)를 100개로 설정합니다.

GAN 객체로 GAN 모델의 인스턴스를 만듭니다. GAN을 구성하는 2가지 신경망인 판별망과 생성망 은닉 계층의 노드 수를 모두 50으로 설정합니다.

```
        self.gan = GAN(ni_D=ni_D, nh_D=50, nh_G=50)
```

다음으로 배치 단위를 설정합니다. 또한 생성망과 판별망의 배치별 최적화 횟수도 정합니다.

```
        self.n_batch = n_batch
        self.n_iter_D = 1
        self.n_iter_G = 1
```

판별망(D)와 생성망(G)의 배치마다 에포크를 다르게 가져갈 수도 있습니다. 기본은 한 번 배치가 수행될 때 판별망이 한 번 학습되고 생성망이 한 번 학습되는 겁니다. GAN을 처음 제안한 논문에는 배치별로 판별망을 생성망보다 더 많이 학습하면 최적화에 도움이 된다고 언급했습니다. 몇 번을 더 학습하는지는 초매개변수로 설정할 수 있으며 논문에서는 1회씩을 사용했습니다.

머신 클래스의 실행을 담당하는 멤버 함수인 run()을 만듭니다. 이 함수는 n_show번 학습이 진행될 때마다 그 결과를 그래프로 표시합니다.

```
def run(self, n_repeat=30000 // 200, n_show=200, n_test=100):
    for ii in range(n_repeat):
        print('Stage', ii, '(Epoch: {})'.format(ii * n_show))
        self.run_epochs(n_show, n_test)
        plt.show()
```

run_epochs() 함수는 호출될 때마다 학습을 n_show번 수행합니다.

이제 에포크 단위로 실행을 담당하는 멤버 함수인 run_epochs()를 구현합니다. 이 함수는 첫 번째 입력 인자인 epochs만큼 학습을 진행합니다.

```
def run_epochs(self, epochs, n_test):
    self.train(epochs)
    self.test_and_show(n_test)
```

이 함수는 epochs만큼 학습을 진행하는 함수를 호출한 후, 학습된 신경망에 내부 성능 평가 데이터를 넣어서 그 성능을 결과 그래프를 보여주는 함수를 호출합니다.

GAN의 학습을 진행하는 멤버 함수를 만듭니다.

```
def train(self, epochs):
    for epoch in range(epochs):
        self.train_each()
```

이 함수는 에포크마다 멤버 함수인 train_each()를 호출해 학습합니다.

이제 에포크 단위로 학습하는 멤버 함수를 만듭니다. GAN의 학습은 판별망 D와 학습용 생성망 G의 반복 학습으로 진행됩니다.

GAN의 학습은 행동경제학에 나오는 포식자와 피식자 간의 공진화 과정을 묘사한 경쟁형 학습이 이루어집니다. 예를 들어 토끼가 G이고 호랑이가 D라고 보면 GAN 학습과 자연계에서의 공진화 과정의 유사성을 쉽게 알 수 있습니다. 호랑이는 토끼를 잡기 위해서, 토끼는 호랑이를 피하고자 점점 빨라지도록 진화됩니다. 결국 상호 경쟁을 통해 둘 다 발달하는 겁니다.

D가 약간 진화되면 G는 이에 맞추어 자신을 좀 더 진화시킵니다. D가 다음 단계로 진화되기 전에는 D가 어떻게 발전될지 예측하기 힘들기 때문에 D의 발전을 모니터링하지 않고 G를 진화시킬 수 없습니다. 때에 따라서는 D가 G보다 더 진화할 수도 있고 그렇지 않을 수도 있습니다.

그래서 D와 G의 학습이 매번 각 1회 이상 수행될 수 있게 합니다. 이번 예제에서는 단순화를 위해 각 1회씩 학습했습니다.

```
def train_each(self):
    for it in range(self.n_iter_D):
        self.train_D()
    for it in range(self.n_iter_G):
        self.train_GD()
```

판별망 D는 n_iter_D만큼 학습합니다.

다음은 학습용 생성망 GD를 학습합니다. GD도 매 epoch마다 n_iter_GD 만큼 반복 수행합니다. 판별망을 학습시키는 멤버 함수를 살펴보겠습니다.

```
def train_D(self):
    gan = self.gan
    n_batch = self.n_batch
    data = self.data
```

판별망의 멤버 변수를 판별망 학습 함수의 지역 변수에 저장했습니다. 이렇게 하면 어떤 멤버 변수가 함수 내에서 사용되었는지 알 수 있습니다.

data.real_sample() 함수로 실제 데이터에서 n_batch만큼 샘플을 가져옵니다. 실제 데이터는 정규분포를 따르는 샘플입니다.

```
Real = data.real_sample(n_batch)  # (n_batch, ni_D)
```

그리고 임의의 분포를 가지는 입력 샘플을 data.in_sample() 함수로 데이터 샘플 수와 같은 수만큼 만듭니다.

```
Z = data.in_sample(n_batch)  # (n_batch, ni_D)
```

입력 샘플의 분포를 균등분포로 정했습니다. 사실 GAN이 입력 데이터의 분포를 원하는 형태로 변형시키기 때문에 입력 분포의 유형은 크게 문제가 되지 않습니다.

다음은 입력 샘플을 생성기에 통과 시켜 생성망의 출력으로 바꿉니다.

```
Gen = gan.G.predict(Z)  # (n_batch, ni_D)
```

판별망은 학습용 생성망을 학습할 때는 학습이 되지 않도록 막아두기 때문에 gan.D.trainable을 True로 바꾸고 학습을 진행해야 합니다. 그렇지 않으면 가중치가 바뀌지 않습니다.

```
gan.D.trainable = True
```

이제 판별망을 학습합니다.

```
gan.D_train_on_batch(Real, Gen)
```

다음은 머신 클래스에 들어갈 학습용 생성망을 학습하는 멤버 함수입니다.

```
def train_GD(self):
    gan = self.gan
    n_batch = self.n_batch
    data = self.data
    Z = data.in_sample(n_batch)

    gan.D.trainable = False
    gan.GD_train_on_batch(Z)
```

n_batch만큼의 임의 분포 입력 샘플을 만들었습니다. 이 입력이 생성망에 들어가면 모든 판별망이 실제 샘플로 착각하도록 GD_train_on_batch()를 이용해 학습합니다.

학습용 생성망의 학습에는 실제 데이터를 다룰 필요가 없기 때문에 판별망 학습보다는 코드가 간단합니다.

현재까지 학습된 GAN 신경망의 성능을 평가하고 확률 예측 결과를 그래프로 그리는 멤버 함수를 만들겠습니다. 총 n_test만큼 데이터를 만들어서 test() 멤버 함수에 입력합니다.

```
def test_and_show(self, n_test):
    data = self.data
    Gen, Z = self.test(n_test)
    Real = data.real_sample(n_test)
    self.show_hist(Real, Gen, Z)
    Machine.print_stat(Real, Gen)
```

우선 무작위 잡음 데이터 Z와 이를 생성기에서 이미지로 변환한 이미지 데이터 Gen을 출력합니다. 또한 실제 이미지를 n_test만큼 가져와서 Real에 저장합니다. 이 새로운 데이터를 화면에 그립니다. 그리고 더 객관적인 성능 확인을 위해 Real과 Gen 데이터의 통계적 특성을 텍스트로 표시합니다.

학습 진행 경과에 대한 그래프를 그리는 멤버 함수를 구현합니다.

```
def show_hist(self, Real, Gen, Z):
    plt.hist(Real.reshape(-1), histtype='step', label='Real')
    plt.hist(Gen.reshape(-1), histtype='step', label='Generated')
    plt.hist(Z.reshape(-1), histtype='step', label='Input')
    plt.legend(loc=0)
```

내부 평가에 사용된 무작위 잡음 데이터(Z)와 생성 데이터(Gen)의 통계적 특성을 같은 수만큼의 실제 데이터들(Real)의 통계적 특성과 비교합니다. Real, Gen, Z의 통계적 특성을 plt.hist()를 사용해 표시합니다. plt.legend()는 그래프의 세 선을 구분하는 데 사용합니다. 각 그래프의 이름이 도표 설명(legend)으로 표시되어 구분하기 용이합니다.

생성망이 얼마나 실제 데이터의 확률분포를 따르는 데이터를 만드는지 확인하는 정적 멤버 함수를 만들겠습니다.

```
@staticmethod
def print_stat(Real, Gen):
    def stat(d):
        return (np.mean(d), np.std(d))
    print('Mean and Std of Real:', stat(Real))
    print('Mean and Std of Gen:', stat(Gen))
```

이 함수는 클래스의 멤버 변수나 멤버 함수를 이용하지 않기 때문에 정적 멤버 함수로 지정했습니다. 서브함수인 stat()은 벡터의 평균과 분산을 계산합니다. 이제 실제 데이터 벡터인 Real과 생성된 벡터 Gen의 통계 특성을 stat()로 구하여 화면에 출력합니다. 출력 결과는 7.2.5항을 참조하세요.

7.2.5 코드 수행과 결과 보기

❺ 머신의 인스턴스를 만들어 GAN을 동작시키고 결과를 확인합니다.

```
def main():
    machine = Machine(n_batch=1, ni_D=100)
```

매 에포크마다 길이가 100인 벡터 하나를 출력하도록 설정합니다.

이제 만들어진 머신을 수행합니다.

```
machine.run(n_repeat=200, n_show=200, n_test=100)
```

n_repeat은 전체를 반복하는 횟수이고, n_show는 결과를 표시할 총 에포크 수입니다. n_test는 내부 성능 평가 시 사용할 샘플 수입니다. 샘플이 많을수록 생성된 벡터의 확률분포를 더 명확하게 관찰할 수 있지만 그만큼 평가에 드는 계산량은 늘어납니다.

다음으로 명령행으로 코드를 수행했을 때 main() 함수가 실행되도록 합니다.

```
if __name__ == '__main__':
    main()
```

이렇게 하면 코드를 가져올 때는 main() 함수를 호출하지는 않지만 명령행으로 코드를 수행하면 main()이 호출됩니다.

NOTE 조건문으로 __name__을 검사하면 가져올 때는 동작하지 않고 명령행으로 수행할 때 동작하는 코드 블록을 만들 수 있습니다. 이 코드 블록은 $ python code.py와 같이 명령할 때만 동작합니다. 이는 __name__이라는 시스템 변수가 '__main__'으로 설정되어 있는지를 보고 정합니다. 시스템 변수 __name__은 파이썬 코드가 가져오기를 통해서 실행되었는지 아니면 명령행으로 실행되었는지에 따라 값이 다르게 설정됩니다. 명령행으로 실행하면 '__main__' 으로 설정됩니다.

아래에 다룰 전체 코드가 구성되었다는 전제하에 main()의 실행에 따라 machine.run()이 수행되면 200 에포크마다 진행 상황을 히스토그램 그래프로 출력됩니다.

[그림 7-6]에서 스테이지가 10과 199일 때 그래프를 확인할 수 있습니다. 히스토그램 그래프를 보면 에포크가 늘어나면 생성 데이터^{Generated}가 무작위 입력^{Input}과 점점 달라지고 stage 199에 이르면 생성 데이터가 실제 데이터^{Real}의 분포와 상당히 유사해집니다.

```
Stage 10 (Epoch: 2000)
Mean and Std of Real: (4.0045907577825668, 1.2679603318265402)
Mean and Std of Gen: (5.7426329, 1.4575386)

Stage 199 (Epoch: 39800)
```

```
Mean and Std of Real: (4.0118406006353116, 1.2650814852329646)
Mean and Std of Gen: (3.9300809, 1.2536126)
```

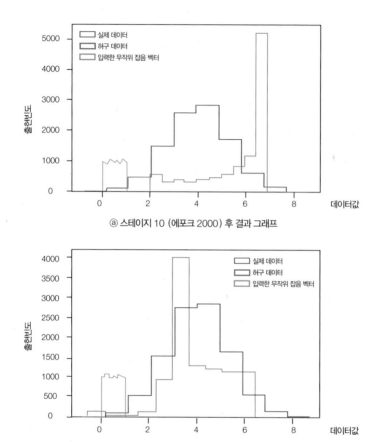

ⓐ 스테이지 10 (에포크 2000) 후 결과 그래프

ⓑ 스테이지 199 (에포크 39800) 후 결과 그래프

그림 7-6 GAN의 확률분포 생성 결과

전체 코드

이 책의 깃허브에서 이번 예제를 내려받을 수 있습니다.

- 깃허브 파일명: ex7_1_gan_dnn_prob.py
- 깃허브 주피터: nb_ex7_1_gan_dnn_prob.ipynb

이 파일은 윈도우, 맥OS, 우분투 모두에서 다음과 같이 실행합니다.

```
$ python ex7_1_gan_dnn_prob.py
```

예제 7-1 확률분포를 생성하는 완전 연결 계층 GAN

❶ # 패키지 가져오기
```python
import numpy as np
import matplotlib.pyplot as plt

from keras import models
from keras.layers import Dense, Conv1D, Reshape, Flatten, Lambda
from keras.optimizers import Adam
from keras import backend as K
```

❷ # 데이터 생성 클래스 만들기
```python
class Data:
    def __init__(self, mu, sigma, ni_D):
        self.real_sample = lambda n_batch: np.random.normal(mu, sigma,
                           (n_batch, ni_D))
        self.in_sample = lambda n_batch: np.random.rand(n_batch, ni_D)
```

❸ # GAN 모델링
```python
def add_decorate(x):
    m = K.mean(x, axis=-1, keepdims=True)
    d = K.square(x - m)
    return K.concatenate([x, d], axis=-1)


def add_decorate_shape(input_shape):
    shape = list(input_shape)
    assert len(shape) == 2
    shape[1] *= 2
    return tuple(shape)
```

```
lr = 2e-4  # 0.0002
adam = Adam(lr=lr, beta_1=0.9, beta_2=0.999)
def model_compile(model):
    return model.compile(loss='binary_crossentropy', optimizer=adam,
                         metrics=['accuracy'])


class GAN:
    def __init__(self, ni_D, nh_D, nh_G):
        self.ni_D = ni_D
        self.nh_D = nh_D
        self.nh_G = nh_G

        self.D = self.gen_D()
        self.G = self.gen_G()
        self.GD = self.make_GD()

    def gen_D(self):
        ni_D = self.ni_D
        nh_D = self.nh_G
        D = models.Sequential()
        D.add(Lambda(add_decorate, output_shape=add_decorate_shape,
                     input_shape=(ni_D,)))
        D.add(Dense(nh_D, activation='relu'))
        D.add(Dense(nh_D, activation='relu'))
        D.add(Dense(1, activation='sigmoid'))

        model_compile(D)
        return D

    def gen_G(self):
        ni_D = self.ni_D
        nh_G = self.nh_G

        G = models.Sequential()
        G.add(Reshape((ni_D, 1), input_shape=(ni_D,)))
        G.add(Conv1D(nh_G, 1, activation='relu'))
        G.add(Conv1D(nh_G, 1, activation='sigmoid'))
        G.add(Conv1D(1, 1))
        G.add(Flatten())
```

```
        model_compile(G)
        return G

    def make_GD(self):
        G, D = self.G, self.D
        GD = models.Sequential()
        GD.add(G)
        GD.add(D)
        D.trainable = False
        model_compile(GD)
        D.trainable = True
        return GD

    def D_train_on_batch(self, Real, Gen):
        D = self.D
        X = np.concatenate([Real, Gen], axis=0)
        y = np.array([1] * Real.shape[0] + [0] * Gen.shape[0])
        D.train_on_batch(X, y)

    def GD_train_on_batch(self, Z):
        GD = self.GD
        y = np.array([1] * Z.shape[0])
        GD.train_on_batch(Z, y)

❹ # 머신 구현하기
class Machine:
    def __init__(self, n_batch=10, ni_D=100):
        data_mean = 4
        data_stddev = 1.25

        self.n_iter_D = 1
        self.n_iter_G = 5

        self.data = Data(data_mean, data_stddev, ni_D)
        self.gan = GAN(ni_D=ni_D, nh_D=50, nh_G=50)

        self.n_batch = n_batch
        # self.ni_D = ni_D

    def train_D(self):
```

```python
        gan = self.gan
        n_batch = self.n_batch
        data = self.data

        # Real data
        Real = data.real_sample(n_batch)  # (n_batch, ni_D)
        # Generated data
        Z = data.in_sample(n_batch)  # (n_batch, ni_D)
        Gen = gan.G.predict(Z)  # (n_batch, ni_D)

        gan.D.trainable = True
        gan.D_train_on_batch(Real, Gen)

    def train_GD(self):
        gan = self.gan
        n_batch = self.n_batch
        data = self.data
        # Seed data for data generation
        Z = data.in_sample(n_batch)

        gan.D.trainable = False
        gan.GD_train_on_batch(Z)

    def train_each(self):
        for it in range(self.n_iter_D):
            self.train_D()
        for it in range(self.n_iter_G):
            self.train_GD()

    def train(self, epochs):
        for epoch in range(epochs):
            self.train_each()

    def test(self, n_test):
        gan = self.gan
        data = self.data
        Z = data.in_sample(n_test)
        Gen = gan.G.predict(Z)
        return Gen, Z
```

```python
    def show_hist(self, Real, Gen, Z):
        plt.hist(Real.reshape(-1), histtype='step', label='Real')
        plt.hist(Gen.reshape(-1), histtype='step', label='Generated')
        plt.hist(Z.reshape(-1), histtype='step', label='Input')
        plt.legend(loc=0)

    def test_and_show(self, n_test):
        data = self.data
        Gen, Z = self.test(n_test)
        Real = data.real_sample(n_test)
        self.show_hist(Real, Gen, Z)
        Machine.print_stat(Real, Gen)

    def run_epochs(self, epochs, n_test):
        self.train(epochs)
        self.test_and_show(n_test)

    def run(self, n_repeat=200, n_show=200, n_test=100):
        for ii in range(n_repeat):
            print('Stage', ii, '(Epoch: {})'.format(ii * n_show))
            self.run_epochs(n_show, n_test)
            plt.show()

    @staticmethod
    def print_stat(Real, Gen):
        def stat(d):
            return (np.mean(d), np.std(d))
        print('Mean and Std of Real:', stat(Real))
        print('Mean and Std of Gen:', stat(Gen))
```

❺ # 코드 수행과 결과 보기

```python
def main():
    machine = Machine(n_batch=1, ni_D=100)
    machine.run(n_repeat=200, n_show=200, n_test=100)

if __name__ == '__main__':
    main()
```

7.3 필기체를 생성하는 합성곱 계층 GAN 구현

GAN을 이용해 필기체 숫자를 생성하는 인공신경망을 만들어봅시다. GAN은 입력한 필기체를 보고 배워 새로운 유사 필기체를 만듭니다. GAN에 들어 있는 두 인공신경망은 합성곱 계층을 이용해 만듭니다. GAN을 이용한 필기체 숫자 생성은 학습에 오랜 시간이 걸리고 매개변수를 이용한 조절이 중요하기 때문에 명령행에서 인자를 입력받는 방식으로 코드를 구현합니다.

7.3.1 공통 패키지 가져오기

❶ 본 예제의 코드 구현에 필요한 패키지를 가져옵니다.

```
from PIL import Image
```

이제 파이썬 기본 패키지를 가져옵니다.

```
import numpy as np
import math
import os
```

numpy, math, os는 각각 행렬, 수학, 파일 처리를 위한 패키지입니다.
MNIST 데이터와 모델링에 필요한 케라스 서브패키지를 불러옵니다.

```
from keras.datasets import mnist
from keras import models, layers, optimizers
```

케라스의 백엔드 패키지를 불러옵니다.

```
import keras.backend as K
K.set_image_data_format('channels_first')
print(K.image_data_format)
```

백엔드 패키지의 set_image_data_format()을 이용하여 이미지 데이터의
채널이 들어 있는 차원이 첫 번째가 되도록 설정했습니다.

7.3.2 사용자 정의 손실 함수 만들기

❷ 케라스가 제공하지 않는 함수를 사용자 정의로 만듭니다. 이는 케라스의 백엔
드 또는 텐서플로 함수를 이용해 만들 수 있습니다.

텐서플로를 이용하도록 tensorflow 패키지를 부릅니다.

```
import tensorflow as tf
```

케라스는 자신이 사용하는 엔진이 제공하는 함수를 사용자가 직접 불러서 사용
하는 기능도 제공하기 때문에 tensorflow 패키지도 호출했습니다.

케라스는 다양한 인공신경망 관련 함수를 제공합니다. 그러나 가끔은 사용자가
직접 만드는 경우도 있습니다. 이번 예의 생성망처럼 신경망의 출력이 스칼라나
벡터가 아니라 다차원일 경우에는 해당 차원에 맞는 손실 함수가 필요합니다. 4차
원 데이터를 이용하는 손실 함수를 케라스 백엔드와 텐서플로로 구현합니다.

```
def mse_4d(y_true, y_pred):
    return K.mean(K.square(y_pred - y_true), axis=(1, 2, 3))

def mse_4d_tf(y_true, y_pred):
    return tf.reduce_mean(tf.square(y_pred - y_true), axis=(1, 2, 3))
```

두 입력값을 square()와 mean() 함수로 처리해서 평균자승오류를 구했습니다. 4차원 데이터이므로 배치 데이터를 나타내는 0축(axis)을 제외하고는 평균 계산이 다른 모든 축에 대해 이루어지도록 했습니다. 참고로 케라스에서 제공하는 최소자승오류 계산 함수는 axis=−1, 즉 한 축의 평균을 구합니다.

사실 많은 함수를 케라스 백엔드가 제공하기 때문에 호환성을 높이는 차원에서 가능하면 케라스 백엔드로 추가 함수를 구성해주는 것이 좋습니다. 그러나 엔진 고유의 기능을 사용하고자 할 때는 직접 구성해도 좋습니다.

7.3.3 합성곱 계층 GAN 모델링

❸ GAN에 포함된 2가지 신경망인 생성망과 판별망을 모델링하겠습니다.

우선 Sequential을 상속한 클래스를 만듭니다.

```
class GAN(models.Sequential):
```

이제 클래스에서 제공하는 각 멤버 함수를 살펴보겠습니다.

클래스의 초기화 함수를 만듭니다.

```
def __init__(self, input_dim=64):
    super().__init__()
    self.input_dim=input_dim
```

이 함수는 입력 벡터의 크기를 매개변수로 받습니다. 또한 부모 클래스인 Sequential을 초기화시키고 input_dim을 멤버 변수로 만들었습니다.

다음은 생성망과 판별망을 모델링하는 단계입니다.

```
self.generator = self.GENERATOR()
self.discriminator = self.DISCRIMINATOR()
```

두 신경망을 모델링하는 멤버 함수를 호출하여 모델을 만들었습니다.

다음 단계가 흥미롭습니다. 생성망은 판별망의 결과를 활용하여 학습합니다. 따라서 학습을 위한 생성망은 생성망과 판별망이 결합한 형태입니다. 이렇게 결합한 생성망을 학습용 생성망이라고 부릅니다. 단, 결합 시 판별망 쪽은 학습이 진행되지 않도록 만듭니다. 학습용 생성망을 학습할 때는 이미 학습된 판별망을 사용하기 때문입니다.

```
self.add(self.generator)
self.discriminator.trainable = False
self.add(self.discriminator)
```

지금까지 판별망 모델 1개, 순수 생성망 모델 1개, 판별망이 붙어 있는 생성망 모델 1개를 구현했습니다.

모델들을 사용하려면 컴파일 과정이 필요합니다.

```
self.compile_all()
```

이제 전체 신경망을 컴파일하는 함수를 만듭니다. 모델을 정의했다고 모델이 생성되는 것은 아닙니다. 모델 생성은 컴파일 단계에서 이뤄지기 때문에 케라스 인공신경망에 있어서 컴파일 단계는 필수입니다. 다시 말해 학습하지 않고 기존의 가중치를 사용한다고 해도 컴파일 단계는 반드시 수행해야 합니다.

```
def compile_all(self):
    d_optim = optimizers.SGD(lr=0.0005, momentum=0.9, nesterov=True)
    g_optim = optimizers.SGD(lr=0.0005, momentum=0.9, nesterov=True)
```

먼저 모델을 컴파일하기에 앞서 컴파일에서 필요한 방법을 정의하였습니다.

SGD 최적화 함수의 매개변수를 설정하여 판별망과 생성망의 학습에 사용될 최적화 인스턴스를 가져왔습니다.

다음으로 순수 생성망과 판별망을 뒷 단에 붙인 학습용 생성망을 컴파일합니다.

```
self.generator.compile(loss=mse_4d, optimizer="SGD")
self.compile(loss='binary_crossentropy', optimizer=g_optim)
```

순수 생성망은 학습 시 최적화 인스턴스인 g_optim을 사용해 최적화합니다. 또한 mse_4d() 함수로 손실값을 구합니다.

이제 판별망을 컴파일합니다.

```
self.discriminator.trainable = True
self.discriminator.compile(loss='binary_crossentropy',
        optimizer=d_optim)
```

판별망은 학습용 생성망이 학습될 때는 자신은 학습이 되지 않고 고정되어 생성망의 학습을 돕습니다. 그래서 학습용 생성망이 학습되는 동안 판별망이 학습되지 않도록 막습니다. 이번에는 판별망을 학습하여 판별망의 가중치를 최적화해야 합니다. 그래서 컴파일 단계에서 학습 옵션을 다시 실행했습니다.

지금까지 3가지 신경망을 컴파일하는 코드를 만들었습니다. 학습용 생성망은 순수 생성망과 판별망이 결합한 형태로 구성되어, 그 외에 추가적인 가중치가 들어가지 않습니다. 따라서 실제 학습은 판별망과 학습용 생성망에 대해서만 진행됩니다.

생성망을 정의하는 함수를 만들겠습니다.

```
def GENERATOR(self):
```

```
        input_dim = self.input_dim

        model = models.Sequential()
        model.add(layers.Dense(1024, activation='tanh',
                            input_dim=input_dim))
        model.add(layers.Dense(7 * 7 * 128, activation='tanh'))
        model.add(layers.BatchNormalization())
        model.add(layers.Reshape((7, 7, 128), input_shape=(7 * 7* 128,)))
        model.add(layers.UpSampling2D(size=(2, 2)))
        model.add(layers.Conv2D(64, (5, 5), padding='same',
                activation='tanh'))
        model.add(layers.UpSampling2D(size=(2, 2)))
        model.add(layers.Conv2D(1, (5, 5), padding='same',
                activation='tanh'))
        return model
```

합성곱 방식을 이용해 다음과 같은 순서로 생성망을 구성했습니다.

1 생성에 사용될 입력은 1차원 행렬입니다. 1차원 행렬은 input_dim만큼의 원소로 구성됩니다.

2 완전 연결 계층을 사용하여 입력 행렬 데이터를 원소 1,024개로 확장합니다.

3 다시 한번 완전 연결 계층을 이용해 6,772로 더 확장한 후 이미지의 채널×가로×세로를 128×7×7 형태의 3차원 행렬로 재조정합니다.

4 **배치 정규화**Batch normalization를 위한 BatchNormalization( ) 계층을 포함합니다.

5 데이터 모양을 (128, 7, 7)로 재조정합니다.

6 UpSampling2D( )로 이미지의 가로세로를 각각 2배 확대합니다.

7 64개의 5×5 크기의 2차원 필터로 구성된 합성곱 계층을 적용합니다.

8 다시 한번 이미지를 (2, 2)배 확장합니다.

9 필터 하나로 구성된 5×5 합성곱 계층을 적용하여 최종 허구 이미지를 출력하도록 모델을 구성합니다.

10 구성된 모델을 출력값으로 반환합니다.

이제 입력된 이미지가 실제 이미지인지 생성망으로 만든 이미지인지를 판별하는 판별망 모델을 생성하는 멤버 함수를 만들 차례입니다.

```
def DISCRIMINATOR(self):
    model = models.Sequential()
    model.add(layers.Conv2D(64, (5, 5), padding='same',
              activation='tanh', input_shape=(28, 28, 1)))
    model.add(layers.MaxPooling2D(pool_size=(2, 2)))
    model.add(layers.Conv2D(128, (5, 5), activation='tanh'))
    model.add(layers.MaxPooling2D(pool_size=(2, 2)))
    model.add(layers.Flatten())
    model.add(layers.Dense(1024, activation='tanh'))
    model.add(layers.Dense(1, activation='sigmoid'))
    return model
```

판별망을 다음과 같은 순서로 구성했습니다.

1 입력받은 이미지에 5×5 필터 64개로 합성곱을 적용합니다. 채널이 하나인 28×28 크기 이미지에 적용되는 것이므로, 출력은 각 합성곱 필터의 결과로 구성된 28×28 크기의 추상화된 이미지 64개입니다.

2 이 결과에 맥스풀링을 적용해 출력을 가로세로의 반으로 줄인 14×14 크기 이미지 64개를 만듭니다.

3 적용한 맥스풀링은 28×28 크기 이미지를 2×2 픽셀 단위로 나누어 14×14개 픽셀군으로 만든 뒤, 각 군에서 가장 큰 값을 출력하기 때문에 이미지의 가로세로가 반씩 줄어든 겁니다.

4 또 한 번 필터 128개로 구성된 5×5 크기 합성곱 계층을 곱하고, 그 결과에 맥스풀링을 적용합니다. 이렇게 되면 7×7 크기의 이미지 128개가 나옵니다. 다시 말해 7×7 크기의 이미지로 구성된 특징점 정보 128개가 나온 겁니다.

5 여기에 완전 연결 계층을 적용하고자 3차원을 1차원으로 바꾸어주는 Flatten() 단계를 수행합니다.

6 노드가 1,024개인 완전 연결 계층을 적용하고, 그 결과를 최종 노드 1개로 구성된 완전 연결 계층으로 보냅니다.

7 최종 완전 연결 계층은 이진 판별을 수행합니다.

8 끝으로 만들어진 모델을 반환합니다.

GAN은 입력으로 무작위 신호를 받아들입니다. 무작위 신호를 이용해서 다양한 출력 이미지를 생성합니다. 주어진 이미지 데이터의 픽셀 단위 확률을 이용해 새로운 이미지를 생성하는 것이 GAN의 목적입니다.

이제 무작위 신호를 만드는 멤버 함수를 만듭니다.

```python
def get_z(self, ln):
    input_dim = self.input_dim
    return np.random.uniform(-1, 1, (ln, input_dim))
```

이 멤버 함수는 주어진 input_dim만큼의 원소를 가지는 무작위 벡터를 만듭니다. 여기서는 동일분포 확률을 가지도록 입력 벡터를 생성했습니다. 그리고 배치 크기인 ln으로 무작위 벡터 수를 설정했습니다.

이제 모델의 학습을 수행하는 함수를 만들 차례입니다. 이 함수는 판별망과 학습용 생성망 둘을 순서대로 학습합니다.

먼저 판별망 학습 부분을 구현합니다.

학습에 사용할 배치 수만큼 이미지를 입력받는 함수를 선언합니다.

```python
def train_both(self, x):
    ln = x.shape[0]
    # First trial for training discriminator
    z = self.get_z(ln)
```

이때 입력 이미지 데이터 수를 파악하고, 그 수만큼 무작위 값을 가지는 벡터를 만듭니다.

이 벡터들을 입력하여 각 벡터에 해당하는 이미지를 생성합니다.

```python
w = self.generator.predict(z, verbose=0)
```

이렇게 만들어진 이미지는 실제 이미지가 아니기 때문에 허구 이미지라고 부릅니다.

이제 판별망 학습을 시작합니다.

판별망은 실제 이미지인지 허구 이미지인지를 구별하도록 학습하므로 실제 이미지와 허구 이미지를 데이터셋 하나로 합칩니다. 그러고 나서 분류망 학습에 사용하려고 합친 데이터셋에 각 이미지에 해당하는 레이블 벡터를 만듭니다.

```
xw = np.concatenate((x, w))
# y2 = np.array([1] * ln + [0] * ln) # For Keras 1.x
y2 = np.array([1] * ln + [0] * ln).reshape(-1, 1) # For Keras2
```

여기서 레이블 벡터의 길이는 합쳐진 이미지 데이터셋 길이와 같습니다. 즉, 배치 크기의 두 배입니다. 그리고 벡터의 앞쪽 절반 원소들은 실제 이미지의 레이블에 해당하므로 1로 설정하고 나머지 절반은 허구 이미지의 레이블에 해당하므로 0으로 설정합니다. 레이블도 케라스 2 버전부터는 1차원의 특정점으로 구성된다고 하더라도 2차원 이상으로 변환하여 입력해야 합니다.

그리고 각 배치 단위로 학습하는 코드를 구현합니다.

```
d_loss = self.discriminator.train_on_batch(xw, y2)
```

여기서 배치 단위로 학습을 진행하도록 구현하는 이유는 배치 단위로 무작위 벡터인 w를 생성해야 할 뿐 아니라 분류망 학습 다음에 학습용 생성망 학습이 필요하기 때문입니다. 다시 말해 주어진 입력에 대해 무작위 입력 벡터를 만들고, 이에 대해 판별망을 학습하고, 이를 바탕으로 학습용 생성망을 학습하는 단계로 매 배치마다 전체 학습이 진행됩니다.

이제 학습용 생성망의 학습을 진행할 차례입니다. 다시 한번 배치 수만큼 무작위 벡터를 생성합니다.

```
z = self.get_z(ln)
```

이 무작위 벡터를 학습에 제공합니다. 생성할 이미지가 실제 이미지에 가까워지도록 생성망의 여러 가중치를 조정하면서 학습을 진행하게 됩니다.

학습에 앞서 학습용 생성망에 포함된 판별망의 가중치가 학습되지 않도록 학습 플래그를 끕니다.

```
self.discriminator.trainable = False
```

다음은 앞서 만든 z를 통해 학습용 생성망을 배치 단위로 학습시킵니다. 그리고 학습이 끝나면 다음 단계인 판별망의 별도 학습에서는 판별망 가중치가 반영되어 학습이 진행되도록 학습 플래그를 다시 켜줍니다.

```
# g_loss = self.train_on_batch(z, [1] * ln) # Keras 1.x
g_loss = self.train_on_batch(z, np.array([1] * ln).reshape(-1,
        1)) # For Keras2
self.discriminator.trainable = True
```

지금까지 판별망과 학습용 생성망이 1회씩 학습되도록 만들었습니다.

끝으로 학습 과정에서 구해진 손실값을 반환하여 손실의 변화를 모니터링합니다.

```
return d_loss, g_loss
```

이렇게 되면 GAN에 필요한 신경망을 모델링하고 학습하는 클래스의 구현이
완료됩니다.

7.3.4 합성곱 계층 GAN 학습하기

❹ 앞서 만든 GAN의 모델링과 학습용 클래스를 사용해서 실제로 GAN을 학습
하는 코드를 구현합니다.

　학습에 필요한 보조 함수들인 combine_images(), get_x(), save_
images()와 load_data()를 만듭니다.

```
def combine_images(generated_images):
    num = generated_images.shape[0]
    width = int(math.sqrt(num))
    height = int(math.ceil(float(num) / width))
    shape = generated_images.shape[1:3] # (1,2) for NHWC
    image = np.zeros((height * shape[0], width * shape[1]),
                    dtype=generated_images.dtype)
    for index, img in enumerate(generated_images):
        i = int(index / width)
        j = index % width
        image[i * shape[0]:(i + 1) * shape[0],
        j * shape[1]:(j + 1) * shape[1]] = img[ :, :, 0] # NHWC
    return image

def get_x(X_train, index, BATCH_SIZE):
    return X_train[index * BATCH_SIZE:(index + 1) * BATCH_SIZE]

def save_images(generated_images, output_fold, epoch, index):
    image = combine_images(generated_images)
    image = image * 127.5 + 127.5
    Image.fromarray(image.astype(np.uint8)).save(
        output_fold + '/' +
        str(epoch) + "_" + str(index) + ".png")

def load_data(n_train):
    (X_train, y_train), (_, _) = mnist.load_data()
```

```python
    return X_train[:n_train]

def train(args):
    BATCH_SIZE = args.batch_size
    epochs = args.epochs
    output_fold = args.output_fold
    input_dim = args.input_dim
    n_train = args.n_train

    os.makedirs(output_fold, exist_ok=True)
    print('Output_fold is', output_fold)

    X_train = load_data(n_train)

    X_train = (X_train.astype(np.float32) - 127.5) / 127.5
    X_train = X_train.reshape((X_train.shape[0], 1) + X_train.shape[1:])

    gan = GAN(input_dim)

    d_loss_ll = []
    g_loss_ll = []
    for epoch in range(epochs):
        print("Epoch is", epoch)
        print("Number of batches", int(X_train.shape[0] / BATCH_SIZE))

        d_loss_l = []
        g_loss_l = []
        for index in range(int(X_train.shape[0] / BATCH_SIZE)):
            x = get_x(X_train, index, BATCH_SIZE)

            d_loss, g_loss = gan.train_both(x)

            d_loss_l.append(d_loss)
            g_loss_l.append(g_loss)

        if epoch % 10 == 0 or epoch == epochs - 1:
            z = gan.get_z(x.shape[0])
            w = gan.generator.predict(z, verbose=0)
            save_images(w, output_fold, epoch, 0)
```

```
        d_loss_ll.append(d_loss_l)
        g_loss_ll.append(g_loss_l)

    gan.generator.save_weights(output_fold + '/' + 'generator', True)
    gan.discriminator.save_weights(output_fold + '/' +
                                    'discriminator', True)

    np.savetxt(output_fold + '/' + 'd_loss', d_loss_ll)
    np.savetxt(output_fold + '/' + 'g_loss', g_loss_ll)
```

본격적으로 학습을 진행하는 함수를 만듭니다.

우선 학습 수행에 필요한 매개변수를 로컬 변수에 저장합니다.

```
def train(args):
    BATCH_SIZE = args.batch_size
    epochs = args.epochs
    output_fold = args.output_fold
    input_dim = args.input_dim

    os.makedirs(output_fold, exist_ok=True)
    print('Output_fold is', output_fold)
```

학습에는 배치마다 사용할 입력 이미지 수(batch_size), 총 에포크(epochs), 학습 과정에서 생성된 이미지 중 일부를 간헐적으로 출력하는 폴더의 이름 (output_fold), 입력 무작위 벡터의 길이(input_dim)를 사용했습니다.

MNIST 데이터를 불러오고 전처리를 합니다.

```
    (X_train, y_train), (_, _) = mnist.load_data()
    X_train = (X_train.astype(np.float32) - 127.5) / 127.5
    X_train = X_train.reshape(X_train.shape + (1,)) # NHWC for Keras2
```

케라스가 제공하는 방법으로 MNIST 데이터셋을 불러왔습니다. 그리고 0에서 255까지 정수로 된 이미지의 각 픽셀값이 −1에서 1 사이의 실수가 되도록 했습니다. 그리고 합성곱 계층의 처리를 위해 흑백 이미지이지만 채널 차원을 하나 추가했습니다.

다음으로 GAN 모델의 인스턴스를 만듭니다.

```
gan = GAN(input_dim)
```

학습 진행을 위해서 에포크 단위로 1차 반복문을 구성합니다.

```
d_loss_ll = []
g_loss_ll = []
for epoch in range(epochs):
    print("Epoch is", epoch)
    print("Number of batches", int(X_train.shape[0] / BATCH_SIZE))

    d_loss_l = []
    g_loss_l = []
```

추후에 판별망과 생성망의 손실값의 변화를 관찰하기 위해 d_loss_ll, d_loss_l, g_loss_ll, g_loss_l이라는 리스트를 초기화했습니다. 그리고 배치가 진행되면서 횟수를 보이게 했습니다.

케라스에서 model.fit() 함수로 수행하면 에포크 단위로 자동으로 진행되지만 여기서는 GAN 구조 특성상 에포크 단위로 처리하는 model.train_on_batch() 함수로 구현하고 있어 에포크 단위의 반복문을 사용했습니다.

이제 같은 에포크에서 배치 단위로 처리하는 반복문을 만듭니다.

```
for index in range(int(X_train.shape[0] / BATCH_SIZE)):
        x = get_x(X_train, index, BATCH_SIZE)

        d_loss, g_loss = gan.train_both(x)

        d_loss_l.append(d_loss)
        g_loss_l.append(g_loss)
```

x는 배치 크기만큼의 입력 데이터입니다. get_x()로 생성하고 gan.train_both(x)로 gan에 전달합니다. 그리고 학습에 따라 계산된 손실값들을 해당 리스트에 각각 저장합니다.

에포크가 매 10회가 진행될 때마다 결과 이미지를 파일로 저장합니다. 단, 마지막 에포크는 10번 이전에 종료되더라도 결과를 저장합니다.

```
if epoch % 10 == 0 or epoch == epochs - 1:
    z = gan.get_z(x.shape[0])
    w = gan.generator.predict(z, verbose=0)
    save_images(w, output_fold, epoch, index)
```

무작위 잡음인 z를 생성하고, 이 z를 이용해 현재 GAN의 생성망에서 새로운 이미지를 생성했습니다. 또한 생성된 이미지를 외부에서 볼 수 있도록 파일로 저장했습니다.

배치 단위로 저장된 손실값을 신경망별로 에포크 단위 리스트에 저장합니다.

```
d_loss_ll.append(d_loss_l)
g_loss_ll.append(g_loss_l)
```

반복문이 끝나면 가중치와 손실값을 저장합니다.

```
gan.generator.save_weights(output_fold + '/' + 'generator', True)
gan.discriminator.save_weights(output_fold + '/' + 'discriminator',
                               True)

np.savetxt(output_fold + '/' + 'd_loss', d_loss_ll)
np.savetxt(output_fold + '/' + 'g_loss', g_loss_ll)
```

먼저 save_weights() 함수를 이용해 신경망별 모델의 가중치를 저장합니다.
그리고 모아둔 손실값도 저장합니다.

7.3.5 합성곱 계층 GAN 수행하기

❺ 각 단계별 구현에 앞서 합성곱 계층 GAN의 수행 방법과 결과를 살펴보겠습니다.

인자를 효율적으로 입력받을 수 있도록 argparse 패키지를 가져옵니다. 그리
고 main() 함수를 정의하여 입력 매개변수를 처리합니다.

```
import argparse

def main():
    parser = argparse.ArgumentParser()
    parser.add_argument('--batch_size', type=int, default=16,
        help='Batch size for the networks')
    parser.add_argument('--epochs', type=int, default=1000,
        help='Epochs for the networks')
    parser.add_argument('--output_fold', type=str, default='GAN_OUT',
        help='Output fold to save the results')
    parser.add_argument('--input_dim', type=int, default=10,
        help='Input dimension for the generator.')
    parser.add_argument('--n_train', type=int, default=32,
        help='The number of training data.')
```

batch_size는 한 에포크에서 배치마다 사용할 학습 데이터 길이입니다. 여기서 epochs는 총 에포크 수, output_fold는 결과 저장 폴더, input_dim은 무작위 벡터 길이, n_train은 사용할 학습 데이터 수입니다.

명령행으로 입력한 매개변수를 처리한 후, 이 매개변수로 학습을 수행합니다.

```
args = parser.parse_args()
train(args)
```

학습이 수행된 결과는 [그림 7-7]과 같습니다.

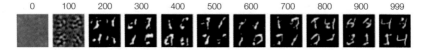

그림 7-7 합성곱 계층 GAN의 수행 결과 이미지

출력된 그림은 100 에포크마다 생성 결과를 보여줍니다. 에포크가 많아질수록 입력한 필기체와 유사한 이미지가 생성됩니다.

전체 코드

이 책의 깃허브에서 이번 예제를 내려받을 수 있습니다.

- 깃허브 파일명: ex7_2_gan_cnn_mnist_tf.py
- 깃허브 주피터: nb_ex7_2_gan_cnn_mnist_tf.ipynb

윈도우, 맥OS, 우분투에서 다음과 같은 명령으로 실행합니다.

```
$ python ex7_2_gan_cnn_mnist_tf.py
```

예제 7-2 필기체를 생성하는 합성곱 계층 GAN

❶ # 공통 패키지 가져오기
```python
import numpy as np
from PIL import Image
import math
import os

from keras import models, layers, optimizers
from keras.datasets import mnist
import keras.backend as K

print(K.image_data_format)
```

❷ # 사용자 정의 손실 함수 만들기
```python
import tensorflow as tf

def mse_4d(y_true, y_pred):
    return K.mean(K.square(y_pred - y_true), axis=(1, 2, 3))

def mse_4d_tf(y_true, y_pred):
    return tf.reduce_mean(tf.square(y_pred - y_true), axis=(1, 2, 3))
```

❸ # 합성곱 계층 GAN 모델링
```python
class GAN(models.Sequential):
    def __init__(self, input_dim=64): # input_dim = args.n_train = 32
        super().__init__()
        self.input_dim = input_dim

        self.generator = self.GENERATOR()
        self.discriminator = self.DISCRIMINATOR()
        self.add(self.generator)
        self.discriminator.trainable = False
        self.add(self.discriminator)

        self.compile_all()

    def compile_all(self):
        # Compiling stage
        d_optim = optimizers.SGD(lr=0.0005, momentum=0.9,
                                 nesterov=True)
```

```python
        g_optim = optimizers.SGD(lr=0.0005, momentum=0.9,
                                 nesterov=True)
        self.generator.compile(loss=mse_4d_tf, optimizer="SGD")
        self.compile(loss='binary_crossentropy', optimizer=g_optim)
        self.discriminator.trainable = True
        self.discriminator.compile(loss='binary_crossentropy',
                                   optimizer=d_optim)

    def GENERATOR(self):
        input_dim = self.input_dim

        model = models.Sequential()
        model.add(layers.Dense(1024, activation='tanh',
                               input_dim=input_dim))
        model.add(layers.Dense(7 * 7 * 128, activation='tanh'))
        # H, W, C = 7, 7, 128
        model.add(layers.BatchNormalization())
        # The Conv2D op currently only supports the NHWC format on CPU
        model.add(layers.Reshape((7, 7, 128), input_shape=(7 * 7 * 128,)))
        model.add(layers.UpSampling2D(size=(2, 2)))
        model.add(layers.Conv2D(64, (5, 5), padding='same',
                  activation='tanh'))
        model.add(layers.UpSampling2D(size=(2, 2)))
        model.add(layers.Conv2D(1, (5, 5), padding='same',
                  activation='tanh'))
        return model

    def DISCRIMINATOR(self):
        model = models.Sequential()
        model.add(layers.Conv2D(64, (5, 5), padding='same',
                  activation='tanh', input_shape=(28, 28, 1)))
        model.add(layers.MaxPooling2D(pool_size=(2, 2)))
        model.add(layers.Conv2D(128, (5, 5), activation='tanh'))
        model.add(layers.MaxPooling2D(pool_size=(2, 2)))
        model.add(layers.Flatten())
        model.add(layers.Dense(1024, activation='tanh'))
        model.add(layers.Dense(1, activation='sigmoid'))
        return model

    def get_z(self, ln):
```

```python
        input_dim = self.input_dim
        return np.random.uniform(-1, 1, (ln, input_dim))

    def train_both(self, x):
        ln = x.shape[0]
        # First trial for training discriminator
        z = self.get_z(ln)
        w = self.generator.predict(z, verbose=0)
        xw = np.concatenate((x, w))
        y2 = np.array([1] * ln + [0] * ln).reshape(-1, 1) # Necessary!
        d_loss = self.discriminator.train_on_batch(xw, y2)

        # Second trial for training generator
        z = self.get_z(ln)
        self.discriminator.trainable = False
        g_loss = self.train_on_batch(z, np.array([1] * ln).reshape(-1, 1))
        self.discriminator.trainable = True

        return d_loss, g_loss
```

❹ # 합성곱 계층 GAN 학습하기
```python
def combine_images(generated_images):
    num = generated_images.shape[0]
    width = int(math.sqrt(num))
    height = int(math.ceil(float(num) / width))
    shape = generated_images.shape[1:3] # (1,2) for NHWC
    image = np.zeros((height * shape[0], width * shape[1]),
                     dtype=generated_images.dtype)
    for index, img in enumerate(generated_images):
        i = int(index / width)
        j = index % width
        image[i * shape[0]:(i + 1) * shape[0],
        j * shape[1]:(j + 1) * shape[1]] = img[ :, :, 0] # NHWC
    return image

def get_x(X_train, index, BATCH_SIZE):
    return X_train[index * BATCH_SIZE:(index + 1) * BATCH_SIZE]

def save_images(generated_images, output_fold, epoch, index):
    image = combine_images(generated_images)
```

```python
    image = image * 127.5 + 127.5
    Image.fromarray(image.astype(np.uint8)).save(
        output_fold + '/' +
        str(epoch) + "_" + str(index) + ".png")

def load_data(n_train):
    (X_train, y_train), (_, _) = mnist.load_data()
    return X_train[:n_train]

def train(args):
    BATCH_SIZE = args.batch_size
    epochs = args.epochs
    output_fold = args.output_fold
    input_dim = args.input_dim
    n_train = args.n_train

    os.makedirs(output_fold, exist_ok=True)
    print('Output_fold is', output_fold)

    X_train = load_data(n_train)

    X_train = (X_train.astype(np.float32) - 127.5) / 127.5
    X_train = X_train.reshape(X_train.shape + (1,)) # <-- NHWC format

    gan = GAN(input_dim)

    d_loss_ll = []
    g_loss_ll = []
    for epoch in range(epochs):
        if epoch % 10 == 0:
            print("Epoch is", epoch)
            print("Number of batches",
                    int(X_train.shape[0] / BATCH_SIZE))

        d_loss_l = []
        g_loss_l = []
        for index in range(int(X_train.shape[0] / BATCH_SIZE)):
            x = get_x(X_train, index, BATCH_SIZE)

            d_loss, g_loss = gan.train_both(x)
```

```
            d_loss_l.append(d_loss)
            g_loss_l.append(g_loss)

        if epoch % 10 == 0 or epoch == epochs - 1:
            z = gan.get_z(x.shape[0])
            w = gan.generator.predict(z, verbose=0)
            save_images(w, output_fold, epoch, 0)

        d_loss_ll.append(d_loss_l)
        g_loss_ll.append(g_loss_l)

    gan.generator.save_weights(output_fold + '/' + 'generator', True)
    gan.discriminator.save_weights(output_fold + '/' +
                                    'discriminator', True)

    np.savetxt(output_fold + '/' + 'd_loss', d_loss_ll)
    np.savetxt(output_fold + '/' + 'g_loss', g_loss_ll)
```

❺ # 합성곱 계층 GAN 수행하기

```
import argparse

def main():
    parser = argparse.ArgumentParser()
    parser.add_argument('--batch_size', type=int, default=16,
        help='Batch size for the networks')
    parser.add_argument('--epochs', type=int, default=1000,
        help='Epochs for the networks')
    parser.add_argument('--output_fold', type=str, default='GAN_OUT',
        help='Output fold to save the results')
    parser.add_argument('--input_dim', type=int, default=10,
        help='Input dimension for the generator.')
    parser.add_argument('--n_train', type=int, default=32,
        help='The number of training data.')

    args = parser.parse_args()
    train(args)

if __name__ == '__main__':
    main()
```

7.4 마치며

GAN 개념과 구현 방법에 대해 알아봤습니다. GAN은 판별망과 생성망이라는 2가지 신경망이 경쟁하는 형태로 구성됩니다. 구현 단계에서는 판별망과 생성망을 각각 만들었으며 둘을 적대 학습시키는 코드도 만들었습니다. 또한 확률 벡터를 예측하는 경우와 이미지를 예측하는 경우 2가지를 예제로 다루었습니다.

다음 장에서는 이미지 처리에 효과가 좋다고 알려진 UNET을 다룹니다.

케라스로 구현하는
UNET

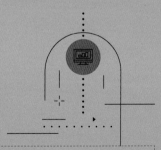

◆ 학습 목표 ◆

UNET의 개념을 이해하고 예제를 통해 구현 방법을 익힙니다.

케라스로 구현하는 UNET

유넷^{UNET}은 저차원과 고차원 정보를 모두 사용하여 이미지의 특징을 추출하는 인공신경망입니다. UNET의 구조는 6장의 AE와 유사합니다. AE는 디코딩이 저차원 정보만을 이용해 고차원으로 복원하는데, UNET은 고차원의 특징점도 함께 이용해 이미지 특징 추출에 더 용이합니다. 이 장에서 다루는 내용은 다음과 같습니다.

- UNET 원리
- UNET을 이용한 컬러 복원 처리

8.1 UNET 원리

론네버거^{Ronneberger}, 피셔^{Fischer}, 브록스^{Brox}가 제안한 UNET의 구조는 [그림 8-1]과 같습니다.

UNET은 복호화 시 모든 부호화 계층의 출력을 다시 사용하기 때문에 입력 이미지를 외곽선 추출, 오브젝트 검출 등 특정 형태로 변형하는 데 적합합니다. 부호화 단계에서 복호화 단계로 정보가 전달될 때 부호화 마지막 계층의 정보만 복호화 첫 계층으로 전달되는 것이 아니라 부호화 단계의 각 계층의 결과가 해당 복호화 단계의 각 계층으로 전달됩니다. 이렇게 하면 차원 축소로 인한 공간 정보 손실을 방지할 수 있습니다. 이는 분류와는 달리 이미지 처리에는 중요한 요소로 작용합니다. 공간 정보를 손실하지 않기 때문에 이미지 변형 시 제대로 된 위치에 원하는 형태의 이미지가 나타나게 만드는 UNET의 장점을 발휘하게 됩니다.

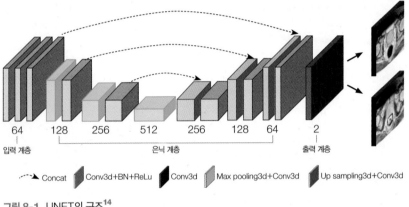

그림 8-1 UNET의 구조[14]

8.2 UNET을 이용한 컬러 복원 처리

UNET을 이용하여 흑백 이미지를 컬러 이미지로 복원하는 예제를 다룹니다. UNET은 부호화 단계를 구성하는 모든 계층의 출력값을 복호화 단계에서 모두 이용하게 되어 있어 이미지 복원에 우수한 성능을 보입니다. 따라서 컬러 복원과 같이 이미지 전체를 변형시키는 예제에 적합합니다.

---

14 https://www.researchgate.net/figure/a-2D-U-net-structure-b-3D-U-net-structure-where-grey-represents-convolution-batch_fig5_335786053

8.2.1 패키지 가져오기

UNET은 AE와 구조적으로 유사하지만 각 부호화 계층의 출력이 직접 복호화 계층으로 들어온다는 점이 다릅니다. 따라서 각 부호화 계층의 출력을 차수가 같은 복호화 계층으로 곧바로 보내는 방법을 모델링하는 데 주안점을 두어 설명합니다.

❶ 먼저 UNET 모델링에 필요한 케라스 서브패키지와 클래스를 불러옵니다.

```
from keras import models, backend
from keras.layers import Input, Conv2D, MaxPooling2D, Dropout, Activation
from keras.layers import UpSampling2D, BatchNormalization, Concatenate
```

layers의 경우에는 Input을 비롯하여 다수의 케라스 클래스를 사전에 불러왔습니다. 이렇게 하면 추후 layers를 클래스 이름 앞에 붙이지 않고도 사용할 수 있습니다.

8.2.2 UNET 모델링

❷ 다음은 UNET 모델링 클래스를 구현합니다. UNET은 AE처럼 부호화 단계와 복호화 단계로 구분되어 있습니다. 부호화 단계는 합성곱 계층을 이용하여 동작이 진행되고, 복호화 단계는 역과정인 역합성곱 계층을 이용하여 동작이 진행됩니다.

이제 클래스를 선언하고 초기화 함수를 만듭니다.

```
class UNET(models.Model):
    def __init__(self, org_shape, n_ch):
        ic = 3 if backend.image_data_format() == 'channels_last' else 1
```

UNET은 케라스의 models.Model을 계승하는 클래스로 구성했습니다. ic는 이미지 행렬에서 어떤 차원에 채널 수가 기록되었는지를 저장합니다. 케라스의 backend.image_data_format()에 나와 있는 정보를 이용해 위치가 1인지 3인지를 찾아냅니다.

부호화 단계에서 사용되는 UNET용 합성곱 계층 블록[15]을 만드는 함수를 합성곱과 맥스풀링 클래스 등을 이용해 정의합니다.

```python
def conv(x, n_f, mp_flag=True):
    x = MaxPooling2D((2, 2), padding='same')(x) if mp_flag else x
    x = Conv2D(n_f, (3, 3), padding='same')(x)
    x = BatchNormalization()(x)
    x = Activation('tanh')(x)
    x = Dropout(0.05)(x)
    x = Conv2D(n_f, (3, 3), padding='same')(x)
    x = BatchNormalization()(x)
    x = Activation('tanh')(x)
    return x
```

여기서 맥스풀링 클래스로 구성되는 맥스풀링 계층은 입력 이미지를 (2, 2) 단위의 작은 이미지로 나눈 뒤 각 이미지에서 가장 큰 값을 대푯값으로 출력합니다. 이 과정에서 출력 이미지 크기가 입력 이미지 크기보다 1/4이 줄게 됩니다. 단, mp_flag가 True일 때만 맥스풀링을 수행합니다. 그렇지 않으면 맥스풀링 계층은 동작하지 않도록 했습니다.

다음으로 Conv2D 클래스를 포함하여 2차원 합성곱 계층이 두 번 들어갑니다. 합성곱 계층의 필터 형태는 (3, 3)으로, 개수는 n_f로 지정했으며, 활성화 함

---

15 계층 블록은 둘 이상의 계층이 모여 있는 복수 계층 그룹을 의미합니다. 인공신경망의 계층 수가 늘어나면서 같은 구조의 계층 블록이 반복되어 나타나기 때문에 신경망 구현 시 블록 단위로 처리하는 것이 편리합니다.

수는 'tanh'로 설정했습니다. 합성곱 계층의 필터 형태는 초기에는 (5, 5), (7, 7), (11, 11)이 사용되었으나 이후 계층이 늘어나면서 (3, 3)이 좋은 성능을 보여 보편적으로 (3, 3)이 사용되고 있습니다.

> **NOTE** 합성곱 계층 인공신경망은 LeNet을 제안한 이후로, AlexNet, VGG-16/VGG-19, Inception, Xception, ResNet 등이 뒤를 이었습니다. 이중 LeNet은 합성곱 계층의 필터 형태를 (5, 5)로 가져갔으며 AlexNet은 계층이 깊어질수록 (11, 11), (7, 7), (3, 3)으로 줄여가는 형태로 구성했습니다. 더 최근에 나온 VGG는 (3, 3) 필터를 전 계층에 사용해서 더 좋은 성능을 보였습니다. ResNet와 Xception도 계층에 상관없이 (3, 3) 필터를 주로 사용합니다. Inception은 조금 다른 형태로 구성되어 있어 좀 더 다양한 크기의 필터가 사용됩니다. 이 망들은 keras.application을 가져와 사용할 수 있습니다.

또한 모델을 훈련시킬 때 과적합이 되지 않도록 두 합성곱 계층 사이에 배치 정규화와 드롭 확률을 5%로 하는 드롭아웃 계층을 포함했습니다. 그러나 두 번째 합성곱 계층 다음에는 배치 정규화 계층만 포함했습니다. 배치 정규화나 드롭아웃 계층을 어떻게 포함하는지는 신경망을 구성하는 형태와 입력 데이터의 종류에 따라 달라지기 때문에 최적의 조합은 경험을 통해 찾아야 합니다.

다음은 복호화 단계에서 사용하는 역합성곱 계층 블록을 만드는 함수를 정의합니다.

```
def deconv_unet(x, e, n_f):
    x = UpSampling2D((2, 2))(x)
    x = Concatenate(axis=ic)([x, e])
    x = Conv2D(n_f, (3, 3), padding='same')(x)
    x = BatchNormalization()(x)
    x = Activation('tanh')(x)
    x = Conv2D(n_f, (3, 3), padding='same')(x)
    x = BatchNormalization()(x)
```

```
x = Activation('tanh')(x)
return x
```

역합성곱 계층 블록은 UpSampling2D() 계층부터 시작합니다. 이 단계는 들어온 이미지를 지정한 배수만큼 늘려줍니다. 여기서는 UpSampling2D()로 들어온 이미지를 좌우 두 배씩 늘립니다. 그다음 두 입력을 결합하고 나서 역합성곱을 계산합니다. 이점이 AE와 가장 큰 차이입니다. 결합 단계는 케라스의 Concatenate()로 구현합니다. 복호화 과정에서 바로 앞 계층에서 전달된 이미지 데이터와 부호화 과정에서 같은 모양이 출력되는 계층의 이미지 데이터를 합쳐서 역합성곱을 진행합니다. 두 이미지 데이터를 하나의 이미지 데이터로 합칠 때 합쳐지는 차원은 ic값에 의해서 결정됩니다. 여기서 ic는 이미지 채널의 차원을 나타내기 때문입니다.

합쳐진 이미지 데이터는 두 번의 합성곱 과정을 거치게 됩니다. 역합성곱은 UpSampling()과 Conv2D()가 동시에 진행되어 적은 이미지가 더 큰 이미지로 변환되는 과정입니다. 역합성곱 블록은 드롭아웃 없이 배치 정규화만 각 합성곱 계층 다음에 1회씩 총 2회 수행합니다. 이미지가 확장되는 단계에는 드롭아웃이 잘 사용되지 않는 경향이 있어 드롭아웃을 포함하지 않았습니다.

이제 UNET의 모델링 구현에 들어가겠습니다.

입력은 입력된 이미지 크기로 구성합니다.

```
original = Input(shape=org_shape)
```

부호화는 conv() 함수를 세 번 수행하여 구현합니다.

```
# Encoding
c1 = conv(original, 16, mp_flag=False)
c2 = conv(c1, 32)

# Encoder
encoded = conv(c2, 64)
```

첫 번째 합성곱을 적용했을 때는 이미지가 줄지 않았지만, 두 번째와 세 번째
에서는 각각 1/4로 줄었습니다. 필요에 따라서 conv()를 더 많이 수행할 수도
있습니다. 특히 제공되는 학습 이미지의 수와 각 이미지의 크기가 충분할 때는
conv()를 많이 수행할수록 더 정밀하게 특징점을 추출할 가능성이 커집니다.

합성곱 계층에 사용된 필터 수는 단계별로 16개, 32개, 64개입니다. 단계가 지
나면서 이미지 크기는 그대로 거나 줄어들지만 찾아낸 특징점 수는 늘어난다는
가정을 했기 때문입니다. 하지만 단계를 반복하는 횟수, 단계별로 사용되는 필터
수 모두가 초매개변수입니다. 다시 말해 사용자가 데이터에 맞는 최적값을 설정
해야 합니다. 경험과 주어진 데이터를 기반으로 한 성능 평가를 활용해 최적값을
정하게 됩니다.

이렇게 부호화 단계를 거친 이미지 데이터는 단계별로 c1, c2, encoded에 저장
됩니다. AE에서는 encoded만 사용해서 복호화 단계를 수행했지만 여기서는 부
호화의 단계별 출력이 필요하기 때문에 c1, c2도 추가적인 변수로 지정했습니다.

이를 염두에 두면서 복호화 단계를 구현하겠습니다.

```
x = deconv_unet(encoded, c2, 32)
x = deconv_unet(x, c1, 16)

decoded = Conv2D(n_ch, (3, 3), activation='sigmoid',
                 padding='same')(x)
```

복호화 단계를 두 번 거치면서 역합성곱이 이뤄졌습니다. 따라서 이미지를 원래 크기로 복원하려면 UpSampling 처리가 합성곱과 함께 두 번 수행되어야 합니다.

필터 수는 부호화 단계와 역으로 32, 16 그리고 최종적으로 목표 이미지와 같은 채널 수로 줄어들게 했습니다. 또한 최종 단계는 출력 단계이므로 역합성곱이 아닌 합성곱 처리를 하도록 했습니다. 그리고 활성화 함수를 시그모이드로 지정했습니다.

이제 모델을 만들고 이를 컴파일할 단계입니다.

```
super().__init__(original, decoded)
self.compile(optimizer='adadelta', loss='mse')
```

모델은 부모 클래스의 초기화 함수를 불러서 만듭니다. UNET에 들어간 입력 이미지는 original이고 출력 이미지는 decoded이므로 이 둘을 입력과 출력으로 하는 모델을 만들었습니다.

컴파일 시 최적화 함수로 adadelta()를 지정하고, 출력과 입력을 비교하는 손실함수로 'mse'를 지정합니다.

8.2.3 데이터 준비

❸ 컬러 변환에 사용할 이미지 데이터를 준비할 단계입니다. 컬러 변환 예제이지만 UNET에 일반적으로 활용할 수 있게 확장성 있는 데이터 준비 클래스를 작성하겠습니다.

사용할 데이터는 CIFAR-10입니다. 이 책의 3.3절에서도 사용한 이 데이터셋은 10종류의 이미지 6만 장을 포함하고 있습니다. 이 중 5만 장은 학습용이고 만 장은 평가용입니다. 또한 한 이미지 크기는 32×32이며 RGB로 되어 있어 3채널입니다. 참고로 3.2절 등에 사용한 필기체 데이터셋인 MNIST는 한 장의 크기가 28×28이며 흑백이기 때문에 1채널이었습니다.

우선 데이터셋을 불러오는 데 필요한 케라스 서브패키지를 가져옵니다.

```
from keras import datasets, utils
```

여기서 datasets은 CIFAR-10, MNIST 등 케라스를 배우는 데 사용할 수 있는 공개 데이터셋이 들어 있습니다.

이제 클래스를 선언하고 초기화 함수를 만듭니다.

```
class DATA():
    def __init__(self, in_ch=None):
        (x_train, y_train), (x_test, y_test) = datasets.cifar10.load_
        data()
```

초기화 함수는 가장 먼저 CIFAR-10 데이터를 불러옵니다.

다음은 흑백과 컬러 이미지 정보를 모두 추출할 수 있는 UNET 코드입니다.

```
if x_train.ndim == 4:
    if backend.image_data_format() == 'channels_first':
        n_ch, img_rows, img_cols = x_train.shape[1:]
    else:
        img_rows, img_cols, n_ch = x_train.shape[1:]
else:
    img_rows, img_cols = x_train.shape[1:]
    n_ch = 1
```

이번 예제에 사용된 컬러 이미지인 CIFAR-10은 x_train.ndim=4이기 때문에 첫 번째 문장만 수행됩니다. 추후에 다른 사례에 적용할 경우를 대비하여 흑백 이미지를 처리하는 두 번째 문장도 제공합니다. 이 구문을 지나면 img_rows, img_cols, n_ch에 이미지의 행 크기, 열 크기, 채널 수가 입력됩니다.

다음은 초기화 함수의 입력 인자 중 in_ch가 정의됐다면 입력된 컬러 이미지를 흑백으로 바꾸는 단계입니다.

```
in_ch = n_ch if in_ch is None else in_ch
```

in_ch가 정의되지 않았다면 in_ch를 n_ch와 동일하게 만들어 컬러 이미지를 흑백으로 변환하지 않게 합니다.

CIFAR-10 이미지는 0~255 사이의 정수로 구성되어 있으므로 인공신경망 처리에 적합하도록 0~1 사이의 실수로 바꾸어줍니다.

```
x_train = x_train.astype('float32')
x_test = x_test.astype('float32')
x_train /= 255
x_test /= 255
```

참고로 인공신경망은 활성화 함수를 사용하기 때문에 입력과 출력이 0~1 또는 -1~1로 정규화되어 있으면 처리가 용이합니다.

이제 컬러를 흑백으로 바꾸는 내부 함수를 정의합니다.

```
def RGB2Gray(X, fmt):
    if fmt == 'channels_first':
        R = X[:, 0:1]
        G = X[:, 1:2]
        B = X[:, 2:3]
    else:  # "channels_last
        R = X[..., 0:1]
        G = X[..., 1:2]
```

```
    B = X[..., 2:3]
    return 0.299 * R + 0.587 * G + 0.114 * B
```

이 예제에서는 흑백 이미지를 컬러 이미지로 전환하는 UNET을 만들지만 여기서 활용할 CIFAR-10은 컬러 이미지로만 되어 있기 때문에 컬러를 흑백으로 전환하는 함수인 RGB2Gray()가 필요합니다. 여기서 fmt는 이미지가 들어 있는 포맷을 의미합니다. 색깔에 해당하는 차원이 첫 번째인지 세 번째인지에 따라 R, G, B 정보를 찾는 방법이 달라서 각각에 맞게 처리했습니다. 그 후에는 간단한 선형 수식을 이용해 컬러 이미지를 흑백으로 바꿨습니다.

컬러에서 흑백으로 전환하는 RGB2Gray()를 보면 컬러의 각 채널값에 각각 다른 상수를 곱한 후에 더해줍니다. 하지만 흑백에서 컬러로의 전환은 이렇게 간단하지가 않습니다. 색상 정보를 잃어버렸기 때문에 구조적 특성에서 색상을 예측해야 하기 때문입니다.

이후 모델링 훈련 단계에서는 이렇게 흑백으로 떨어뜨린 이미지를 입력으로 하여 원래 컬러 이미지를 출력하는 UNET 학습을 진행합니다.

흑백 이미지의 차원을 3차원에서 4차원으로 바꾸어주고 바뀐 후의 이미지 모양 정보를 input_shape에 저장합니다.

```
if backend.image_data_format() == 'channels_first':
    x_train_out = x_train.reshape(x_train.shape[0], n_ch,
                                  img_rows, img_cols)
    x_test_out = x_test.reshape(x_test.shape[0], n_ch,
                                img_rows, img_cols)
    input_shape = (in_ch, img_rows, img_cols)
else:
    x_train_out = x_train.reshape(x_train.shape[0], img_rows,
                                  img_cols, n_ch)
    x_test_out = x_test.reshape(x_test.shape[0], img_rows,
```

```
                                          img_cols, n_ch)
        input_shape = (img_rows, img_cols, in_ch)
```

CIFAR-10 데이터는 컬러 이미지라서 4차원입니다. 따라서 위 코드를 적용해
도 차원 확대가 일어나지 않고 이미지 모양만 input_shape에 저장됩니다.
이제 앞에서 만든 RGB2Gray() 함수를 데이터에 적용할 단계입니다.

```
if in_ch == 1 and n_ch == 3:
    x_train_in = RGB2Gray(x_train_out,
                          backend.image_data_format())
    x_test_in = RGB2Gray(x_test_out,
                         backend.image_data_format())
elif in_ch == 2 and n_ch == 3:
    x_train_in, x_test_in = RGB2RG(x_train_out, x_test_out,
                                   backend.image_data_format())
else:
    x_train_in = x_train_out
    x_test_in = x_test_out
```

학습 데이터인 x_train_in과 평가 데이터인 x_test_in에 모두 적용되었습니
다. 만약 처음부터 흑백 데이터이거나 데이터셋에서 준비할 입력 데이터가 컬러
인 경우라면 else문을 통과하여 변환이 진행되지 않습니다.

지금까지 처리된 데이터 중에서 DATA 클래스를 사용하는 코드에서 참조해야
하는 변수를 멤버 변수로 전환하는 과정을 진행합니다.

```
self.input_shape = input_shape
self.x_train_in, self.x_train_out = x_train_in, x_train_out
self.x_test_in, self.x_test_out = x_test_in, x_test_out
self.n_ch = n_ch
self.in_ch = in_ch
```

이제 멤버 변수로 전환된 변수 6개는 DATA 클래스의 인스턴스를 사용하는 부분에서 언제나 참조할 수 있습니다.

8.2.4 UNET 처리 그래프 그리기

❹ UNET의 학습 진행 상황과 결과를 그래프로 가시화하는 방법을 알아보겠습니다.

손실 변화를 그리는 plot_loss() 함수를 가져와 재사용하겠습니다.

```
from keraspp.skeras import plot_loss
```

결과를 가시화하기 위해서 파이썬의 그래프 기능을 제공하는 패키지를 불러옵니다.

```
import matplotlib.pyplot as plt
import numpy as np
```

결과 가시화를 담당하는 함수를 선언하고 관련된 데이터를 준비합니다.

```
def show_images(data, unet):
    x_test_in = data.x_test_in
    x_test_out = data.x_test_out
    decoded_imgs = unet.predict(x_test_in)
```

가시화를 담당하는 이 show_images()는 입력과 출력 평가 데이터를 이용하여 예측한 데이터를 사용하여 진행합니다.

채널 차원의 위치가 마지막이 아니라면 파이썬 이미지 처리에서 가정하는 위치를 마지막으로 변경합니다.

```python
    if backend.image_data_format() == 'channels_first':
        print(x_test_out.shape)
        x_test_out = x_test_out.swapaxes(1, 3).swapaxes(1, 2)
        print(x_test_out.shape)
        decoded_imgs = decoded_imgs.swapaxes(1, 3).swapaxes(1, 2)
        if data.in_ch == 1:
            x_test_in = x_test_in[:, 0, ...]
        elif data.in_ch == 2:
            print(x_test_out.shape)
            x_test_in_tmp = np.zeros_like(x_test_out)
            x_test_in = x_test_in.swapaxes(1, 3).swapaxes(1, 2)
            x_test_in_tmp[..., :2] = x_test_in
            x_test_in = x_test_in_tmp
        else:
            x_test_in = x_test_in.swapaxes(1, 3).swapaxes(1, 2)
    else:
        # x_test_in = x_test_in[..., 0]
        if data.in_ch == 1:
            x_test_in = x_test_in[..., 0]
        elif data.in_ch == 2:
            x_test_in_tmp = np.zeros_like(x_test_out)
            x_test_in_tmp[..., :2] = x_test_in
            x_test_in = x_test_in_tmp
```

이 처리를 채널 차원의 위치가 마지막이 아닌 경우에 적용하는 이유는 일반적으로 파이썬이 처리하는 이미지는 채널이 데이터 차원의 마지막에 있기 때문입니다. 즉 인공신경망 모델링에 사용한 이미지 데이터의 채널 차원 위치가 마지막이 아니고 1일 때는 마지막으로 바꾸어줍니다. 다시 말해 차원 1을 차원 3으로 옮겨주는 작업을 진행합니다. 차원 3이 차원 1로 가면 차원 2와 순서가 뒤집히기 때문에 다시 차원 1과 2를 바꾸어주었습니다.

이제 결과 이미지 10개를 가시화하는 반복문을 실행합니다.

```
.n = 10
plt.figure(figsize=(20, 6))
for i in range(n):
```

전체 이미지 크기에 해당하는 figsize를 (20, 6)으로 지정한 이유는 각 10개씩 3가지 종류의 이미지가 펼쳐지기 때문입니다. 가로로 10개씩, 세로로 3개씩이 나오게 됩니다.

먼저 평가에 사용한 입력 이미지를 첫 줄에 보여줍니다.

```
ax = plt.subplot(3, n, i + 1)
plt.imshow(x_test_in[i])
ax.get_xaxis().set_visible(False)
ax.get_yaxis().set_visible(False)
```

subplot()의 세 번째 인자(i + 1)는 계속 바뀌게 됩니다. 세 번째 인자가 가로 순서를 가리키기 때문에 그렇게 지정했습니다. 그리고 이미지끼리 비교하는 데 가로축과 세로축 눈금 정보는 불필요하므로 없앴습니다.

UNET이 평가용 입력 이미지를 컬러 이미지로 바꿉니다. UNET의 출력 이미지를 출력의 목표로 정한 원래 컬러 이미지와 비교할 수 있도록 입력, 출력, 목표 이미지를 같이 보여줍니다.

```
ax = plt.subplot(3, n, i + 1)
plt.imshow(x_test_in[i])
ax.get_xaxis().set_visible(False)
ax.get_yaxis().set_visible(False)
```

이제 subplot() 함수의 세 번째 인자를 보면 i + 1 + n으로 지정되어 있어 11번째부터 이미지를 그리게 됩니다. 이렇게 하면 subplot()의 두 번째 가로줄 개수를 나타내는 값이 10개 즉 n개가 넘었기 때문에 다음 줄에 표시됩니다.

그다음은 예측이 얼마나 잘되었는지 비교하기 위해 출력 평가용 이미지를 보여 줍니다.

```
ax = plt.subplot(3, n, i + 1 + n * 2)
plt.imshow(x_test_out[i])
ax.get_xaxis().set_visible(False)
ax.get_yaxis().set_visible(False)
```

3가지 그림을 다 그리고 나면 화면에 표시되도록 show()를 호출합니다.

```
plt.show()
```

8.2.5 UNET 학습 및 결과 확인

❺ UNET의 학습을 진행하고 성능을 평가해봅시다.

이 코드는 main() 함수로 작성합니다.

```
def main(in_ch=1, epochs=10, batch_size=128, fig=True):
    data = DATA(in_ch=in_ch)
    unet = UNET(data.input_shape, data.n_ch)
```

함수를 선언하고, 사용할 데이터를 data, 사용할 모델을 unet으로 준비했습니다. 파이썬 파일을 실행할 때 입력 인자 epochs, batch_size, fig 값을 지정합니다. 이제 다음과 같이 학습합니다.

```
history = unet.fit(data.x_train_in, data.x_train_out,
                   epochs=epochs,
                   batch_size=batch_size,
                   shuffle=True,
                   validation_split=0.2)
```

입력과 출력에 사용할 데이터를 지정해 fit() 함수로 학습합니다. 그리고 검증
에는 이 데이터의 20%를 사용합니다. 학습과 검증 모두에 평가 데이터는 사용하
지 않습니다.

이제 학습 곡선과 결과를 보여줍니다.

```
if fig:
    plot_loss(history)
    show_images(data, unet)
```

입력 인자인 fig가 True로 설정이 되어 있다면 8.2.4절의 'UNET 처리 그래
프 그리기'에서 준비한 가시화 코드를 이용하여 그래프를 각각 그려줍니다. [그림
8-2]는 학습 곡선이고, [그림 8-3]은 학습 결과를 시각화한 그림입니다.

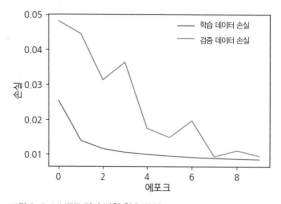

그림 8-2 UNET 컬러 변환 학습 곡선

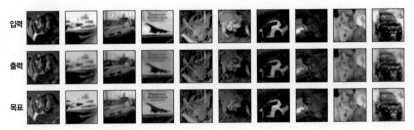

입력

출력

목표

그림 8-3 UNET 컬러 변환 결과 검증 그래프

 그림에서 첫째 줄은 입력한 흑백 이미지, 둘째 줄은 UNET에서 출력된 이미지, 셋째 줄은 학습에 사용된 RGB 이미지입니다.

 이 함수를 수행하기 위해서는 전체 코드를 가져온 후 다음과 같이 호출하면 됩니다.

```
main(in_ch=1, epochs=10, batch_size=128, fig=True)
```

❻ 다른 방법으로는 명령행에서 수행하는 방법이 있습니다. 그때는 위와 동일한 기능을 수행하기 위해 다음과 같이 인자를 줍니다.

```
$ python3 unet_bw2c.py --epochs 100 --batch_size 128 --fig True
```

 명령행에서 인자를 받아 실행하려면 다음과 같은 코드를 추가로 작성해야 합니다.

```
if __name__ == '__main__':
```

 이렇게 하면 if문 이하는 명령행에서 실행할 때만 적용됩니다. 이 파일을 파이썬 내부에서 import로 호출하는 경우는 실행되지 않습니다.

다음으로 명령행에서 입력한 인자를 편리하게 받아오는 패키지를 불러옵니다.

```
import argparse
from distutils import util
```

argparse는 명령행 인자를 처리하는 패키지이고, util은 문자열을 참거짓 형태로 바꾸는 함수를 제공합니다.

이제 명령행을 처리하는 파서를 만듭니다.

```
parser = argparse.ArgumentParser(description='UNET: Gray to RGB')
parser.add_argument('--input_channels', type=int, default=2,
                    help='input channels (default: 1)')
parser.add_argument('--epochs', type=int, default=10,
                    help='training epochs (default: 10)')
parser.add_argument('--batch_size', type=int, default=128,
                    help='batch size (default: 128)')
parser.add_argument('--fig', type=lambda x: bool(util.strtobool(x)),
                    default=True, help='show figures (default: True)')
args = parser.parse_args()
```

클래스 인스턴스를 가장 먼저 만들었습니다. 그리고 필요한 인자를 add_argument() 함수를 이용해 하나씩 더합니다. 더할 때는 입력이 없을 경우를 고려해 기본값을 지정해줍니다.

인자 중에 True와 False 문자열은 불리언형으로 처리해야 합니다. 그래서 util.strtobool() 함수로 문자를 불리언값으로 바꿨습니다. 이 과정이 끝나면 명령행으로 주어진 입력 인자 열을 파서하기 시작합니다.

화면에 어떻게 파서가 이루어졌는지 표시합니다. 그리고 그 파서 된 인자를 이용해 main() 함수를 불러주면 모든 과정이 완료됩니다.

```
    print("Aargs:", args)
    main(args.epochs, args.batch_size, args.fig)
```

전체 코드

이 책의 깃허브에서 이번 예제를 내려받을 수 있습니다.

- 깃허브 파일명: ex8_1_unet_cifar10.py
- 깃허브 주피터: nb_ex8_1_unet_cifar10.ipynb

윈도우, 맥OS, 우분투에서 다음과 같은 명령으로 실행합니다.

```
$ python ex8_1_unet_cifar10.py
```

예제 8-1 UNET을 이용한 컬러 복원 처리

```
❶ # 패키지 가져오기
  from keras import models, backend
  from keras.layers import Input, Conv2D, MaxPooling2D, Dropout, Activation
  from keras.layers import UpSampling2D, BatchNormalization, Concatenate

❷ # UNET 모델링
  class UNET(models.Model):
      def __init__(self, org_shape, n_ch):
          ic = 3 if backend.image_data_format() == 'channels_last' else 1

          def conv(x, n_f, mp_flag=True):
              x = MaxPooling2D((2, 2), padding='same')(x) if mp_flag else x
              x = Conv2D(n_f, (3, 3), padding='same')(x)
              x = BatchNormalization()(x)
              x = Activation('tanh')(x)
              x = Dropout(0.05)(x)
              x = Conv2D(n_f, (3, 3), padding='same')(x)
              x = BatchNormalization()(x)
```

```
        x = Activation('tanh')(x)
        return x

    def deconv_unet(x, e, n_f):
        x = UpSampling2D((2, 2))(x)
        x = Concatenate(axis=ic)([x, e])
        x = Conv2D(n_f, (3, 3), padding='same')(x)
        x = BatchNormalization()(x)
        x = Activation('tanh')(x)
        x = Conv2D(n_f, (3, 3), padding='same')(x)
        x = BatchNormalization()(x)
        x = Activation('tanh')(x)
        return x

    # Input
    original = Input(shape=org_shape)

    # Encoding
    c1 = conv(original, 16, mp_flag=False)
    c2 = conv(c1, 32)

    # Encoder
    encoded = conv(c2, 64)

    # Decoding
    x = deconv_unet(encoded, c2, 32)
    x = deconv_unet(x, c1, 16)

    decoded = Conv2D(n_ch, (3, 3), activation='sigmoid',
                     padding='same')(x)

    super().__init__(original, decoded)
    self.compile(optimizer='adadelta', loss='mse')


❸ # 데이터 준비
  from keras import datasets, utils

  class DATA():
      def __init__(self, in_ch=None):
```

```
(x_train, y_train), (x_test, y_test) = datasets.cifar10.
load_data()
if x_train.ndim == 4:
    if backend.image_data_format() == 'channels_first':
        n_ch, img_rows, img_cols = x_train.shape[1:]
    else:
        img_rows, img_cols, n_ch = x_train.shape[1:]
else:
    img_rows, img_cols = x_train.shape[1:]
    n_ch = 1
# in_ch can be 1 for changing BW to color image using UNet
in_ch = n_ch if in_ch is None else in_ch

x_train = x_train.astype('float32')
x_test = x_test.astype('float32')
x_train /= 255
x_test /= 255

def RGB2Gray(X, fmt):
    if fmt == 'channels_first':
        R = X[:, 0:1]
        G = X[:, 1:2]
        B = X[:, 2:3]
    else:  # "channels_last
        R = X[..., 0:1]
        G = X[..., 1:2]
        B = X[..., 2:3]
    return 0.299 * R + 0.587 * G + 0.114 * B

def RGB2RG(x_train_out, x_test_out, fmt):
    if fmt == 'channels_first':
        x_train_in = x_train_out[:, :2]
        x_test_in = x_test_out[:, :2]
    else:
        x_train_in = x_train_out[..., :2]
        x_test_in = x_test_out[..., :2]
    return x_train_in, x_test_in

if backend.image_data_format() == 'channels_first':
    x_train_out = x_train.reshape(x_train.shape[0],
```

```
                                        n_ch, img_rows,
                                        img_cols)
            x_test_out = x_test.reshape(x_test.shape[0], n_ch,
                                        img_rows, img_cols)
            input_shape = (in_ch, img_rows, img_cols)
        else:
            x_train_out = x_train.reshape(x_train.shape[0],
                                        img_rows, img_cols, n_ch)
            x_test_out = x_test.reshape(x_test.shape[0], img_rows,
                                        img_cols, n_ch)
            input_shape = (img_rows, img_cols, in_ch)

        if in_ch == 1 and n_ch == 3:
            x_train_in = RGB2Gray(x_train_out,
                                backend.image_data_format())
            x_test_in = RGB2Gray(x_test_out,
                                backend.image_data_format())
        elif in_ch == 2 and n_ch == 3:
            x_train_in, x_test_in = RGB2RG(x_train_out, x_test_out,
                                        backend.image_data_format())
        else:
            x_train_in = x_train_out
            x_test_in = x_test_out

        self.input_shape = input_shape
        self.x_train_in, self.x_train_out = x_train_in, x_train_out
        self.x_test_in, self.x_test_out = x_test_in, x_test_out
        self.n_ch = n_ch
        self.in_ch = in_ch


❹ # UNET 처리 그래프 그리기
  from keraspp.skeras import plot_loss
  import matplotlib.pyplot as plt
  import numpy as np

  def show_images(data, unet):
      x_test_in = data.x_test_in
      x_test_out = data.x_test_out
      decoded_imgs = unet.predict(x_test_in)
```

```python
if backend.image_data_format() == 'channels_first':
    print(x_test_out.shape)
    x_test_out = x_test_out.swapaxes(1, 3).swapaxes(1, 2)
    print(x_test_out.shape)
    decoded_imgs = decoded_imgs.swapaxes(1, 3).swapaxes(1, 2)
    if data.in_ch == 1:
        x_test_in = x_test_in[:, 0, ...]
    elif data.in_ch == 2:
        print(x_test_out.shape)
        x_test_in_tmp = np.zeros_like(x_test_out)
        x_test_in = x_test_in.swapaxes(1, 3).swapaxes(1, 2)
        x_test_in_tmp[..., :2] = x_test_in
        x_test_in = x_test_in_tmp
    else:
        x_test_in = x_test_in.swapaxes(1, 3).swapaxes(1, 2)
else:
    # x_test_in = x_test_in[..., 0]
    if data.in_ch == 1:
        x_test_in = x_test_in[..., 0]
    elif data.in_ch == 2:
        x_test_in_tmp = np.zeros_like(x_test_out)
        x_test_in_tmp[..., :2] = x_test_in
        x_test_in = x_test_in_tmp

n = 10
plt.figure(figsize=(20, 6))
for i in range(n):

    ax = plt.subplot(3, n, i + 1)
    plt.imshow(x_test_in[i])
    ax.get_xaxis().set_visible(False)
    ax.get_yaxis().set_visible(False)

    ax = plt.subplot(3, n, i + 1 + n)
    plt.imshow(decoded_imgs[i])
    ax.get_xaxis().set_visible(False)
    ax.get_yaxis().set_visible(False)

    ax = plt.subplot(3, n, i + 1 + n * 2)
```

```
            plt.imshow(x_test_out[i])
            ax.get_xaxis().set_visible(False)
            ax.get_yaxis().set_visible(False)

        plt.show()
```

❺ *# UNET 학습 및 결과 확인*
```
    def main(in_ch=1, epochs=10, batch_size=128, fig=True):
        data = DATA(in_ch=in_ch)
        unet = UNET(data.input_shape, data.n_ch)

        history = unet.fit(data.x_train_in, data.x_train_out,
                           epochs=epochs,
                           batch_size=batch_size,
                           shuffle=True,
                           validation_split=0.2)

        if fig:
            plot_loss(history)
            show_images(data, unet)
```

❻ *# 명령행 인자 처리*
```
    if __name__ == '__main__':
        import argparse
        from distutils import util

        parser = argparse.ArgumentParser(description='UNET: Gray to RGB')
        parser.add_argument('--input_channels', type=int, default=2,
                            help='input channels (default: 1)')
        parser.add_argument('--epochs', type=int, default=10,
                            help='training epochs (default: 10)')
        parser.add_argument('--batch_size', type=int, default=128,
                            help='batch size (default: 128)')
        parser.add_argument('--fig', type=lambda x: bool(util.strtobool(x)),
                        default=True, help='show figures (default: True)')
        args = parser.parse_args()

        print("Aargs:", args)
        main(args.input_channels, args.epochs, args.batch_size, args.fig)
```

8.3 마치며

이 장에서는 이미지 처리에 우수한 성능을 보이는 UNET 구조를 알아보고 케라스로 예제를 구현했습니다. UNET은 입력 이미지를 특별한 형태로 변형하는 데 사용되는 인공신경망입니다. 예를 들어 흑백 이미지를 컬러 이미지로 전환할 때에 사용할 수 있습니다.

같은 차원의 각 부호화 계층의 출력을 같은 차원의 각 복호화 계층에 연결하는 부분을 제외하면 UNET은 AE와 구조적으로 매우 유사합니다. 이 같은 방식은 차원이 같은 부호화 계층의 특징점을 재활용해 공간축 정보를 최대한 활용하기 때문에 이미지 처리 성능을 극대화할 수 있습니다.

다음 장에서는 인공신경망을 실전에 응용할 때 사용하는 유용한 기능에 대해 알아봅니다.

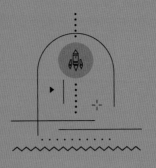

심화 편

케라스
확장 기능

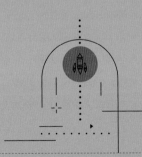

케라스의 다양한 응용 기능을 익혀 인공지능 기술을 실전에 활용하는 능력을 강화합니다.

케라스
확장 기능

실무에서는 고성능을 낼 만큼의 학습 데이터를 확보하지 못하는 경우가 많습니다. 이럴 때는 학습 데이터 수를 늘리거나 기존에 학습된 인공신경망을 재활용해야 합니다. 또한 새로운 신경망의 계층이나 손실 함수를 구현할 때는 케라스 고급 또는 확장 기능을 알면 효과적으로 처리할 수 있습니다. 이 장에서는 실제 문제에 인공지능을 활용할 때 생기는 문제를 효율적으로 처리하는 응용 기법을 알아봅니다.

- 이미지 데이터 증강하기
- 미리 학습한 모델 사용하기
- 간단한 신규 계층 만들기
- 학습 가능한 신규 계층 만들기
- 케라스의 확장된 기능 이용하기

9.1 이미지 데이터 증강하기

이미지 데이터 수가 적을 때는 케라스의 서브패키지 ImageDataGenerator를 이용하면 다양한 형태로 이미지 수를 늘릴 수 있습니다.

같은 사물이라도 사진을 찍은 각도나 거리가 다양할 수 있습니다. 이 경우에 사람과 달리 인공지능은 제대로 판별하기가 어렵습니다. 특히, 학습 데이터가 적으면 더 어렵습니다. 이런 문제를 해결하는 데는 **이미지 데이터 증강**Data augmentation 방법이 유용합니다. 이 방법을 케라스의 ImageDataGenerator 클래스가 제공합니다.

인공지능을 이용해 데이터를 처리하는 응용 코드와 인공지능을 구성하는 세부 모듈을 알아보겠습니다. 응용 코드는 세부 모듈을 불러와서 사용하기 때문에 간단합니다. 반면 세부 모듈에는 케라스 모델을 비롯해 구체적인 코드가 들어갑니다. 일반적으로 인공지능 응용은 주어진 데이터에 특정 모델을 적용하기 때문에 이렇게 응용 코드와 세부 모듈로 나누면 작업하기가 편합니다.

이번 구현에도 CIFAR-10 이미지 데이터를 사용합니다. 이 데이터셋에는 10가지 사물의 사진이 총 6만 개 들어 있습니다. 이 중 1만 개 이미지는 평가용입니다. 따라서 일반적으로 학습은 5만 개로 진행합니다. 여기서는 데이터를 늘리는 것을 연습하기 때문에 5만 개 중에서 일부를 이용해 학습합니다.

9.1.1 응용 코드 구현

예제를 수행해보겠습니다. Keraspp를 설치하고 설치한 경로를 PYTHONPATH에 포함합니다.

keraspp_2022 설치는 깃허브에서 케라스 예제에 사용된 코드를 가지고 와서 진행합니다.

```
$ cd $HOME
$ git clone https://github.com/jskDr/keraspp_2022
$ cd keraspp
```

설치한 경로를 .bashrc 파일에 다음과 같이 환경변수로 지정합니다.

```
export PYTHONPATH=$HOME/keraspp_2022:$PYTHONPATH
```

여기서는 HOME 환경변수에 설정된 디렉터리 아래에 케라스를 설치했다고 가정했습니다. 환경변수를 바꾼 뒤에는 source 명령으로 수정한 환경변수가 실제로 적용되게 합니다.

```
$ source ~/.bashrc
```

다음으로 아이파이썬을 실행합니다.

```
$ ipython
Python 3.6.1 |Anaconda custom (64-bit)| (default, May 11 2017, 13:09:58)
Type "copyright", "credits" or "license" for more information.

IPython 5.3.0 -- An enhanced Interactive Python.
?          -> Introduction and overview of IPython's features.
%quickref -> Quick reference.
help       -> Python's own help system.
object?    -> Details about 'object', use 'object??' for extra details.
```

아이파이썬은 명령행에서 파이썬을 편리하게 사용하도록 돕는 도구입니다. 아나콘다 파이썬을 설치하면 같이 설치됩니다. 아나콘다 파이썬 설치 방법은 1.1절

'우분투에서 케라스 설치하기'를 참조하면 됩니다. 그리고 아이파이썬 실행 후에
나온 화면은 설치한 파이썬 버전과 아이파이썬 버전에 따라 다를 수 있습니다.

아이파이썬 환경에 들어가면 명령행이 'In [1]:'로 바뀌게 됩니다. 여기에서 이
번 예제를 가져옵니다.

```
In [1]: import ex9_1_applications_agumentation
```

머신을 만들고 실행합니다.

```
In [2]: m = ex9_1_applications_agumentation.Machine()
In [3]: m.run()
```

간단한 테스트를 위해 예제에서 사용한 매개변수를 디폴트로 설정했습니다. 매개
변수는 $HOME/keraspp 아래에 있는 ex9_1_applications_agumentation.
py에서 변경할 수 있습니다.

이번 코드는 하향식 구현을 이용하여 응용 코드와 세부 코드를 나누어서 만들었
습니다.

먼저 응용 코드를 구현합니다.

응용 코드를 위한 패키지 가져오기

❶ 응용 코드에 필요한 라이브러리를 가져옵니다.

사이킷런과 케라스에서 필요한 서브패키지를 불러옵니다. 사이킷런은 오래전부
터 파이썬의 주요 과학기술 패키지로 널리 애용되어온 패키지입니다.

```
from sklearn import model_selection
from keras import datasets
```

model_selection은 CIFAR-10에 들어 있는 학습 데이터 5만 개 중에서 임의로 천 개만 가져오는 데 활용할 train_test_split() 함수가 들어 있는 사이킷런의 서브패키지입니다. 그리고 케라스 아래의 데이터셋은 CIFAR-10을 부르는 데 사용할 케라스 서브패키지입니다.

이미지 데이터의 RGB 채널 위치를 설정합니다.

```python
import keras
assert keras.backend.image_data_format() == 'channels_last'
```

image_data_format()이 'channels_last'가 아니라 'channels_first'이면 assert문에 의해 코드 수행이 멈추고 경고가 출력됩니다. 이번 코드에서는 'channels_last'를 가정하기 때문에 이 assert문을 넣어두었습니다. 참고로 image_data_format은 ~/.keras 아래에 keras.json에 정의되어 있습니다.

keraspp 폴더 안에 들어 있는 aigen.py를 가져옵니다.

```python
from keraspp import aigen
```

머신 클래스를 상속하여 데이터 지정

❷ 머신 클래스를 상속하여 사용할 데이터를 지정합니다.

```python
class Machine(aigen.Machine_Generator):
    def __init__(self):
```

이제 학습에 사용할 공개 데이터인 CIFAR-10을 불러옵니다.

```python
(x_train, y_train), (x_test, y_test) = datasets.cifar10.load_data()
```

여기서 datasets.cifar10은 케라스가 제공하는 공개 데이터셋 중에서 CIFAR -10을 부르는 서브패키지입니다. 또한 datasets.cifar10.load_data()를 하면 학습용 데이터와 평가용 데이터가 각각 불러집니다.

적은 데이터 수를 더 늘려주는 방법을 다루므로 CIFAR-10 데이터 중 일부만을 임의로 뽑아서 가져옵니다.

```
_, X, _, y = model_selection.train_test_split(x_train, y_train,
                test_size=0.02)
```

train_test_split()으로 평가용 데이터를 분리합니다. 2%에 해당하는 천 개의 데이터를 (X, y)로 가져왔습니다. 데이터를 뽑을 때는 무작위로 데이터를 혼합해 임의의 이미지를 선택합니다.

처리하기 적합하도록 이미지 데이터를 정수에서 실수로 변경합니다.

```
X = X.astype(float)
```

이상으로 입력 데이터가 준비되었습니다.

이미지를 늘려주는 기능이 포함된 머신 클래스를 사용합니다. 이 클래스는 학습이 진행되는 동안 이미지를 지정한 매개변수에 근거하여 여러 형태로 늘려줍니다. 이제 늘리기 매개변수를 지정합니다.

```
gen_param_dict = {'rotation_range':10}
```

gen_param_dict는 이미지 늘리기 매개변수를 가지고 있는 딕셔너리입니다. 이 예제에는 roration_range만 지정했지만 다양한 매개변수를 적용할 수 있습니다. 실제 문제에 적용할 경우 처한 상황에 맞게 이미지를 늘리려면 매개변수에 대해 알아야 합니다. 다음은 전체 매개변수에 관한 설명입니다.

매개변수	설명
featurewise_center	불리언값. 특징점별로 데이터셋의 입력 평균을 0으로 설정
samplewise_center	불리언값. 각 샘플의 평균을 0으로 설정
featurewise_std_normalization	불리언값. 특징점별로 데이터셋의 분산을 1로 설정
samplewise_std_normalization	불리언값. 샘플별로 데이터셋의 분산을 1로 설정
zca_epsilon	epsilon for ZCA 화이트닝을 위한 엡실론. 여기서 앱실론은 역행렬 계산 시 0으로 발산하는 걸 방지하는 값. 기본값은 1e-6
zca_whitening	불리언값. ZCA 화이트닝 포함 여부
rotation_range	정수. 회전 범위
width_shift_range	실수(전체 크기에 대한 비율). 수평 이동 범위
height_shift_range	실수(전체 크기에 대한 비율). 수직 이동 범위
shear_range	실수. 라디안으로 표현된 전단치
zoom_range	실수 또는 [하한, 상한]. 무작위 줌을 위한 범위. 실수의 경우 [lower, upper]=[1-zoom_range, 1+zoom_range]
channel_shift_range	실수. 무작위 채널 전이값의 범위
fill_mode	{"constant", "nearest", "reflect" or "wrap"} 중의 하나. 입력 경계 외부의 점은 주어진 모드에 따라 채워짐
cval	실수 또는 정수. 외부 영역을 채울 값. 단, fill_mode = "constant"라고 가정
horizontal_flip	불리언값. 수평축으로 임의로 뒤집기 여부
vertical_flip	불리언값. 수직축으로 임의로 뒤집기 여부

rescale	스케일 계수. 기본값은 None. None 또는 0이면 재조정이 적용되지 않음. 그렇지 않으면 다른 변환을 적용하기 전에 데이터에 제공된 값을 곱함
preprocessing_function	함수는 각 입력에 대해 수행됨. 이 함수는 다른 수정을 하기 전에 실행됨. 이 함수는 하나의 인자(차원 3의 넘파이 텐서)를 취해야 하며 같은 모양의 넘파이 텐서를 출력해야 함

표 9-1 케라스 이미지 증강을 위한 옵션

```python
super().__init__(X, y, nb_classes=10,
                 gen_param_dict=gen_param_dict)
```

앞서 datasets.cifar10과 train_test_split으로 가져온 이미지 천 개와 각 이미지에 해당하는 레이블 정보를 머신에게 알려주었습니다. 또한 이 데이터의 레이블은 총 몇 가지의 클래스로 구성되어 있는지 입력했습니다. 마지막으로 앞서 지정한 늘리기 매개변수의 딕셔너리형 변수를 입력했습니다.

학습 및 성능 평가 수행

❸ 주 함수를 만들어 모델의 학습 및 성능 평가를 수행합니다.

```python
def main():
    m = Machine()
    m.run()
```

먼저 케라스의 ImageDataGenerator 클래스를 동작시키는 인공지능 머신의 인스턴스를 만들었습니다. 그리고 학습과 평가를 진행했습니다.

이 함수는 학습을 200회 진행하고 나서 입력한 데이터의 20%를 사용해서 학습 결과를 평가합니다. 실행하면 제일 먼저 학습 진행 상황이 나옵니다. 제일 마지막 줄은 다음과 같습니다.

```
Epoch 200/200
10/10 [==============================] - 0s - loss: 0.0323 -
acc: 0.9869 - val_loss: 3.4239 - val_acc: 0.4600
```

200회 학습의 검증 정확도가 0.46이고 검증 손실이 3.4239입니다. 물론 학습 데이터로 인한 성능은 더 높습니다. 그러나 실제 신경망의 성능은 검증 데이터 또는 평가 데이터의 결과를 사용합니다.

이어서 학습 결과를 분석한 내용이 출력됩니다.

```
혼동 행렬
[[19  0  0  0  0  0  0  2  4  4]
 [ 0  8  0  0  0  0  2  0  0  1]
 [ 1  0  4  0  3  0  4  4  2  1]
 [ 1  0  0  5  0  5  2  1  2  2]
 [ 1  0  2  0  7  0  3  3  1  1]
 [ 0  1  3  3  2  4  2  3  0  0]
 [ 0  0  0  1  3  0  8  0  1  0]
 [ 2  1  0  1  1  1  0 14  1  2]
 [ 9  3  0  0  0  0  0  1 13  1]
 [ 1  5  1  1  1  0  4  0  1 10]]
```

혼동 행렬 Confusion matrix[16]은 [표 9-2]와 같이 열 방향 입력 레이블이 행 방향 출력 레이블로 몇 번 나왔는지를 보여줍니다.

---

16 파이썬 사이킷런이 제공하는 sklearn.metrics.confusion_matrix으로 계산합니다(http://scikit-learn.org/stable/modules/generated/sklearn.metrics.confusion_matrix.html).

구분		예측한 레이블				
	서명	1번	2번	3번	4번	5번
실제 입력한 레이블	1번	30	0	0	0	0
	2번	0	30	0	0	0
	3번	0	0	30	0	0
	4번	0	0	0	30	0
	5번	3	1	0	1	25

표 9-2 혼동 행렬의 예   출처: http://ko.wikipedia.org/wiki/혼동_행렬

그림에서 실제 입력한 레이블 1번의 경우 30개 전체가 예측에서 동일하게 나왔지만 실제 입력한 5번 클래스의 경우 25개만 제대로 나오고 나머지 5개는 다른 클래스에서 나왔습니다. 테이블값을 $C(i, j)$로 표현하면 열에 해당하는 i축은 실제 입력한 레이블의 인덱스에 해당하고, 행에 해당하는 j축은 예측을 통해 나온 레이블의 인덱스에 해당합니다. 따라서 제대로 판별된 수는 대각선 위치에 나타납니다. 대각선이 아닌 다른 위치의 값들은 판별 오류 수를 나타냅니다. 이처럼 클래스별로 보여주기 때문에 오류 분석에 용이합니다.

그다음은 평가 결과 성능이 출력됩니다.

```
Test score: 3.42389282227
Test accuracy: 0.46
```

또한 학습 곡선과 학습 곡선을 저장한 폴더명이 다음과 같이 나옵니다.

```
Output results are saved in output_170923_225906
```

학습 곡선은 output_170923_225906 폴더에 자동으로 저장됩니다. 다음

[그림 9-1]을 보면 데이터 수가 적어 손실 곡선이 시간이 갈수록 나빠지는 것을
알 수 있습니다.

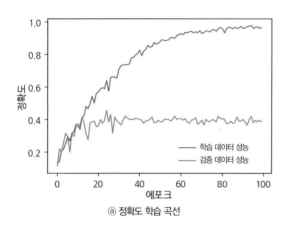

ⓐ 정확도 학습 곡선

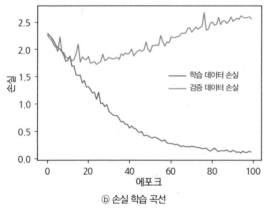

ⓑ 손실 학습 곡선

그림 9-1　이미지 늘리기에서 학습 횟수에 따른 정확도와 손실의 변화

9.1.2 세부 모듈 구현

　이미지 데이터 증강에 사용된 aigen.py에 들어 있는 세부 모듈을 살펴보겠습
니다.

　세부 모듈은 aicnn.Machine 클래스를 상속하여 구현합니다.

세부 모듈을 위한 패키지 가져오기

❹ ImageDataGenerator와 aicnn을 가져옵니다.

```
from keras.preprocessing.image import ImageDataGenerator
from . import aicnn
```

ImageDataGenerator 클래스는 케라스의 preprocessing 서브패키지 아래 image에 들어 있습니다. aicnn에는 CNN과 관련된 코드가 들어 있습니다.

머신 생성 클래스 구현

❺ Machine_Generator 클래스를 구현합니다.

keraspp 아래에 있는 dl 모듈에서 Machine_Generator 클래스를 이용했습니다. Machine_Generator는 CNN을 학습하고 성능을 평가하는 머신인 aicnn.Machine의 발전된 버전입니다. aicnn.Machine은 실제 학습에 사용할 데이터를 제공하면 주어진 문제에 인공신경망을 편리하게 적용하는 기능을 제공하는 클래스입니다. 여기에 이미지 데이터 증강 기능을 더해준 클래스가 Machine_Generator입니다.

이제 Machine_Generator 클래스를 구현합니다. 먼저 Machine_Generator 클래스를 부모 클래스인 aicnn.Machine으로부터 상속받습니다.

```
class Machine_Generator(aicnn.Machine):
```

이제 클래스를 초기화합니다.

```
def __init__(self, X, y, nb_classes=2, steps_per_epoch=10,
             fig=True, gen_param_dict=None):
    super().__init__(X, y, nb_classes=nb_classes, fig=fig)
```

```
self.set_generator(steps_per_epoch=steps_per_epoch,
                   gen_param_dict=gen_param_dict)
```

super().__init__() 함수는 부모 클래스인 Machine_cnn_lenet의 도움을 받아 클래스 초기화를 진행합니다. 다음으로 self.set_generator() 함수를 이용해 이미지 데이터 증강 클래스인 ImageDataGenerator를 초기화했습니다. 이때 클래스 인스턴스 생성 시 입력받은 gen_param_dict를 이용해 ImageDataGenerator 클래스를 초기화합니다. 한편 steps_per_epoch는 한 에포크마다 얼마나 많은 데이터 블록을 생성할지를 지정합니다.

self.set_generator() 함수를 구현하면서 좀 더 자세히 알아보겠습니다.

```
def set_generator(self, steps_per_epoch=10, gen_param_dict=None):
    if gen_param_dict is not None:
        self.generator=ImageDataGenerator(**gen_param_dict)
    else:
        self.generator=ImageDataGenerator()

    self.generator.fit(self.data.X_train, seed=0)
    self.steps_per_epoch=steps_per_epoch
```

gen_param_dict가 주어지지 않은 경우에 발생할 오류를 방지하고자 if문을 이용했습니다. 그래서 gen_param_dict가 None이 되면 매개변수 입력 없이 ImageDataGenerator의 인스턴스가 생성됩니다. 물론 gen_param_dict가 주어지면 이를 이용해 생성합니다. 매개변수가 없는 경우는 학습 데이터를 임의의 순서로 혼합하는 기능을 수행하지만 이미지 데이터 증강은 진행되지 않습니다.

그런 다음 self.generator.fit()을 했습니다. 그러면 ImageDataGenerator가 실제 학습에 사용될 데이터의 특성을 파악합니다. 그리고 학습이 진행될 때 이용하도록 steps_per_epoch를 클래스 변수로 만들어뒀습니다.

이제 학습을 진행하는 함수를 만들 차례입니다.

```
def fit(self, nb_epoch=10, batch_size=64, verbose=1):
    model = self.model
    data = self.data
    generator = self.generator
    steps_per_epoch = self.steps_per_epoch

    history = model.fit_generator(generator.flow(data.X_train,
                data.Y_train, batch_size=batch_size),
                epochs=nb_epoch, steps_per_epoch=steps_per_epoch,
                validation_data=(data.X_test, data.Y_test))

    return history
```

model, data, generator, steps_per_epoch의 값을 클래스 변수에서 가져옵니다. 함수 인자 대신 클래스 변수로 사용하면 코드 구현이나 수정이 편리하기 때문입니다. 클래스 변수를 이용하면 인자가 상속하면서 늘더라도 함수형을 바꾸지 않고도 늘어나는 인자를 처리할 수 있습니다.

이어서 model.fit_generator()로 학습합니다. 2장에서 다룬 ANN에서 사용한 fit() 대신 fit_generator()를 사용한 이유는 ImageDataGenerator 클래스를 사용하기 때문입니다. 학습 데이터(data.X_train과 data.Y_train)를 직접 제공하지 않고 generator.flow(data.X_train, data.Y_train, batch_size=batch_size)와 같이 넣어줍니다. 이렇게 하면 generator.flow() 함수가 입력 데이터를 여러 형태로 변형하면서 데이터 수를 늘려줍니다.

Epochs는 fit()과 마찬가지로 총 에포크를 의미합니다. 또한 validata_data도 fit()에 사용된 것입니다. 다만 steps_per_epoch는 새로운 것입니다. 이 steps_per_epoch에 지정된 횟수만큼 generator를 수행 시켜 길이가 batch_size인 여러 블록을 생성합니다. 따라서 한 에포크에 사용되는 데이터 수는 총 steps_per_epoch×batch_size가 됩니다. 이 길이는 steps_per_epoch의 설정에 따라 data.X_train에 들어가는 이미지 수보다 많아질 수 있습니다. 따라서 적은 이미지 데이터로도 많은 데이터로 학습하는 효과를 낼 수 있습니다.

전체 코드

이 예제의 전체 코드는 깃허브에 올라와 있습니다.

- 깃허브 실행 파일명: ex9_1_agumentation.py
- 깃허브 세부 코드 파일명: keraspp/aigen.py
- 깃허브 주피터: nb_ex9_1_agumentation.ipynb

윈도우, 맥OS, 우분투에서 다음과 같은 명령으로 실행합니다.

```
$ python ex9_1_agumentation.py
```

예제 9-1 이미지 데이터 증강 실행 코드

❶ # 응용 코드를 위한 패키지 가져오기
```
from sklearn import model_selection
from keras import datasets
import keras
assert keras.backend.image_data_format() == 'channels_last'

from keraspp import aigen
```

❷ # 머신 클래스를 상속하여 데이터 지정
```
class Machine(aigen.Machine_Generator):
```

```python
    def __init__(self):
        (x_train, y_train), (x_test, y_test) = datasets.cifar10.load_
        data()
        _, X, _, y = model_selection.train_test_split(x_train,
                            y_train, test_size=0.02)
        X = X.astype(float)

        gen_param_dict = {'rotation_range': 10}

        super().__init__(X, y, nb_classes=10,
                            gen_param_dict=gen_param_dict)
```

❸ # 학습 및 성능 평가 수행
```python
def main():
    m = Machine()
    m.run()

if __name__ == '__main__':
    main()
```

예제 9-2 이미지 데이터 증강 세부 코드

❹ # 세부 모듈을 위한 패키지 가져오기
```python
from keras.preprocessing.image import ImageDataGenerator
from . import aicnn
```

❺ # 머신 생성 클래스 구현
```python
class Machine_Generator(aicnn.Machine):
    def __init__(self, X, y, nb_classes=2, steps_per_epoch=10,
                    fig=True, gen_param_dict=None):
        super().__init__(X, y, nb_classes=nb_classes, fig=fig)
        self.set_generator(steps_per_epoch=steps_per_epoch,
                            gen_param_dict=gen_param_dict)

    def set_generator(self, steps_per_epoch=10, gen_param_dict=None):
        if gen_param_dict is not None:
            self.generator = ImageDataGenerator(**gen_param_dict)
        else:
```

```
        self.generator = ImageDataGenerator()

        print(self.data.X_train.shape)

        self.generator.fit(self.data.X_train, seed=0)
        self.steps_per_epoch = steps_per_epoch

    def fit(self, epochs=10, batch_size=64, verbose=1):
        model = self.model
        data = self.data
        generator = self.generator
        steps_per_epoch = self.steps_per_epoch

        history = model.fit_generator(generator.flow(data.X_train,
                    data.Y_train, batch_size=batch_size),
                    epochs=epochs, steps_per_epoch=steps_per_epoch,
                    validation_data=(data.X_test, data.Y_test))

        return history
```

9.2 미리 학습한 모델 사용하기

학습 데이터가 많지 않을 때 성능을 높이는 또 다른 방법은 기존에 미리 학습한 모델^{Pretrained model}을 활용하는 것입니다. 9.1절에서 사용한 모듈을 객체지향 상속 기능을 활용하여 확장해 구현합니다.

9.2.1 응용 코드 구현

미리 학습한 모델을 사용하는 데 필요한 응용 코드를 순서대로 구현하겠습니다.

응용 코드를 위한 패키지 가져오기

❶ 미리 학습된 모델을 사용하기 위해서 keraspp 디렉터리 아래에 있는 aiprt. py를 가져옵니다.

```
from sklearn import model_selection
from keras import datasets
import keras
assert keras.backend.image_data_format() == 'channels_last'

from keraspp import aiprt
```

머신 클래스 상속

❷ 머신 클래스를 상속합니다. 미리 학습한 모델을 기반으로 하는 인공신경망을 추가 학습해서 **미세 조정**^{Fine tuning}하고 그 결과를 평가하는 머신 객체를 만들겠습니다. 이 객체를 상속하고 필요한 매개변수를 초기화 함수에서 설정합니다.

```
class Machine(aiprt.Machine_Generator):
    def __init__(self):
        (x_train, y_train), (x_test, y_test) =
            datasets.cifar10.load_data()
        _, X, _, y = model_selection.train_test_split(x_train, y_train,
                    test_size=0.02)
        X = X.astype(float)

        super().__init__(X, y, nb_classes=10)
```

데이터셋을 cifar10으로 지정했습니다. 9.1절과 같이 train_test_split()을 이용해 일부 데이터만 가지고 온 후에 데이터를 실수형으로 바꿨습니다. 끝으로 부모 클래스의 초기화 함수를 호출합니다.

학습 및 성능 평가

❸ 학습 및 성능 평가의 진행에 사용할 main() 함수를 구현합니다.

```
def main():
    m = Machine()
    m.run()
```

이 함수는 머신 클래스의 인스턴스를 만들고 run() 함수로 머신을 동작시킵니다. 다음과 같이 100회 학습을 진행하고 그 결과를 출력합니다.

```
Epoch 1/100
10/10 [==============================] - 1s - loss: 12.9227 -
acc: 0.0900 - val_loss: 9.7843 - val_acc: 0.1700

(중략)

Epoch 100/100
10/10 [==============================] - 0s - loss: 0.2821 -
acc: 0.9218 - val_loss: 2.9790 - val_acc: 0.4850
Confusion matrix
[[14  0  0  1  1  0  0  0  7  0]
 [ 0 11  0  0  0  0  0  0  4  2]
 [ 1  1  8  0  4  2  3  0  1  0]
 [ 1  0  4  8  1  2  2  1  2  0]
 [ 2  0  1  1  8  1  4  0  0  1]
 [ 0  0  1  6  3 10  0  1  1  1]
 [ 0  1  2  1  3  3  9  0  1  1]
 [ 0  2  1  2  3  3  0 12  0  1]
 [ 2  0  0  1  1  0  0  0 15  1]
 [ 1  6  0  2  0  0  0  0  2  2]]
Test score: 2.97902554512
Test accuracy: 0.485
Output results are saved in output_bf0760df-b77a-45f1-ba7c-0fd6ea54f253
```

결과 출력과 더불어 [그림 9-2]와 같은 학습 곡선을 보여줍니다.

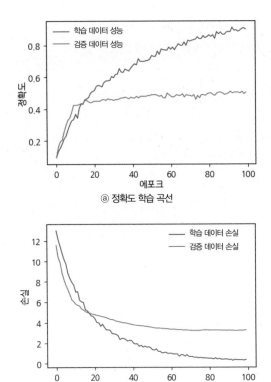

ⓐ 정확도 학습 곡선

ⓑ 손실 학습 곡선

그림 9-2 미리 학습된 모델로 하는 경우의 학습 곡선

9.2.2 세부 모듈 구현

세부 모듈은 aiprt.py에 구현되어 있습니다. 이 파일은 aicnn.py와 aigen.py 파일에 구현된 세부 모듈을 기존 학습 모델에 적합하도록 확장해 구현합니다.

세부 모듈을 위한 패키지 가져오기

❹ 넘파이와 케라스의 일반 패키지를 불러옵니다.

```python
import numpy as np
from keras import backend as K
from keras.models import Model
```

```
from keras.layers import Dense, GlobalAveragePooling2D
from keras.layers import Dropout, BatchNormalization
```

기존 학습 모델 사용과 관련된 2가지 케라스 모듈을 더 불러옵니다.

```
from keras.applications.imagenet_utils import preprocess_input
from keras.applications import VGG16
```

preprocess_input은 기존 학습 모델에 들어갈 입력 이미지의 전처리에 쓰는 모듈입니다. VGG16은 미리 학습한 모델로 사용됩니다. VGG16을 디폴트로 지정했지만 케라스가 제공하는 다른 미리 학습된 모델도 지정할 수 있습니다.

기존 클래스를 상속시키기 위해 aicnn.py와 aigen.py를 가져옵니다.

```
from . import aicnn
from . import aigen
```

여기서 from 다음에 패키지가 들어 있는 폴더명 대신에 점(.)을 찍어준 이유는 aicnn.py와 aigen.py가 aiprt.py와 같은 폴더에 있기 때문입니다.

미리 학습된 신경망 활용

❺ 기존 학습 모델에서 사용할 CNN 클래스는 기존 학습 모델에 새로운 완전 연결 계층을 붙인 형태입니다. 그리고 기존 학습 모델은 [그림 9-3]과 같이 훈련에 참여하지 않고 추가로 붙인 완전 연결 계층과 출력 계층에 있는 가중치만 훈련합니다.

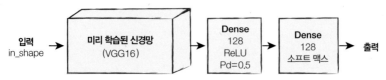

그림 9-3 미리 학습된 모델을 사용하는 인공신경망

aicnn.py에 있는 CNN을 상속하는 클래스를 선언하고 초기화 멤버 함수를 만들어줍니다.

```python
class CNN(aicnn.CNN):
    def __init__(model, input_shape, nb_classes,
                 n_dense=128, p_dropout=0.5, BN_flag=False,
                 PretrainedModel=VGG16):

        model.in_shape = input_shape
        model.n_dense = n_dense
        model.p_dropout = p_dropout
        model.PretrainedModel = PretrainedModel
        model.BN_flag = BN_flag
        super().__init__(nb_classes)
```

9.1절의 예제에 사용한 CNN 클래스는 초기화 함수의 인자로 input_shape, nb_classes만 사용했지만 여기서는 n_dense, p_dropout, BN_flag, PretrainedModel을 추가로 사용했습니다. 그리고 다른 멤버 함수나 클래스를 사용하는 코드에서 볼 수 있도록 인자를 멤버 변수로 지정했습니다. ai.CNN의 초기화 함수를 불러서 ai.CNN의 초기화 기능을 재사용하도록 했습니다.

모델을 구성할 때 호출되는 build_model() 함수를 만듭니다.

```python
    def build_model(model):
        nb_classes = model.nb_classes
        input_shape = model.in_shape
        PretrainedModel = model.PretrainedModel

        base_model = PretrainedModel(weights='imagenet',
                                     include_top=False,
                                     input_shape=input_shape)
```

첫 번째 인자인 weights = 'imagenet'는 ImageNet으로 학습한 가중치를 사용하겠다는 의미입니다. 따라서 이 모델을 따로 학습할 필요가 없습니다. include_top = False는 모델을 가지고 올 때 원래 모델에서 가장 윗단에 해당하는 완전 연결 계층을 제외한다는 의미입니다. 여기서는 새로운 완전 연결 계층을 기존 윗단에 붙일 계획이라서 가지고 오지 않겠다는 옵션을 선택했습니다.

다음은 미리 학습된 모델이 저장된 base_model에 완전 연결 계층을 붙이는 과정입니다.

```python
x = base_model.input
h = base_model.output
z_cl = h  # Saving for cl output monitoring.

h = model.topmodel(h)

z_fl = h  # Saving for fl output monitoring.

y = Dense(nb_classes, activation='softmax', name='preds')(h)
```

입력 데이터 모양은 활용 모델의 입력 데이터와 같은 모양을 사용했습니다. 그리고 완전 연결 계층의 구조는 멤버 함수인 topmodel()을 불러 구성했습니다. 마지막으로 클래스 수만큼 노드를 가지는 출력 계층을 만들었습니다.

이제 만들어진 계층을 모델을 이용하여 연결할 차례입니다.

```python
for layer in base_model.layers:
    layer.trainable = False

model.cl_part = Model(x, z_cl)
model.fl_part = Model(x, z_fl)

model.x = x
model.y = y
```

모델 연결 시 미리 학습된 모델인 base_model이 훈련되지 않도록 각 계층마다 layer.trainable을 False로 설정했습니다. 합성곱 계층까지 cl_part로 모델링을 하고, 처음부터 최종 출력인 완전 연결 계층 출력까지를 fl_part로 모델링해주었습니다. 모델 동작을 분석할 때 이 계층들의 출력을 보면 모델이 어떻게 동작하는지 이해하는 데 도움이 되기 때문에 이렇게 만들었습니다. 참고로 9.1절에서 다룬 CNN에도 똑같은 두 서브 모델을 사용했습니다.

이제 최상위 모델을 구성할 단계입니다.

```python
def topmodel(model, h):
    BN_flag = model.BN_flag

    n_dense = model.n_dense
    p_dropout = model.p_dropout

    h = GlobalAveragePooling2D()(h)
    h = Dense(n_dense, activation='relu')(h)
    if BN_flag:
        h = BatchNormalization()(h)
    else:
        h = Dropout(p_dropout)(h)
    return h
```

여기서 GlobalAveragePooling2D()는 이미지에 대한 글로벌 풀링을 처리하는 객체입니다. 최상의 모델은 n_dense만큼의 노드 수를 가지며, 드롭아웃 확률을 p_dropout 확률로 수행하는 완전 연결 계층으로 만들었습니다. 그리고 배치 정규화가 드롭아웃 대신에 사용되는 경우도 대응하도록 했습니다.

여기까지 CNN 모델링을 수행하는 코드를 구현했습니다.

데이터셋 클래스 만들기

❻ 미리 학습한 모델을 적용할 데이터셋 클래스를 만듭니다. 이 클래스는 흑백 이미지를 다루는 부분을 aicnn.DataSet에 추가하도록 구성합니다.

먼저 aicnn.DataSet을 상속받는 새로운 DataSet 클래스를 선언하고 초기화 함수를 구현합니다.

```
class DataSet(aicnn.DataSet):
    def __init__(self, X, y, nb_classes, n_channels=3, scaling=True,
                 test_size=0.2, random_state=0):
        self.n_channels = n_channels
        super().__init__(X, y, nb_classes, scaling=scaling,
                  test_size=test_size, random_state=random_state)
```

클래스에는 없었던 멤버 변수 n_channels가 추가됐습니다.

n_channels 변수는 DataSet의 출력 데이터 이미지의 채널 수를 의미합니다. 만약 이 값이 1이면 차원만 하나 늘려주면 됩니다. 그렇지 않으면 흑백 이미지를 컬러에서 사용할 수 있게 처리해야 합니다. 이를 구현하는 멤버 함수가 add_channels()입니다.

```
def add_channels(self):
    n_channels = self.n_channels

    if n_channels == 1:
        super().add_channels()
```

이 함수는 만약 출력 이미지가 가져야 하는 채널 수가 1인 경우라면 이미 구현되어 있는 super().add_channels()를 호출합니다.

만약 n_channles가 3이라면 특별한 처리를 해야 합니다. 여기서는 흑백을 각

R, G, B 채널에 복사하는 간단한 방식을 구현해봅니다.

```
    else:
        X = self.X
        if X.ndim < 4:  # if X.dim == 4, no need to add a channel rank.
            N, img_rows, img_cols = X.shape
            X = X.reshape(X.shape[0], img_rows, img_cols, 1)
            X = np.concatenate([X, X, X], axis=3)
            input_shape = (img_rows, img_cols, n_channels)
        else:
            N, img_rows, img_cols, Ch = X.shape
            if Ch == 1:
                X = np.concatenate([X, X, X], axis=3)
            input_shape = (img_rows, img_cols, n_channels)
```

먼저 이미지 데이터의 차원인 X.ndim값을 조사합니다. 3이면 흑백을 R, G, B에 각각 복사하기 전에 이미지 데이터의 차원을 늘려줍니다. 늘려주는 위치는 채널 차원의 위치에 따라 다릅니다. 그런 다음에 np.concatenate() 함수를 이용하여 R, G, B 위치에 흑백 이미지가 복사되게 했습니다.

X.ndim값이 4이면 차원 확대가 필요 없습니다. 채널 수가 1이면 흑백이기 때문에 R, G, B를 다루는 기존 학습 모델에서 사용할 수 있도록 R, G, B 각각에 흑백 이미지를 복사해서 넣어 주었습니다. 그리고 이를 처리할 때 이미지 내 채널 정보의 차원 위치에 따라 다르게 처리했습니다.

이제 이미지를 전처리합니다.

```
        X = preprocess_input(X)
        self.X = X
        self.input_shape = input_shape
```

이미 학습된 모델을 사용하기 때문에 미세 조정을 위해 학습하는 이미지를 학습된 모델에 맞게 전처리합니다. 전처리가 끝난 이미지 데이터셋을 외부에서 볼 수 있도록 self.X = X를 수행합니다. 그리고 이미지 모양을 클래스 외부에서 참조할 수 있도록 이를 멤버 변수로 만들었습니다.

Machine_Generator 클래스 상속

❼ 이번에 사용할 Machine_Generator는 9.1절에서 사용한 Machine_Generator 클래스를 상속하여 만듭니다. 그렇게 하면 중복 구현을 최소화할 수 있습니다.

```
class Machine_Generator(aigen.Machine_Generator):
```

9.1절에서 사용한 Machine_Generator가 aigen.py 파일에 들어 있어 부모 클래스 이름에 aigen을 접두사로 붙였습니다.

클래스 초기화 함수를 선언하고 주요 멤버 변수를 지정합니다.

```
def __init__(self, X, y, nb_classes=2, steps_per_epoch=10,
             n_dense=128, p_dropout=0.5, BN_flag=False,
             scaling=False,
             PretrainedModel=VGG16, fig=True,
             gen_param_dict=None):

    self.scaling = scaling
    self.n_dense = n_dense
    self.p_dropout = p_dropout
    self.BN_flag = BN_flag
    self.PretrainedModel = PretrainedModel
```

scaling, n_dense, p_dropout, BN_flag, PretrainedModel은 미리 학습된 모델에서 사용하려고 추가한 인자입니다. 그리고 나머지 인자는 부모 클래스에서 이미 정의했습니다.

이제 부모 클래스의 초기화 함수를 호출합니다.

```
super().__init__(X, y, nb_classes=nb_classes,
                 steps_per_epoch=steps_per_epoch,
                 fig=fig, gen_param_dict=gen_param_dict)
```

부모 클래스의 초기화 함수를 호출해도 부모 클래스에서 초기화 함수를 호출했을 때와 완전히 동일하게 동작하지 않도록 만듭니다. 왜냐하면 부모 클래스의 초기화 함수에서 사용하는 set_data()와 set_model() 멤버 함수가 이 클래스에서는 다르게 동작해야 하기 때문입니다. 이를 위해 아래처럼 이 두 멤버 함수를 재정의합니다.

먼저 set_data()를 재정의합니다.

```
def set_data(self, X, y):
    nb_classes = self.nb_classes
    scaling = self.scaling
    self.data = DataSet(X, y, nb_classes, n_channels=3,
                        scaling=scaling)
```

self.data를 DataSet 클래스로 생성합니다. 이렇게 하면 aicnn.DataSet 클래스가 아니라 이 파일에서 새롭게 정의한 DataSet 클래스에 의해서 data가 생성됩니다.

다음으로 set_model()을 재정의합니다.

```
def set_model(self):
    data = self.data
    nb_classes = self.nb_classes
    n_dense = self.n_dense
    p_dropout = self.p_dropout
    BN_flag = self.BN_flag
```

```
    PretrainedModel = self.PretrainedModel

    self.model = CNN(data.input_shape, nb_classes,
                     n_dense=n_dense, p_dropout=p_dropout,
                     BN_flag=BN_flag,
                     PretrainedModel=PretrainedModel)
```

CNN을 사용해서 모델을 정의합니다. 이때 CNN 클래스는 부모 클래스인 aicnn.CNN을 상속해서 만든 이 파일에 있는 클래스입니다. 이 클래스는 기존 학습 모델을 사용하는 데 필요한 매개변수를 받아 인스턴스를 생성합니다.

n_dense는 기존 학습 모델의 수행이 끝난 뒤 따라오는 완전 연결 계층의 노드 수, p_dropout은 그 완전 연결 계층의 드롭아웃 확률입니다.

이제 기존 학습 모델을 사용하는 Machine_Generator 구현이 끝났습니다. 객체지향 상속을 이용해 기존 코드를 재사용하여 간단히 구현할 수 있었습니다. 여러분의 프로젝트에도 이 예제 코드를 상속해 사용해보시기 바랍니다.

전체 코드

이 책의 깃허브에서 이번 예제를 내려받을 수 있습니다.

- 깃허브 실행 파일명: ex9_2_pretrained_method.py
- 깃허브 세부 코드 파일명: keraspp/aiprt.py
- 깃허브 주피터: nb_ex9_2_pretrained_method.ipynb

윈도우, 맥OS, 우분투에서 다음과 같은 명령으로 실행합니다.

```
$ python ex9_2_pretrained_method.py
```

예제 9-3 미리 학습한 모델을 사용하는 방법의 실행 코드

❶ # 패키지 가져오기
```
from sklearn import model_selection
from keras import datasets
import keras
assert keras.backend.image_data_format() == 'channels_last'

from keraspp import aiprt
```

❷ # 머신 클래스 상속
```
class Machine(aiprt.Machine_Generator):
    def __init__(self):
        (x_train, y_train), (x_test, y_test) = 
                                    datasets.cifar10.load_data()
        _, X, _, y = model_selection.train_test_split(x_train,
                                                y_train, test_
                                                size=0.02)
        X = X.astype(float)
        gen_param_dict = {'rotation_range': 10}
        super().__init__(X, y, nb_classes=10)
```

❸ # 학습 및 성능 평가
```
def main():
    m = Machine()
    m.run()

if __name__ == '__main__':
    main()
```

예제 9-4 미리 학습한 모델을 사용하기 위한 방법의 세부 코드

❹ # 패키지 가져오기
```
import numpy as np
from keras import backend as K
from keras.models import Model
from keras.layers import Dense, GlobalAveragePooling2D
from keras.layers import Dropout, BatchNormalization
```

```
from keras.applications.imagenet_utils import preprocess_input
from keras.applications import VGG16

from . import aicnn
from . import aigen
```

❺ # 미리 학습된 신경망 활용
```
class CNN(aicnn.CNN):
    def __init__(model, input_shape, nb_classes,
                 n_dense=128, p_dropout=0.5, BN_flag=False,
                 PretrainedModel=VGG16):
        """
        If BN_flag is True, BN is used instaed of Dropout
        """
        model.in_shape = input_shape
        model.n_dense = n_dense
        model.p_dropout = p_dropout
        model.PretrainedModel = PretrainedModel
        model.BN_flag = BN_flag
        super().__init__(nb_classes)

    def build_model(model):
        nb_classes = model.nb_classes
        input_shape = model.in_shape
        PretrainedModel = model.PretrainedModel
        # print(nb_classes)

        # base_model = VGG16(weights='imagenet', include_top=False)

        base_model = PretrainedModel(weights='imagenet',
                                     include_top=False,
                                     input_shape=input_shape)

        x = base_model.input
        h = base_model.output
        z_cl = h # Saving for cl output monitoring.

        h = model.topmodel(h)

        z_fl = h # Saving for fl output monitoring.
```

```python
        y = Dense(nb_classes, activation='softmax', name='preds')(h)
        # y = Dense(4, activation='softmax')(h)

        for layer in base_model.layers:
            layer.trainable = False

        model.cl_part = Model(x, z_cl)
        model.fl_part = Model(x, z_fl)

        model.x = x
        model.y = y

    def topmodel(model, h):
        '''
        Define topmodel
        if BN_Flag is True, BN is used instead of Dropout
        '''
        BN_flag = model.BN_flag

        n_dense = model.n_dense
        p_dropout = model.p_dropout

        h = GlobalAveragePooling2D()(h)
        h = Dense(n_dense, activation='relu')(h)
        if BN_flag:
            h = BatchNormalization()(h)
        else:
            h = Dropout(p_dropout)(h)
        return h
```

❻ # 데이터셋 클래스 만들기
```python
class DataSet(aicnn.DataSet):
    def __init__(self, X, y, nb_classes, n_channels=3, scaling=True,
                test_size=0.2, random_state=0):
        self.n_channels = n_channels
        super().__init__(X, y, nb_classes, scaling=scaling,
                test_size=test_size, random_state=random_state)

    def add_channels(self):
```

```
            n_channels = self.n_channels

        if n_channels == 1:
            super().add_channels()
        else:
            X = self.X
            if X.ndim < 4:
                # if X.dim == 4, no need to add a channel rank.
                N, img_rows, img_cols = X.shape
                X = X.reshape(X.shape[0], img_rows, img_cols, 1)
                X = np.concatenate([X, X, X], axis=3)
                input_shape = (img_rows, img_cols, n_channels)
            else:
                N, img_rows, img_cols, Ch = X.shape
                if Ch == 1:
                    X = np.concatenate([X, X, X], axis=3)
                input_shape = (img_rows, img_cols, n_channels)
            X = preprocess_input(X)
            self.X = X
            self.input_shape = input_shape
```

❼ # Machine_Generator 클래스 상속

```
class Machine_Generator(aigen.Machine_Generator):
    def __init__(self, X, y, nb_classes=2, steps_per_epoch=10,
                 n_dense=128, p_dropout=0.5, BN_flag=False,
                 scaling=False,
                 PretrainedModel=VGG16, fig=True,
                 gen_param_dict=None):

        self.scaling = scaling
        self.n_dense = n_dense
        self.p_dropout = p_dropout
        self.BN_flag = BN_flag
        self.PretrainedModel = PretrainedModel

        # Machine class init
        super().__init__(X, y, nb_classes=nb_classes,
                         steps_per_epoch=steps_per_epoch,
                         fig=fig, gen_param_dict=gen_param_dict)
```

```python
def set_data(self, X, y):
    nb_classes = self.nb_classes
    scaling = self.scaling
    self.data = DataSet(X, y, nb_classes, n_channels=3,
                        scaling=scaling)

def set_model(self):
    data = self.data
    nb_classes = self.nb_classes
    n_dense = self.n_dense
    p_dropout = self.p_dropout
    BN_flag = self.BN_flag
    PretrainedModel = self.PretrainedModel

    self.model = CNN(data.input_shape, nb_classes,
                     n_dense=n_dense, p_dropout=p_dropout,
                     BN_flag=BN_flag,
                     PretrainedModel=PretrainedModel)
```

9.3 간단한 신규 계층 만들기

이 절에서는 신규 계층을 만드는 Lambda 명령을 다룹니다. 실제 문제를 해결하다 보면 기존 라이브러리 활용만으로는 해결할 수 없는 경우가 생깁니다. 주어진 문제에 맞게 라이브러리에 제공되는 인공신경망 모델이나 최적화 방법을 일부 변경하거나 새롭게 만들어야 하는 경우입니다. 이런 경우는 케라스의 Lambda 계층을 사용하면 대부분 간단하게 해결될 수 있습니다. Lambda 기능을 이용하면 효율적 인공신경망 모델은 물론이고 새로운 인공지능 알고리즘 개발에도 케라스를 유용하게 활용할 수 있습니다.

9.3.1 Lambda 계층이란?

❶ 케라스는 패키지에서 제공하지 않는 새로운 인공신경망의 기능을 추가하는 다

양한 방법을 제공합니다. 가장 간단한 방법은 Lambda 클래스를 이용하는 것입니다. 이 클래스를 이용하면 새로운 계층을 파이썬의 lambda 함수처럼 간단하게 만들어 사용할 수 있습니다.

7.2.3항 '판별망 구현 멤버 함수'에서 완전 연결 계층 GAN의 생성망에 들어가는 입력을 약간 변경하는 데 Lambda 계층을 사용했습니다. 여기서는 Lambda 계층의 일반적인 사용을 다루겠습니다.

Lambda 계층을 활용하기 위해 이번 절에서는 다음 패키지를 공통으로 가져옵니다.

```python
from keras.layers import Lambda, Input
from keras.models import Model
import numpy as np
```

여기서 가져온 Lambda는 지금 다룰 Lambda 계층을 만드는 클래스입니다. 그리고 numpy는 입력 데이터를 차원에 맞게 입력하기 위해 가져왔습니다.

9.3.2 파이썬 Lambda 기능 이용

❷ 파이썬 lambda를 이용해 Lambda 계층을 활용하는 방법입니다.

파이썬의 lambda 함수를 사용하는 방법은 매우 간단합니다. 예를 들어 입력이 하나 들어오면 그 입력에 1을 더해서 출력하는 아주 단순한 인공신경망을 만든다고 가정합니다.

이제 길이가 2인 벡터를 입력받아 사용자가 정의한 새로운 계층을 통과하는 인공신경망을 만들겠습니다. 새로운 계층은 각 입력 인자에 1을 더하는 일을 합니다. 간단한 역할을 하는 계층이지만 앞서 다룬 DNN, CNN, RNN으로는 수행할 수 없는 새로운 계층입니다.

```
x = Input((2,))
y = Lambda(lambda x: x**2+2*x+1)(x)
m = Model(x, y)
```

첫 줄은 인공신경망의 입력 원소 수가 2개라는 의미입니다. 두 번째 줄의 Lambda(lambda x: x**2 + 2*x + 1)(x)가 바로 Lambda 계층을 사용한 예입니다. 입력값에 상수 1을 더해서 출력하겠다는 의미입니다. 이 한 줄로 새로운 인공신경망 계층을 만들었습니다. 그리고 Model()을 사용해서 새로운 형태의 계층을 가지는 인공지능 모델을 만들었습니다.

다음 모델은 간단해서 최적화할 가중치가 없어 컴파일 없이 곧바로 수행합니다.

```
yp = m.predict_on_batch(np.array([[1, 2], [3, 4]]))
print(yp)
```

수행에 predict_on_batch() 멤버 함수를 사용했습니다. 이 함수는 입력 데이터를 전부 모델에 넣기 때문에 지금처럼 배치 기능을 사용하지 않거나 배치 방식을 사용자가 직접 만들 때 사용됩니다.

그 결과는 예상한 대로 입력인 [[1, 2], [2, 3]]의 각 열 인자에 주어진 연산을 한 후 출력하는 형태가 됩니다.

```
[[ 4.  9.]
 [16. 25.]]
```

9.3.3 Lambda 계층 전용 함수 이용
❸ 케라스 Lambda 계층 전용 함수를 활용하는 방법입니다.

이번에는 Lambda 전용 함수를 이용해보겠습니다. 파이썬 lambda 함수로 구현하기에는 복잡도가 높을 때 이 방법이 유용합니다. 함수 두 개를 만들겠습니다. 첫 번째는 Lambda 처리 함수입니다.

```
def kproc(x):
    return x ** 2 + 2 * x + 1
```

이 Lambda 처리 함수는 입력 벡터를 처리해 출력 벡터로 내보냅니다. 여기서는 또 다른 쉬운 사례로 간단한 방정식을 계산하는 함수를 만들었습니다.

두 번째 출력 벡터의 크기를 정의하는 함수를 따로 만듭니다. 함수로 Lambda() 계층을 처리할 때 함수 내부에서 입력 벡터의 모양을 변경하는 경우도 있기 때문에 이 함수가 필요합니다.

```
def kshape(input_shape):
    return input_shape
```

여기서는 입력 벡터와 같은 모양의 출력이 나간다고 가정했습니다. 만약 출력 벡터가 입력 벡터보다 두 배로 커지는 경우는 input_shape[1]*=2처럼 처리해주어야 합니다. 여기서 input_shape[0]이 아니라 input_shape[1]을 두 배로 늘려준 데는 이유가 있습니다. input_shape[0]은 배치 크기 또는 전체 입력 크기를 나타내고 input_shape[1]이 각 입력의 크기를 나타내기 때문입니다.

이제 Lambda() 계층을 이용하는 모델을 만듭니다.

```
x = Input((2,))
y = Lambda(kproc, kshape)(x)
m = Model(x, y)
```

나머지는 동일하게 작성하고 결과를 출력하면 9.3.2항과 같은 내용이 나옵니다.

9.3.4 백엔드 함수 이용

❹ 다음으로 백엔드 함수의 활용 방법을 알아보겠습니다. 참고로 케라스 백엔드를 K라고 약칭합니다. 케라스 백엔드를 사용하면 인공신경망 엔진이 제공하는 저수준 고급 기능을 마음껏 사용할 수 있으면서 특정 툴에 구애받지 않습니다. 이제 백엔드 함수를 이용한 Lambda 계층을 만들겠습니다.

Lambda 계층이나 손실 함수 등에서 케라스가 제공하지 않는 새로운 기능을 추가할 때 백엔드 함수가 활용됩니다. Lambda 계층에 백엔드 함수를 사용하는 방법과 손실 함수에 사용하는 방법을 각각 알아보겠습니다. 또한 Lambda 계층에 더 고급 기능을 추가하는 예제를 다루겠습니다.

우선 백엔드 함수를 사용하려면 앞서 언급했듯이 K라고 부르는 백엔드 패키지를 가져와야 합니다.

```
from keras import backend as K
```

다음은 백엔드 함수를 이용해 Lambda() 계층에서 사용하는 처리 함수를 만듭니다.

```
def kproc_concat(x):
    m = K.mean(x, axis=1, keepdims=True)
    d1 = K.abs(x - m)
    d2 = K.square(x - m)
    return K.concatenate([x, d1, d2], axis=1)
```

N개의 입력값을 자신, 정규화한 절댓값, 정규화한 제곱값으로 구성해 3N개가

되게 하였습니다. 이런 처리는 7.2절의 사례처럼 통계적 특성을 반영할 때 유용하게 사용될 수 있습니다.

여기서는 4가지의 백엔드 함수를 사용했습니다. 제일 먼저 사용한 K.mean()은 입력의 평균을 구하는 함수입니다. axis = 1로 설정해 각 입력 벡터의 평균을 구하도록 했습니다. K.abs()는 절댓값을 구하고, K.square()는 입력을 각 인자별로 제곱합니다. K.concatenate()는 원래 들어온 입력과 새롭게 만든 입력을 합쳐서 세 배로 늘어난 입력을 만들어줍니다. 여기서도 axis = 1로 해서 매 입력 벡터에 대해 그 출력된 계산값을 결합하는 것으로 명시했습니다.

케라스 모델을 만들다 보면 보통은 배치 크기를 고려하지 않습니다. 그러나 Lambda() 기능을 이용해 새로운 계층을 구현할 때는 배치 크기를 고려해야 합니다. 계층 내부에서 다룰 때는 실제 입력에 대한 차원은 배치 크기를 나타내는 1차원부터라는 점을 고려해야 합니다. 사실 Dense(), Conv2D(), LSTM()과 같이 이미 만들어져 제공되는 계층도 내부에서 처리할 때는 동일한 조건이 적용됩니다.

지금까지는 이들을 외부에서 이용해 신경망 모델을 구성했기 때문에 배치 차원이 감추어져 있었습니다. 예를 들어 입력 데이터가 X[배치 크기, 특징점 수]로 구성되었다면 신경망 모델링에서는 input_shape = (특징점 수,)라고 입력해 배치 크기를 고려하지 않았습니다. 그러나 계층 내부 함수는 배치 크기와 특징점 수 모두를 처리해야 합니다. 케라스가 이렇게 한 이유는 모델을 만드는 상황에서는 배치 크기를 고려할 필요가 없기 때문입니다. 그렇지만 계층을 만드는 경우에는 이 배치 크기가 필요합니다.

이제 입력이 세 배로 늘어났음을 알리는 Lambda 계층의 크기 정의 함수를 만들 차례입니다.

```
def kshape_concat(input_shape):
    output_shape = list(input_shape)
    output_shape[1] *= 3
    return tuple(output_shape)
```

앞서도 언급했지만 output_shape[1]*=3으로 만들어 크기가 늘어났음을 알렸습니다.

이번에는 모델에 들어가는 입력을 3으로 설정합니다.

```
x = Input((3,))
y = Lambda(kproc_concat, kshape_concat)(x)
m = Model(x, y)
```

Lambda에 사용되는 kproc_concat과 kshape_concat은 앞서 정의한 백엔드 패키지를 사용하는 함수입니다.

한 입력당 3개의 원소를 넣어 결과를 검증해봅니다.

```
yp = m.predict_on_batch([[1, 2, 3], [3, 4, 8]])
print(yp)
```

그 결과는 다음과 같습니다.

```
[[ 1.  2.  3.  1.  0.  1.  1.  0.  1.]
 [ 3.  4.  8.  2.  1.  3.  4.  1.  9.]]
```

원소가 3개씩이던 입력이 9개씩으로 바뀌었습니다.

9.3.5 엔진 전용 함수 이용

❺ 때로는 각 엔진에 특화된 기능을 만들 필요가 있습니다. 예를 들어 구글 텐서플로 엔진의 새 기능을 사용한다면 개별 엔진 직접 호출 함수를 이용하면 됩니다. 다시 말해, 때에 따라서는 케라스의 백엔드 패키지가 개별 엔진이 제공하는 모든 함수를 제공하지 못하는 경우가 있습니다. 이 경우는 각 엔진의 함수를 직접 사용하여 문제를 해결할 수 있습니다.

이번에는 9.3.4항의 예제를 케라스 백엔드 함수가 아닌 텐서플로 엔진의 전용 함수를 이용해 구현해보겠습니다.

텐서플로를 가져오고 tf로 줄여서 사용하도록 합니다.

```
import tensorflow as tf
```

이제 tf를 앞서 사용했던 K처럼 사용할 수 있습니다.

Lambda 계층의 처리 함수를 정의합니다.

```
def kproc_concat(x):
    m = tf.reduce_mean(x, axis=1, keepdims=True)
    d1 = tf.abs(x - m)
    d2 = tf.square(x - m)
    return tf.concat([x, d1, d2], axis=1)
```

참고로 케라스 백엔드와 텐서플로 엔진의 함수 이름은 사용 방법에 약간 차이가 있습니다. 표로 정리해보면 다음과 같습니다.

케라스 백엔드 함수	텐서플로 엔진의 전용 함수	비교
K.mean()	tf.reduce_mean()	함수 이름 다름
		인자 이름 변경 : keepdims → keep_dims
K.abs()	tf.abs()	함수 이름 및 인자 동일
K.square()	tf.square()	함수 이름 및 인자 동일
K.concatenate()	tf.concat()	함수 이름 다름

표 9-3 케라스 백엔드 함수와 텐서플로 엔진의 전용 함수 비교

이제 나머지 부분은 같습니다. 결과도 다음과 같이 동일하게 나옵니다.

```
[[ 1.  2.  3.  1.  0.  1.  1.  0.  1.]
 [ 3.  4.  8.  2.  1.  3.  4.  1.  9.]]
```

케라스는 각 엔진의 함수를 매핑해서 백엔드 함수로 제공하지만 가끔은 특정 엔진만이 제공하는 기능을 사용하고자 엔진의 전용 함수를 호출하는 경우가 있습니다. 케라스에서는 전용 함수를 호출할 때 추가 코딩 없이도 백엔드 함수처럼 바로 사용할 수 있어 부담 없이 사용할 수 있습니다.

9.3.6 케라스의 확장 기능 이용

❻ 동일한 기능을 케라스의 실행에 의한 정의 즉, 미분 가능 프로그래밍을 지원하기 위한 확장된 기능을 활용하면 Lambda를 사용하지 않고 직접 구현이 가능합니다. 이 기능은 케라스가 텐서플로 2를 지원하기 시작하면서 가능해진 기능입니다.

```
def No_Lambda_by_keras2():
    x = Input((2,))
    y = x**2+2*x+1
    m = Model(x, y)
```

```
        yp = m.predict_on_batch(np.array([[1, 2],[3, 4]]))
        print(yp)

No_Lambda_by_keras2()
```

여기서 y를 구할 때 실행에 의한 정의의 도입으로 일반 파이썬 코드와 같이 직접 계산을 하는 형태로 표현됩니다.

결과는 케라스의 Lambda를 이용한 9.3.2항의 경우와 동일합니다.

전체 코드

이 책의 깃허브에서 이번 예제를 내려받을 수 있습니다.

- 깃허브 파일명: ex9_3_lambda.py
- 깃허브 주피터: nb_ex9_3_lambda.ipynb

윈도우, 맥OS, 우분투에서 다음과 같은 명령으로 실행합니다.

```
$ python ex9_3_lambda.py
```

예제 9-5 실전에서 유용한 케라스 고급 기능

❶ # 패키지 가져오기
```
from keras.layers import Lambda, Input
from keras.models import Model
```

❷ # 파이썬 Lambda 기능 이용
```
def Lambda_with_lambda():
    x = Input((2,))
    y = Lambda(lambda x: x**2+2*x+1)(x)
    m = Model(x, y)

    yp = m.predict_on_batch(np.array([[1, 2],[3, 4]]))
```

```
        print(yp)
```

❸ # *Lambda 계층 전용 함수 이용*
```
    def Lambda_function():
        def kproc(x):
            return x ** 2 + 2 * x + 1

        def kshape(input_shape):
            return input_shape

        x = Input((2,))
        y = Lambda(kproc, kshape)(x)
        m = Model(x, y)

        yp = m.predict_on_batch(np.array([[1, 2],[3, 4]]))
        print(yp)
```

❹ # 백엔드 함수 이용
```
    from keras import backend as K
    def Backend_for_Lambda():
        def kproc_concat(x):
            m = K.mean(x, axis=1, keepdims=True)
            d1 = K.abs(x - m)
            d2 = K.square(x - m)
            return K.concatenate([x, d1, d2], axis=1)

        def kshape_concat(input_shape):
            output_shape = list(input_shape)
            output_shape[1] *= 3
            return tuple(output_shape)

        x = Input((3,))
        y = Lambda(kproc_concat, kshape_concat)(x)
        m = Model(x, y)

        yp = m.predict_on_batch(np.array([[1, 2, 3], [3, 4, 8]]))
        print(yp)
```

❺ # 엔진 전용 함수 이용
```
    import tensorflow as tf
```

```python
def TF_for_Lamda():
    def kproc_concat(x):
        m = tf.reduce_mean(x, axis=1, keepdims=True)
        d1 = tf.abs(x - m)
        d2 = tf.square(x - m)
        return tf.concat([x, d1, d2], axis=1)

    def kshape_concat(input_shape):
        output_shape = list(input_shape)
        output_shape[1] *= 3
        return tuple(output_shape)

    x = Input((3,))
    y = Lambda(kproc_concat, kshape_concat)(x)
    m = Model(x, y)

    yp = m.predict_on_batch(np.array([[1, 2, 3], [3, 4, 8]]))
    print(yp)
```

❻ # 케라스의 확장 기능 이용
```python
def No_Lambda_by_keras2():
    x = Input((2,))
    y = x**2+2*x+1
    m = Model(x, y)

    yp = m.predict_on_batch(np.array([[1, 2],[3, 4]]))
    print(yp)


def main():
    print('Lambda with lambda')
    Lambda_with_lambda()

    print('Lambda function')
    Lambda_function()

    print('Backend for Lambda')
    Backend_for_Lambda()

    print('TF for Lambda')
    TF_for_Lamda()
```

```
        print('Define-by-run approach in Keras2')
        No_Lambda_with_keras2()


    main()

        Lambda_with_lambda()

        print('Lambda function')
        Lambda_function()

        print('Backend for Lambda')
        Backend_for_Lambda()

        print('TF for Lambda')
        TF_for_Lamda()

    if __name__ == '__main__':
        main()
```

9.4 학습 가능한 신규 계층 만들기

이 절에서는 어렵지 않고 효과적인 기능을 구현하는 학습 가능한 신규 계층을 만드는 방법을 다룹니다. 케라스는 다양한 계층을 미리 구성하여 제공합니다. 즉 가중치를 포함하는 인공신경망 계층과 가중치를 포함하지 않는 인공신경망 계층 대부분을 제공합니다. 케라스를 사용하다 보면 나만의 새로운 계층을 만들고 싶을 때도 있습니다. 이런 경우를 위해서 케라스는 Layer 클래스를 상속하는 방법을 제공합니다. 이 방법은 가중치를 포함할 수 있어 9.3절의 '간단한 신규 계층 만들기' 기능보다 더 강력한 기능을 제공합니다.

1.4절의 '텍스트 모드 실습'에서 사용한 예제를 다시 활용해보겠습니다. 이 예제는 입력값과 출력값이 총 5쌍인 경우이며, 이 중 두 쌍으로 인공신경망을 학습

한 후 나머지 세 쌍은 학습된 인공신경망으로 예측하는 문제입니다.

이 실습의 목표는 단순한 완전 연결 계층 즉 Dense()의 기본적인 구조를 만드는 것입니다.

9.4.1 관련 패키지 가져오기

❶ 라이브러리 가져오기 및 초기화 함수 정의를 수행합니다. 케라스 백엔드 패키지와 나만의 계층을 구성하는 클래스의 부모 클래스로 사용할 Layer 등을 불러옵니다.

```
from keras import backend as K
from keras.engine.topology import Layer
import numpy as np
```

앞으로 이 Layer 클래스를 상속해서 자신만의 계층을 만들게 됩니다.

이제 초기화에 필요한 함수를 생성합니다.

```
from keras import initializers
igu = initializers.get('glorot_uniform')
iz = initializers.get('zeros')
```

igu는 가중치를 초기화하는 함수입니다. 최근에는 'glorot_uniform' 방법이 주로 가중치 초기화에 사용되지만, 케라스에서는 다른 방법도 지원되고 있으니 상황에 맞게 선택하면 됩니다. iz는 편향값을 초기화합니다. 'zeros'로 설정하여 모든 값을 0으로 초기화합니다.

9.4.2 새로운 계층의 클래스 만들기

❷ 새로운 계층의 클래스를 만들어봅니다. Layer 클래스를 상속하고 초기화 함수

를 만듭니다.

```python
class SFC(Layer):
    def __init__(self, No, **kwargs):
        self.No = No
        super().__init__(**kwargs)
```

매개변수 No는 이 계층의 출력 벡터의 길이를 의미합니다. **kwargs는 키워드 인자를 딕셔너리형으로 입력받는 파이썬 인자로, 여기서는 부모 클래스가 원하는 매개변수이기 때문에 부모 클래스를 초기화할 때 사용했습니다.

계층을 구성하는 함수를 만듭니다. 이 구성은 컴파일 단계에서 수행됩니다.

```python
    def build(self, inshape):
        self.w = self.add_weight("w", (inshape[1], self.No),
                                 initializer=igu)
        self.b = self.add_weight("b", (self.No,),
                                 initializer=iz)
        super().build(inshape)
```

입력 매개변수 inshape는 입력 데이터의 모양을 나타냅니다. 입력 데이터로 벡터를 다루기 때문에 데이터 모양이 (inshape[1], self.No)인 가중치를 생성합니다. 그리고 편향값은 (self.No)의 모양을 가진 벡터로 만듭니다. 초기화는 각각 igu(), iz()로 수행했습니다. 끝으로 부모 클래스의 build() 함수를 수행합니다.

이번에는 실제 입력을 이용해 출력을 만드는 멤버 함수를 구현합니다.

```python
    def call(self, x):
        return K.dot(x, self.w) + self.b
```

여기서는 함수 인자가 입력 데이터입니다. 이 데이터를 입력받아 가중치와 편향값 등을 처리해 출력 데이터를 만들고 그 결과를 반환합니다.

사실 call() 함수만 있으면 출력이 만들어지지만 케라스는 사용의 편의를 위해 가중치 초기화 등을 build() 함수로 구현합니다. 따라서 나만의 계층을 만들려면 두 함수 모두를 구성해야 합니다. 가중치 등의 초기화가 필요 없는 경우는 call() 함수만 구성하면 되지만 이 경우는 Lambda 계층을 사용하면 더 효율적이라서 Layer 상속 방법을 사용할 필요가 없습니다.

끝으로 출력 데이터의 모양을 정의하는 함수가 필요합니다.

```python
def compute_output_shape(self, inshape):
    return (inshape[0], self.No)
```

가중치와 편향값을 이용하는 완전 연결 계층을 구성했으므로 출력 데이터의 모양은 (inshape[0], self.No)가 됩니다. 여기서 inshape[0]은 1회 학습을 위해 제공된 입력 데이터셋의 각 입력 데이터 수를 의미하고 self.No는 각 데이터의 길이를 의미합니다.

9.4.3 사용 데이터 준비하기

❸ 예제에 사용할 데이터를 준비합니다. 입력 데이터셋은 0부터 4까지 순서대로 모은 정수입니다. 각 입력 데이터에 해당하는 출력 데이터를 다음과 같이 만듭니다.

```python
x = numpy.array([0, 1, 2, 3, 4])
y = x * 2 + 1
```

이 공식을 통과하고 나면 입력 데이터와 출력 데이터의 조합은 {(입력, 출력)|(0, 1), (2, 3), (2, 5), (3, 7), (4, 9)}와 같이 됩니다.

9.4.4 신규 계층이 포함된 모델링 만들기

❹ 모델링 만들기를 수행합니다. 케라스의 순차적인 방법으로 모델을 만듭니다.

```
model = keras.models.Sequential()
model.add(SFC(1, input_shape=(1,)))
model.compile('SGD', 'mse')
```

첫 번째로 추가된 계층이 새롭게 만든 SFC 계층입니다. 단순화한 완전 연결 계층인 SFC 계층 자체는 입력과 출력을 각각 5개씩 처리할 수 있습지만, 여기서는 각각 하나씩으로 지정했습니다. 그리고 최적화 알고리즘을 'SGD'로 하고 손실 함수를 'mse'로 지정한 후 모델을 컴파일했습니다. 이 컴파일 과정에서 SFC 클래스에 있는 build() 함수가 호출됩니다.

9.4.5 모델의 학습과 성능 평가

❺ 새로운 계층이 들어간 모델의 학습과 성능 평가를 합니다.

```
model.fit(x[:2], y[:2], epochs=1000, verbose=0)
print('Targets:', y[2:])
print('Predictions:', model.predict(x[2:]).flatten())
```

성능 평가를 수행하면 다음과 같은 결과가 나옵니다.

```
Targets: [5 7 9]
Predictions: [ 5.00422573  7.00728369  9.01034069]
```

이 결과는 기존의 Dense() 계층을 사용한 1.4절의 결과와 매우 일치합니다.

전체 코드

이 책의 깃허브에서 이번 예제를 내려받을 수 있습니다.

- 깃허브 파일명: ex9_4_1_my_layer.py
- 깃허브 주피터: nb_ex9_4_1_my_layer.ipynb

윈도우, 맥OS, 우분투에서 다음과 같은 명령으로 실행합니다.

```
$ python ex9_4_1_my_layer.py
```

예제 9-6 학습 가능 신규 계층 만들기

❶ # 관련 패키지 가져오기
```python
import keras
from keras import backend as K
from keras.engine.topology import Layer
import numpy as np

from keras import initializers
igu = initializers.get('glorot_uniform')
iz = initializers.get('zeros')
```

❷ # 새로운 계층의 클래스 만들기
```python
class SFC(Layer):
    def __init__(self, No, **kwargs):
        self.No = No
        super().__init__(**kwargs)

    def build(self, inshape):
        self.w = self.add_weight("w", (inshape[1], self.No),
                                 initializer=igu)
        self.b = self.add_weight("b", (self.No,),
                                 initializer=iz)
        super().build(inshape)
```

```
        def call(self, x):
            return K.dot(x, self.w) + self.b

        def compute_output_shape(self, inshape):
            return (inshape[0], self.No)
```

❸ # 사용 데이터 준비하기
```
x = np.array([0, 1, 2, 3, 4])
y = x * 2 + 1
```

❹ # 신규 계층이 포함된 모델링 만들기
```
model = keras.models.Sequential()
model.add(SFC(1, input_shape=(1,)))
model.compile('SGD', 'mse')
```

❺ # 모델의 학습과 성능 평가
```
model.fit(x[:2], y[:2], epochs=1000, verbose=0)
print('Targets:', y[2:])
print('Predictions:', model.predict(x[2:]).flatten())
print('Errors:', y[2:] - model.predict(x[2:]).flatten())
```

9.5 케라스의 확장된 기능 이용하기

텐서플로와 케라스를 섞어 써서 새로운 기능을 유연하게 구현하는 방법을 알아보겠습니다. 구현 예제는 3.2절 '필기체를 분류하는 DNN 구현'에서 사용한 것과 동일합니다. 3.2절에서 필기체 데이터셋인 MNIST를 분류하는 일을 했는데, 똑같은 일을 텐서플로와 케라스를 섞어 구현할 겁니다.

9.5.1 텐서플로 가져오기와 내장 케라스 사용하기

❶ 먼저 텐서플로 패키지와 텐서플로에 포함된 케라스 패키지를 가져옵니다. 케라스는 별도로 설치하는 경우도 있지만 텐서플로 안에 있는 버전을 사용할 수도 있습니다.

```
import tensorflow as tf
from tensorflow import keras
print(keras.__version__)
```

위의 코드에 대한 실행 결과는 다음과 같습니다.

```
2.3.0-tf
```

9.5.2 완전 연결층 인공신경망 모델링

❷ 완전 연결층으로 구성된 인공신경망을 모델링합니다. 이번 모델링은 텐서플로의 기능과 함께 구성합니다.

먼저 케라스의 계층에 대한 기능을 불러옵니다.

```
from tensorflow.keras.layers import Dense, Dropout
from tensorflow.keras.models import Model
```

완전 연결층으로 구성된 인공신경망을 만드는 DNN 클래스를 구현합니다. 클래스를 선언하고 초기화 함수를 만듭니다.

```
class DNN(Model):
    def __init__(self, Nin=2, Nh_l=[2, 2], Nout=2):
        super(DNN, self).__init__()
        self.dense1 = Dense(Nh_l[0], activation='relu')
        self.dense2 = Dense(Nh_l[1], activation='relu')
        self.dense3 = Dense(Nout, activation='softmax')

    def call(self, x):
        x = self.dense1(x)
        x = Dropout(0.5)(x)
        x = self.dense2(x)
```

```
    x = Dropout(0.25)(x)
    return self.dense3(x)
```

클래스 초기화 함수(__init__)을 이용해 이 클래스에 필요한 뉴럴넷인 Dense를 3가지 형태로 사용할 것을 선언했습니다. 호출함수(call)를 이용해서 뉴럴넷의 처리 단계를 정의했습니다. Dropout은 가중치가 없는 계층이기 때문에 초기화 함수에서 정의하지 않고 호출 함수에서 바로 사용하였습니다.

9.5.3 데이터 준비

❸ 이제 본 예제에 사용할 데이터를 준비할 단계입니다. 데이터도 텐서플로 안의 케라스 패키지에 있는 함수를 이용해 가져왔습니다.

```
import numpy as np
from tensorflow.keras import datasets  # mnist

def Data_func():
    (X_train, y_train), (X_test, y_test) = datasets.mnist.load_data()

    L, H, W = X_train.shape
    X_train = X_train.reshape(-1, H * W)
    X_test = X_test.reshape(-1, H * W)

    X_train = (X_train / 255.0).astype(np.float32)
    X_test = (X_test / 255.0).astype(np.float32)

    return (X_train, y_train), (X_test, y_test)
```

9.5.4 학습 진행 및 효과 분석 단계

❹ 학습을 진행하고 효과를 분석할 단계입니다.

학습에 필요한 케라스 함수를 초기화합니다. 원핫 벡터를 이용해 손실을 계산하는 CategoricalCrossentropy 대신 정수 레이블을 이용하는 Sparse CategoricalCrossentropy, 최적화 함수인 Adam, 그리고 손실의 평균을 구하는 함수인 Mean과 정확도를 구하는 함수인 SparseCategoricalAccuracy를 초기화했습니다.

```
cost_fn = keras.losses.SparseCategoricalCrossentropy(from_logits=True)
opt = keras.optimizers.Adam()
tr_loss = keras.metrics.Mean(name='train_loss')
te_loss = keras.metrics.Mean(name='test_loss')
tr_acc = keras.metrics.SparseCategoricalAccuracy(name='train_accuracy')
te_acc = keras.metrics.SparseCategoricalAccuracy(name)
```

GradientTape()을 이용해 에포크마다 학습을 진행하는 함수를 만들겠습니다.

```
def train(model, X_train, Y_train, N_tr, batch_size):
    for b in range(N_tr // batch_size):
        X_tr_b = X_train[batch_size * (b-1):batch_size * b]
        Y_tr_b = Y_train[batch_size * (b-1):batch_size * b]
        with tf.GradientTape() as tape:
            pred = model(X_tr_b, training=True)
            cost = cost_fn(Y_tr_b, pred)
        grad = tape.gradient(cost, model.trainable_variables)
        opt.apply_gradients(zip(grad, model.trainable_variables))
        tr_loss(cost)
        tr_acc(Y_tr_b, pred)
```

에포크마다 배치 모드를 사용해 학습을 진행하도록 했습니다. 배치 크기만큼 입력 이미지 데이터와 레이블 정보를 X_tr_b와 Y_tr_b에 저장했습니다.

키워드 with로 쌓여진 GradientTape() 블록에서는 model을 이용해 예측값을 구하고 예측값에 대한 손실을 구하게 됩니다. 다음은 tape.gradient를 통해 cost의 그레이디언트를 구했습니다. 다음으로 최적화 알고리즘을 이용해 구해진 그레이디언트로 기존 모델의 가중치를 업데이트했습니다. 손실값과 예측 정확도는 tr_loss, tr_acc 함수를 이용해 저장합니다.

애포크마다 학습한 모델의 성능을 검증합니다. 검증을 이용해 구한 손실값과 예측 정확도는 나중에 볼 수 있도록 te_loss(), te_acc()를 이용해 저장합니다.

```python
def validation(model, X_test, Y_test):
    pred = model(X_test, training=False)
    cost = cost_fn(Y_test, pred)
    te_loss(cost)
    te_acc(Y_test, pred)
```

9.5.5 주 함수 구현 및 실행

❺ 주 함수인 main()을 구현할 단계입니다.

그래프에 관련된 함수와 패키지를 가져옵니다.

```python
from keraspp.skeras import plot_loss, plot_acc
import matplotlib.pyplot as plt
```

학습을 하는 함수를 선언하고 인공신경망의 변수를 초기화합니다.

```python
def main(epochs=20):
    Nin = 784
    Nh_l = [100, 50]
    number_of_class = 10
    Nout = number_of_class

    data = Data_func()
    model = DNN(Nin, Nh_l, Nout)
    batch_size = 100
    (X_train, Y_train), (X_test, Y_test) = data
    N_tr = X_train.shape[0]
```

```python
loss_l = {"loss":[], "val_loss":[]}
acc_l = {"accuracy":[], "val_accuracy":[]}
for epoch in range(epochs):
    # Train
    train(model, X_train, Y_train, N_tr, batch_size)

    # Validation
    validation(model, X_test, Y_test)

    print(
        f'Epoch {epoch}, '
        f'Loss: {tr_loss.result():.3}, '
        f'Acc: {tr_acc.result() * 100:.3}, '
        f'Test Loss: {te_loss.result():.3}, '
        f'Test Accuracy: {te_acc.result() * 100:.3}')

    loss_l["loss"].append(tr_loss.result())
    acc_l["accuracy"].append(tr_acc.result())
    loss_l["val_loss"].append(te_loss.result())
    acc_l["val_accuracy"].append(te_acc.result())

plot_loss(loss_l)
plot_acc(acc_l)
plt.show()
```

우선 기본값을 정의했습니다. 이미지 크기는 784, 은닉 계층은 두 개인데 각각 100개, 50개 노드를 가지도록 지정했습니다. 데이터 레이블의 클래스 수와 출력 계층의 노드 수는 각각 10개로 지정했습니다.

data는 Data_func() 함수를 통해 지정했습니다. 그리고 DNN()을 이용해 모델링을 진행했습니다. 이 함수는 케라스와 텐서플로 명령이 합쳐져서 모델을 만듭니다.

모델링이 끝나고 나면 for문을 이용해 학습과 성능 평가를 진행했습니다.

이 main() 함수를 수행한 결과는 다음과 같습니다.

```
Epoch 0, Loss: 1.74, Acc: 73.2, Test Loss: 1.56, Test Accuracy: 91.1
Epoch 1, Loss: 1.66, Acc: 80.7, Test Loss: 1.54, Test Accuracy: 92.0
Epoch 2, Loss: 1.63, Acc: 83.9, Test Loss: 1.54, Test Accuracy: 92.6
Epoch 3, Loss: 1.61, Acc: 85.7, Test Loss: 1.53, Test Accuracy: 93.1
Epoch 4, Loss: 1.6, Acc: 86.9, Test Loss: 1.53, Test Accuracy: 93.4
Epoch 5, Loss: 1.59, Acc: 87.8, Test Loss: 1.53, Test Accuracy: 93.7
Epoch 6, Loss: 1.58, Acc: 88.5, Test Loss: 1.52, Test Accuracy: 93.9
Epoch 7, Loss: 1.57, Acc: 89.0, Test Loss: 1.52, Test Accuracy: 94.1
Epoch 8, Loss: 1.57, Acc: 89.5, Test Loss: 1.52, Test Accuracy: 94.2
Epoch 9, Loss: 1.56, Acc: 89.9, Test Loss: 1.52, Test Accuracy: 94.4
Epoch 10, Loss: 1.56, Acc: 90.2, Test Loss: 1.52, Test Accuracy: 94.5
Epoch 11, Loss: 1.56, Acc: 90.5, Test Loss: 1.52, Test Accuracy: 94.6
Epoch 12, Loss: 1.56, Acc: 90.7, Test Loss: 1.52, Test Accuracy: 94.7
Epoch 13, Loss: 1.55, Acc: 91.0, Test Loss: 1.51, Test Accuracy: 94.8
Epoch 14, Loss: 1.55, Acc: 91.1, Test Loss: 1.51, Test Accuracy: 94.9
Epoch 15, Loss: 1.55, Acc: 91.3, Test Loss: 1.51, Test Accuracy: 94.9
Epoch 16, Loss: 1.55, Acc: 91.5, Test Loss: 1.51, Test Accuracy: 95.0
Epoch 17, Loss: 1.55, Acc: 91.6, Test Loss: 1.51, Test Accuracy: 95.1
Epoch 18, Loss: 1.54, Acc: 91.8, Test Loss: 1.51, Test Accuracy: 95.1
Epoch 19, Loss: 1.54, Acc: 91.9, Test Loss: 1.51, Test Accuracy: 95.2
```

[그림 9-4]와 같이 결과가 표시됩니다.

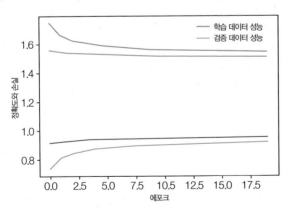

그림 9-4 텐서플로의 함수를 이용한 학습의 결과

전체 코드

이 책의 깃허브에서 이번 예제를 내려받을 수 있습니다.

- 깃허브 파일명: ex9_5_tfwithkeras2.py
- 깃허브 주피터: nb_ex9_5_tfwithkeras2.ipynb

윈도우, 맥OS, 우분투에서 다음과 같은 명령으로 실행합니다.

```
$ python  ex9_5_tfwithkeras2.py
```

예제 9-7 케라스의 확장된 방법 활용하기

❶ # 텐서플로 가져오기와 내장 케라스 사용하기
```
import tensorflow as tf
from tensorflow import keras
print(keras.__version__)
```

❷ # 완전 연결층 인공신경망 모델링
```
from tensorflow.keras.layers import Dense, Dropout
from tensorflow.keras.models import Model

class DNN(Model):
    def __init__(self, Nin=2, Nh_l=[2, 2], Nout=2):
        super(DNN, self).__init__()
        self.dense1 = Dense(Nh_l[0], activation='relu')
        self.dense2 = Dense(Nh_l[1], activation='relu')
        self.dense3 = Dense(Nout, activation='softmax')

    def call(self, x):
        x = self.dense1(x)
        x = Dropout(0.5)(x)
        x = self.dense2(x)
        x = Dropout(0.25)(x)
        return self.dense3(x)
```

❸ # 데이터 준비
```python
import numpy as np
from tensorflow.keras import datasets  # mnist

def Data_func():
    (X_train, y_train), (X_test, y_test) = datasets.mnist.load_data()

    L, H, W = X_train.shape
    X_train = X_train.reshape(-1, H * W)
    X_test = X_test.reshape(-1, H * W)

    X_train = (X_train / 255.0).astype(np.float32)
    X_test = (X_test / 255.0).astype(np.float32)

    return (X_train, y_train), (X_test, y_test)
```

❹ # 학습 진행 및 효과 분석 단계
```python
cost_fn = keras.losses.SparseCategoricalCrossentropy(from_logits=True)
opt = keras.optimizers.Adam()
tr_loss = keras.metrics.Mean(name='train_loss')
te_loss = keras.metrics.Mean(name='test_loss')
tr_acc = keras.metrics.SparseCategoricalAccuracy(name='train_accuracy')
te_acc = keras.metrics.SparseCategoricalAccuracy(name='test_accuracy')

def train(model, X_train, Y_train, N_tr, batch_size):
    for b in range(N_tr // batch_size):
        X_tr_b = X_train[batch_size * (b-1):batch_size * b]
        Y_tr_b = Y_train[batch_size * (b-1):batch_size * b]
        with tf.GradientTape() as tape:
            pred = model(X_tr_b, training=True)
            cost = cost_fn(Y_tr_b, pred)
        grad = tape.gradient(cost, model.trainable_variables)
        opt.apply_gradients(zip(grad, model.trainable_variables))
        tr_loss(cost)
        tr_acc(Y_tr_b, pred)

def validation(model, X_test, Y_test):
    pred = model(X_test, training=False)
```

```
        cost = cost_fn(Y_test, pred)
        te_loss(cost)
        te_acc(Y_test, pred)
```

❺ # 주 함수 구현 및 실행

```
from keraspp.skeras import plot_loss, plot_acc
import matplotlib.pyplot as plt

def main(epochs=20):
    Nin = 784
    Nh_l = [100, 50]
    number_of_class = 10
    Nout = number_of_class

    data = Data_func()
    model = DNN(Nin, Nh_l, Nout)
    batch_size = 100
    (X_train, Y_train), (X_test, Y_test) = data
    N_tr = X_train.shape[0]

    loss_l = {"loss":[], "val_loss":[]}
    acc_l = {"accuracy":[], "val_accuracy":[]}
    for epoch in range(epochs):
        # Train
        train(model, X_train, Y_train, N_tr, batch_size)

        # Validation
        validation(model, X_test, Y_test)

        print(
            f'Epoch {epoch}, '
            f'Loss: {tr_loss.result():.3}, '
            f'Acc: {tr_acc.result() * 100:.3}, '
            f'Test Loss: {te_loss.result():.3}, '
            f'Test Accuracy: {te_acc.result() * 100:.3}')

        loss_l["loss"].append(tr_loss.result())
        acc_l["accuracy"].append(tr_acc.result())
        loss_l["val_loss"].append(te_loss.result())
```

```
        acc_l["val_accuracy"].append(te_acc.result())

    plot_loss(loss_l)
    plot_acc(acc_l)
    plt.show()

if __name__ == "__main__":
    main()
```

9.6 마치며

케라스의 확장된 기능에 대해 알아보았습니다.

첫 번째로 이미지 데이터가 부족할 때 수를 늘려주는 이미지 생성 툴을 살펴보았습니다. 이 이미지 생성 툴을 이용하면 원래 이미지를 회전하고 키우는 등 다양한 방법으로 데이터를 늘릴 수 있습니다. 두 번째로 미리 학습된 모델을 사용하는 방법을 알아봤습니다. 미리 학습된 모델을 기반으로 미세 조정을 추가해서 진행하면 적은 이미지 데이터에서도 높은 성능을 얻을 수 있는 경우가 많습니다. 세 번째는 앞뒤 계층 사이에 처리해야 하는 내용을 간단하게 신규 계층으로 구현하는 방법을 알아보았습니다. 간단한 신규 계층 구현을 위해 케라스에서는 Lambda 명령어를 제공합니다. 더불어 Lambda 명령어를 사용하지 않고 케라스 방식인 GradientTape()을 이용한 더 편리해진 처리 방법도 알아보았습니다. 케라스는 텐서플로 2에서 제공하는 실행에 따른 정의 기능을 제공하기 때문에 Lamda를 사용하지 않고도 신규 계층을 용의하게 구현할 수 있습니다. 네 번째는 학습이 가능한 신규 계층을 만드는 방법을 알아보았습니다. 케라스가 제공하는 계층 클래스를 상속하는 형태로 구현하여 어렵지 않게 학습 가능한 신규 계층을 만들 수 있습니다. 끝으로 케라스가 새롭게 제공하는 미분 가능 프로그래밍 기능을 이용한 학습 방법을 알아보았습니다. 이 기능은 텐서플로 2를 지원함에 따라 추가된 케라스의 확장 기능입니다.

다음 장에서는 강화학습을 위한 인공신경망의 구현 방법을 알아보겠습니다.

케라스로 구현하는 RL

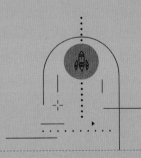

RL의 개념을 이해하고 예제를 통해 구현 방법을 배웁니다.

케라스로 구현하는 RL

강화학습 Reinforcement Learning, RL 은 행동에 대한 정책을 학습하는 인공신경망입니다. 1~5장에서 지도학습망이 행동 자체를 직접 학습시켰다면, 본 장에서 다룰 강화학습은 행동을 직접 학습하는 대신 행동에 따라 보상이 좋아지는 방향으로 학습합니다. 즉, 강화학습은 최고의 보상을 얻기 위해 인공지능 에이전트가 적절한 행동을 스스로 결정할 수 있도록 만드는 방식으로 바둑, 게임, 로봇 제어 등에 활용되고 있습니다. 이 장에서 다루는 내용은 다음과 같습니다.

- 강화학습 원리
- 정책 반복법을 이용하는 강화학습 사례
- Q-Learning을 이용하는 강화학습 사례
- 딥러닝 기반 Q-Learning을 이용하는 강화학습

10.1 강화학습 원리

강화학습은 환경에서 오는 보상을 통해 행동의 정책을 결정하는 인공지능 학습

방법입니다. 이번 절에서는 강화학습의 정의와 주요 용어, 최적화 기본 방법을 알아봅니다.

10.1.1 강화학습의 정의 및 주요 용어

강화학습이란?

강화학습은 환경의 상태^{State}에 따라 최적의 행동^{Action}을 결정하는 정책^{Policy}을 훈련하는 인공지능 방법입니다. 최적 행동이란 주어진 환경에 대해 보상을 최대화하는 행동을 의미합니다. 다시 말하면 에이전트가 환경의 상태에 따라 보상을 최대화하는 방향으로 행동을 결정하는 정책을 훈련하는 것이 강화학습입니다.

강화학습의 기본 용어를 알아봅니다.

상태, 행동 그리고 보상

강화학습의 중요한 요소인 환경 상태^{State}를 S, 에이전트의 행동^{Action}을 A라는 변수로 표시하겠습니다. 또한 어떤 행동을 했을 때 돌아오는 보상^{Reward}을 R로 표시하겠습니다. 예를 들어 바둑과 같은 보드게임에서는 돌이 놓여 있는 상황이 상태(S), 돌을 어디에 두는지가 행동(A)이고 그 결과로 일어나는 승패가 보상(R)이 됩니다.

정책

어떤 상태에서 특정한 행동을 선택하는 행위를 정책^{Policy}이라고 하고 $\pi(A|S)$라는 확률 함수로 표현합니다. 여기서 $\pi(A|S)$는 S라는 상태에서 복수의 행동 중에 A라는 행동을 선택하는 조건부 확률을 나타냅니다. 어떤 상태에서 선택할수 있는 행동이 두 가지라고 가정합시다. 이때 두 행동 중 한 가지를 무작위로 같은 비율로 선택한다면 정책의 두 행동에 대한 확률값은 각각 0.5, 0.5가 됩니다.

반환값

에이전트의 행동은 바로 다음의 보상뿐 아니라 그 이후의 보상에도 영향을 줍니다. 이를 고려하기 위한 누적 보상이 반환값이고 G로 표시합니다. 이 값은 현재의 보상을 포함해 미래에 주어질 모든 보상의 합으로 주어집니다. 다만 미래의 보상은 시간에 따른 감가상각 인자가 곱해진 후에 더해집니다. 현재, 다음 그리고 마지막 행동에 의해 받은 보상을 R[k+1], R[k+2], R[k+L]이라고 하면, 현재 시점의 반환인 G[k]는 다음과 같이 정의합니다.

$$G_k = R_{k+1} + \gamma R_{k+2} + \cdots + \gamma^{L-1} R_{k+L} \tag{10.1}$$

여기서 k는 행동을 한 현재 시간이고 γ는 0과 1 사잇값을 가지는 감가상각 비율입니다. γ가 1에 가까울수록 미래 보상이 현재 행동에 많은 영향을 받는 것을 의미합니다.

가치함수

확률적 정책이 고려된다면 같은 상태에서도 때에 따라 다른 행동을 할 수 있습니다. 그리고 행동의 결과에 따른 보상이나 반환값도 때에 따라 확률적으로 달라질 수 있습니다. 따라서 이런 확률적 상황을 고려한 특정 상태에서 반환값의 평균을 가치함수로 정의하고 V[s]로 표시합니다.

$$V[s] = E[G_k | S_k = s] \tag{10.2}$$

행동가치함수

동일한 상태에서 행동이 달라지면 평균 반환값이 달라질 수 있습니다. 앞서 가치함수는 행동에 따른 리턴을 평균한 것이라면 행동가치함수는 행동별 반환값을 평균한 값입니다. 행동가치함수는 Q[s, a]로 표시하며 다음과 같이 정의합니다.

$$Q[s, a] = E[G_k | S_k = s, A_k = a] \tag{10.3}$$

수식 (10.2)의 가치함수는 다음과 같이 행동가치함수에 행동별 정책을 고려한 평균값으로 표현할 수 있습니다.

$$V[s] = \sum_a \pi(a|s)Q[s, a] \qquad (10.4)$$

벨만 기대 방정식

벨만 기대 방정식은 $G_k = R_{k+1} + \gamma G_{k+1}$의 특성을 이용해 가치함수를 다이내믹한 형태로 표현한 방정식입니다.

$$V(s) = E[R_{k+1} + \gamma V[S_{k+1}] | S_k = s] \qquad (10.5)$$

벨만 기대 방정식은 행동가치함수에도 적용이 가능합니다.

$$Q[s, a] = E[R_{k+1} + \gamma Q[S_{k+1}, A_{k+1}] | S_k = s, A_k = a] \qquad (10.6)$$

위의 관계들을 이용하면 다이내믹 프로그래밍을 통해 각각 수렴 가치함수와 수렴 행동가치함수를 구할 수 있습니다. 여기서 수렴 가치함수와 수렴 행동가치함수란 벨만 기대 방정식을 통해 주어진 정책에 대해 가치함수와 행동가치함수가 더 변하지 않는 값으로 수렴된 경우를 의미합니다.

10.1.2 강화학습 최적화 기본 방법

강화학습은 마르코프 결정 과정Markov Decision Process, MDP (이하 MDP)의 최적화에 기반을 두고 있습니다. 여기서는 MDP를 최적화하는 기본 방법을 다룹니다.

MDP의 상태 변환 확률

MDP는 다음 상태가 현재 상태와 행동에 의해서만 정의되고 과거 상태와 행동과는 연관이 되지 않는 프로세스입니다. 이런 특징에 따른 MDP의 상태 변환 확률은 다음과 같이 정의합니다.

$$P_{s,s'}^{a} = P[S_{k+1} | (S_k, A_k)] \qquad (10.7)$$

여기서 $S_k = s$, $A_k = a$이고 $S_{k+1} = s'$입니다. 이 확률은 미래의 상태인 s'가 현재 상태와 행동인 s와 a에 의해서 정해질 확률을 나타내는 것을 알 수 있습니다.

MDP에서 평균 보상값

MDP 모델에서 s 상태에서 a라는 행동을 했을 때 받게 되는 평균 보상값을 다음과 같이 정의합니다.

$$R_s^a = E[R_{k+1}] \qquad (10.8)$$

정책 반복법

MDP 최적화의 기본적인 방법으로 벨만 기대 방정식을 이용한 정책 반복법^{Policy} ^{Iteration}이 있습니다. 정책 반복법은 [그림 10-1]과 같이 두 가지 절차를 반복하는 형태입니다. 첫 번째 절차는 주어진 정책을 바탕으로 벨만 기대 방정식을 이용해 수렴 행동가치함수를 구합니다. 두 번째 절차는 구해진 수렴 행동가치함수를 이용해 더 우수한 정책을 찾습니다. 이 두 절차를 정책 변화가 없을 때까지 반복하여 최적 정책을 찾습니다.

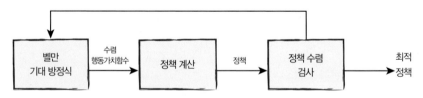

그림 10-1 정책 반복법 블록 다이어그램

MDP 모델 정보를 이용한 수렴 행동가치함수 계산

행동가치함수를 효과적으로 수렴시키기 위해서 벨만 기대 방정식을 MDP 모델 정보인 상태 변환 확률인 $P_{s,s'}^a$와 평균 보상값인 R_s^a을 이용해 다음과 같이 시간에 대한 것으로 변환합니다.

$$Q_k[s,\ a] = R_s^a + \gamma \sum_{s' \in S} P_{s,s'}^a \sum_{a' \in A} Q_{k-1}[s',\ a'] \qquad (10.9)$$

$Q_k[s,\ a]$와 $Q_{k-1}[s,\ a]$는 시간 k와 시간 k−1에서 구한 행동가치함수입니다. MDP 모델에 대한 정보를 알고 있다는 가정하에 과거 행동가치함수를 이용해 현재 행동가치함수를 반복해서 계산하는 방식입니다. 시간 k가 커짐에 따라 행동가치함수는 일정한 값으로 수렴하게 됩니다.

수렴 행동가치함수를 이용한 정책 계산

수렴 행동가치함수를 구하고 나면 그에 맞는 최적 정책을 새롭게 구합니다.

$$\pi(a \mid s) = \arg \max_a Q_\pi[s,\ a] \qquad (10.10)$$

$Q_\pi[s,\ a]$는 수렴 행동가치함수입니다. 새롭게 구한 정책은 새로운 최적화를 통해 이전 정책보다 나은 가치를 제공합니다. 이전 정책은 수렴 행동가치함수를 구하기 위해 사용되었는데, 구해진 수렴 행동가치함수를 이용해 한 단계 더 나아진 정책을 구하게 된 겁니다.

이제 고도화된 정책이 나왔으므로 이를 이용해 다시 수렴 행동가치함수를 구합니다. 이 두 절차의 반복된 계산은 정책이 특정 상태로 수렴될 때까지 반복합니다.

정리하면 정책 반복법은 주어진 정책에 대한 수렴 행동가치함수를 구하고 이를 이용해 다시 정책을 고도화한 뒤, 고도화된 정책을 이용해 수렴 행동가치함수를 다시 구하는 과정을 순환하는 방법입니다.

10.2 정책 반복법을 이용하는 강화학습 사례

정책 반복법에 대한 실습으로 **얼어붙은 호수**Frozen Lake를 예제로 다룹니다. 얼어붙은 호수[17]는 Gym에서 제공하는 **강화학습 실습**[18]을 위한 환경입니다. Gym[19]은 OpenAI가 운영하는 강화학습 알고리즘을 개발하고 검증할 수 있도록 예제 환경을 제공하는 툴킷입니다.

10.2.1 Gym을 이용한 강화학습 환경 구성하기

Gym을 이용하기 위해서는 다음과 같이 pip를 이용해 설치합니다.

```
$ pip install gym
```

❶ 파이썬 코드에서 gym에 있는 얼어붙은 호수라는 환경을 사용하기 위해서 다음과 같은 코드를 작성합니다.

```
import gym
flake = gym.make("FrozenLake-v1", is_slippery=False)
```

환경의 복잡도를 줄이기 위해 미끄럼 모드를 사용하지 않도록 is_slippery 인자를 False로 지정했습니다. 디폴트는 True로 되어 있습니다.

❷ Gym이 제공하는 얼어붙은 호수는 4×4칸 바둑판 형태의 호수입니다. 에이전트는 좌측상단의 시작 지점에서 출발해 우측 하단의 도착 지점으로 한 칸씩 진행합니다. 만들어진 호수 환경을 초기화한 후 그 형태를 보기 위해서 아래 코드를 포함하게 됩니다.

---

17 https://reinforcement-learning4.fun/2019/06/16/gym-tutorial-frozen-lake/
18 http://solarisailab.com/archives/2038
19 https://gym.openai.com/

```
k = 0
new_s = flake.reset()
flake.render()
```

이렇게 하면 다음과 같이 현재 상태 즉, 위치 정보인 0을 보여준 뒤 호수 모양이 보이게 됩니다.

```
■FFF
FHFH
FFFH
HFFG
```

여기서 S는 시작 지점, F는 얼어 있어서 지나갈 수 있는 지점, H는 구멍이 나서 갈 수 없는 지점 그리고 G는 목표 지점을 나타내고, 빨간 박스로 표시된 곳이 에이전트가 있는 현재 위치입니다. 여러 번 학습을 통해 에이전트가 스스로 홀이 없는 곳을 피해 최단 거리로 목표 지점에 도착하는 것이 목표입니다.

얼어붙은 호수 환경에서 에이전트가 S, F, H 위치로 움직이면 보상은 0이고 G에 도착한 경우만 1이 됩니다. 또한 H나 G로 들어가게 되면 현재 환경이 종료됩니다. 즉, H로 들어가게 되면 보상 없는 종료이고 G에 도착하게 되면 1이라는 보상이 주어진 목표 달성의 종료가 됩니다.

❸ 이제 종료가 되기 전 최대 3회의 무작위 행동에 대한 상태와 보상이 어떻게 주어지는지를 알아봅니다. 이를 위해서는 다음과 같이 반복문으로 행동을 반복해서 이루어지도록 구성해야 합니다.

```
for _ in range(3):
    a_k = flake.action_space.sample()
```

```
    s, r, done, info = flake.step(a_k)
    flake.render()
    if done:
        break
```

여기서 flake.action_space.sample() 함수는 flake에서 가능한 행동 중에 하나를 임의로 돌려주게 됩니다. 무작위로 선택한 행동을 환경에 입력하기 위해 fake.step() 함수에 행동을 제공하고 그 결과로 새로운 상태(S), 보상(R), 종료 여부(DONE) 그리고 추가 정보(Info)를 돌려받게 됩니다.

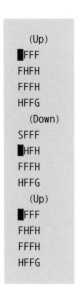

시작 시 상태는 S에 해당하는 (0, 0)의 위치였습니다. 첫 행동은 위(UP)로 에이전트를 움직이려고 했습니다. 위는 막혀있으므로 상태는 변하지 않았습니다. 다음은 아래 방향으로 움직이는 행동을 했고, 이로 인해 위치는 F에 해당하는 (0, 1)로 되었습니다. 그 상태에서 위 방향으로 움직여 상태는 다시 (0, 0)으로 돌

아오게 되었습니다. 이 경우는 3회 동안 행동을 했지만 구멍(H)이나 목표 지점 (G)에 도달하지 못했습니다.

10.2.2 무작위 행동에 따른 상태, 보상 그리고 종료 여부 관찰하기

❹ 상태, 보상, 행동 그리고 종료 여부에 대한 변화를 모두 관찰하기 위해 판다스 패키지를 사용하는 방법을 알아보겠습니다. 시도를 여러 번 하기 위해 코드를 함수로 만들겠습니다.

```python
import pandas as pd

def run(N_Iter = 100, render_flag=False):
    """
    Return buff_df if done, otherwise return None
    """
    new_s = flake.reset()
    if render_flag: flake.render()
    buff_df = pd.DataFrame({"S":[new_s],"S:(x, y)":[(0, 0)],
                "R":[0.0], "done":[False],
                "A":[0], "A:name": [""]})
    buff_df.index.name = 'k'

    Actions = ["Left", "Down", "Right", "Up"]
    for iter in range(N_Iter):
        a_k = flake.action_space.sample()
        buff_df.loc[iter, 'A':"A:name"] = (a_k, Actions[a_k])
        s, r, done, info = flake.step(a_k)
        if render_flag: flake.render()
        new_df = pd.DataFrame({"S":[s], "S:(x, y)":[(s%4, s//4)],
                                "R":[r], "done":[done],
                                "A":[0], "A:name": [""]})
        buff_df = buff_df.append(new_df, ignore_index=True)
        buff_df.index.name = 'k'
        if done:
            return buff_df
```

```
    return None

run(10)
```

　여기서는 판다스 패키지의 DataFrame을 만들고 추가되는 상태를 append()
로 계속 덧붙이도록 했습니다. 여기서 append() 사용 시 인덱스는 시간을 나타
내므로 계속 늘어나야 하기에 ignore_index=True로 정의했고 인덱스 이름을
다시 'k'로 재지정했습니다.

　이 코드를 이용해 최대 반복을 10번으로 지정한 경우에는 다음과 같은 결과를
같습니다.

k	S	S:(x, y)	R	done	A	A:name
0	0	(0, 0)	0.0	False	3	Up
1	0	(0, 0)	0.0	False	1	Down
2	4	(0, 1)	0.0	False	3	Up
3	0	(0, 0)	0.0	False	1	Down
4	4	(0, 1)	0.0	False	2	Right
5	5	(1, 1)	0.0	True	0	

　여기서 최대 반복은 10번으로 지정했지만 5번 만에 종료가 되어 시간은 k=5
까지만 나왔습니다. Done[5]==True가 되어 k=5에서 종료가 되었음을 보여
주고 있습니다. 이때 에이전트의 위치는 (1, 1)로 구멍(H)에 빠지게 되어 목표
지점(G)에 도달하지 못하고 종료되었습니다.

　지금은 학습 없이 무작위로 행동을 결정하기 때문에 목표를 잘 달성하지 못합니다.

10.2.3 반환값 구하기

❺ 현재 결과에 대해 감가상각을 고려한 미래 보상을 합친 반환값 G[k]를 구해봅

니다. 다음은 보상이 주어졌을 때 반환값을 구하는 코드입니다.

```python
import numpy as np
def calc_g(r, factor = 0.9):
    g_prev = 0
    g = np.copy(r[1:])
    g = np.append(g, 0.0) # g[-1] is fixed to 0.0
    for rev_k in range(len(g)-2, -1, -1):
        g[rev_k] += factor * g_prev
        g_prev = g[rev_k]
    return g
```

 G[k]는 앞의 코드와 같이 끝에서부터 구하게 됩니다. k = 0, 1, .., 5일 경우 제일 마지막에 해당하는 G[4] = R[5]와 동일합니다. 코드에서 rev_k = 4인 경우에 g[4] += factor * g_prev로 되어 있지만 g_prev가 처음에는 0이므로 결국 g[4]는 앞서 g = np.copy(r[1:])에 의해서 r[5]값을 가지게 됩니다. 이후에는 G[k] = R[k+1] + 0.9 * G[k−1]과 같이 누적 형태로 계산됩니다. 여기서 G[k]는 수식 (10.1)에 있듯이 R[ ]보다 인덱스가 1이 감소하는 형태인 R[k+1] + ...로 정의됩니다.

❻ 이제 DataFrame 속에 있는 R을 이용해 구한 반환값을 DataFrame에 추가해 봅니다.

```python
def get_g(N_Iter=10):
    buff_df = run(N_Iter)
    if buff_df is not None:
        r = buff_df.R.values
        buff_df['G'] = calc_g(r)
    else:
        print('Try more iterations for each run')
        return None
```

```
    return buff_df

get_g()
```

여기서 보상값을 r=buff_df.R.values로 가져온 뒤 앞서 만든 calc_g(r) 함
수로 리턴값을 구합니다.

이 코드의 수행 결과는 다음과 같습니다.

k	S	S:(x, y)	R	done	A	A:name	G
0	0	(0, 0)	0.0	False	0	Left	0.0
1	0	(0, 0)	0.0	False	1	Down	0.0
2	4	(0, 1)	0.0	False	0	Left	0.0
3	4	(0, 1)	0.0	False	2	Right	0.0
4	5	(1, 1)	0.0	True	0		0.0

여기서 리턴(G)은 시간 k에 대한 함수이기도 하지만 상태 S에 대한 함수이기
도 합니다. 즉, G[0]과 G[1]은 같은 상태인 S=0에 대한 리턴값입니다. 동일한
S에 대해 G값을 평균하게 되면 가치함수가 얻어집니다.

10.2.4 가치함수 구하기

❼ 여러 번 반복 시도를 통해 G값부터 가치함수를 얻어 봅니다.

먼저 반복 시도를 통해 구한 G가 포함된 여러 DataFrame을 한 개의 Data
Frame에 모아 봅니다.

```
def get_g_many(N_Epochs=5, N_Iter=50):
    gbuff_df = None
    for epoch in range(N_Epochs):
        buff_df = get_g(N_Iter)
        if buff_df is not None:
```

```
            if epoch == 0:
                gbuff_df = buff_df
            else:
                gbuff_df = gbuff_df.append(buff_df)
    return gbuff_df

get_g_many()
```

여기서 buff_df = get_g(N_Iter)로 구한 G가 포함된 DataFrame을 append()를 이용해 gbuff_df라는 DataFrame에 차곡차곡 쌓게 됩니다.

❽ 모인 G[s]를 이용해 각 상태 s에 대한 가치함수 V[s]를 구합니다.

```
gbuff_df = get_g_many(100)
V = np.zeros(flake.observation_space.n)
# N_V[S]: no of G values to calculate V[S]
N_V = np.zeros(flake.observation_space.n)
for s in range(flake.observation_space.n):
    Gs_all = gbuff_df.G[gbuff_df.S==s].values
    if len(Gs_all) > 0:
        V[s] = np.average(Gs_all)
        N_V[s] = len(Gs_all)

V_df = pd.DataFrame({"V": V, "No of Gs": N_V})
V_df.index.name = 's'
V_df
```

flake.observation_space.n은 flake 환경의 총 상태 수입니다. 여기서는 4×4의 판을 구성하고 있으니 16이 됩니다. V는 각 상태에 해당하는 가치 함수를 저장한 변수이고 N_V는 각 상태에서 G[s]의 개수를 의미합니다. 반복문은 0부터 15까지 모든 상태를 반복하며 상태가 s인 모든 G[s]를 찾습니다. 주어진 상태에 대해 G[s]가 하나라도 존재한다면 그 평균값을 V[s]에 넣고 N_V[s]에는

G[s]의 개수를 담습니다. 반복이 모두 끝나고 모든 V[s], N_V[s]를 V_df라는 DataFrame에 넣습니다.

위 코드에 의해 구한 결과는 다음과 같습니다.

s	V	No of Gs
0	0.008619	321.0
1	0.005047	130.0
2	0.011045	66.0
3	0.000000	37.0
4	0.018070	110.0
5	0.000000	69.0
6	0.042632	19.0
7	0.000000	12.0
8	0.068316	50.0
9	0.081450	18.0
10	0.168600	15.0
11	0.000000	4.0
12	0.000000	12.0
13	0.069231	13.0
14	0.200526	19.0
15	0.000000	3.0

여기서 s = 0에 대한 G[s = 0]은 321개지만 G[s = 15]는 3개로 차이가 있음을 알 수 있습니다. 이런 차이는 환경에 대한 조건과 정책의 특성에 기인한 것이기에 이 두 조건이 바뀌면 달라질 수 있습니다. 이에 대한 영향을 줄이고 보다 정확한 가치함수의 계산을 위해서는 충분한 반복이 필요합니다.

10.2.5 행동가치함수 구하기

❾ 행동가치함수를 구합니다.

```
gbuff_df = get_g_many(100)
Q = np.zeros((flake.observation_space.n, flake.action_space.n))
# N_Q[s, a]: no of G values to calculate Q[s, a]
N_Q = np.zeros((flake.observation_space.n, flake.action_space.n))
S_list = []
A_list = []
for s in range(flake.observation_space.n):
    for a in range(flake.action_space.n):
        Gs_all = gbuff_df.G[(gbuff_df.S==s) & (gbuff_df.A==a)].values
        if len(Gs_all) > 0:
            Q[s, a] = np.average(Gs_all)
            N_Q[s, a] = len(Gs_all)
        S_list.append(s)
        A_list.append(a)

SA_df = pd.DataFrame({"S": S_list, "A": A_list})
Q_df = pd.DataFrame({"Q": Q.reshape(-1), "No of Gs": N_Q.reshape(-1)},
                    index=pd.MultiIndex.from_frame(SA_df))
Q_df
```

행동가치함수는 수식 (10.3)에 나와 있듯이 상태(S)와 행동(A) 모두의 함수 이므로 이 둘의 조건을 동시에 만족하는 G[s]만 gbuff_df.G[(gbuff_df.S== s) & (gbuff_df.A==a)]의 조건으로 구분했습니다. 나머지는 V[s]를 구하는 코드와 유사합니다.

DataFrame을 만들 때는 S, A를 모두 인덱스로 설정하기 위해 pd.MultiIndex .from_frame(SA_df) 함수를 사용했습니다. 이 함수는 S, A로 구성된 Data Frame인 SA_df로부터 인덱스를 가져와 Q_df의 인덱스로 설정하였습니다.

이 코드의 결과는 다음과 같습니다. 총 64개 행에 대해서 나타내야 하지만 너무 길어서 중간은 생략했습니다.

		Q	No of Gs
s	A		
0	0	0.004830	81.0
	1	0.019100	91.0
	2	0.009854	83.0
	3	0.005971	89.0
1	0	0.013666	35.0
...	...	...	...
14	3	0.000000	1.0
15	0	0.000000	4.0
	1	0.000000	0.0
	2	0.000000	0.0
	3	0.000000	0.0

64 rows × 2 columns

10.2.6 새로운 정책 구하기

⑩ 행동가치함수가 구해졌으니 이를 바탕으로 최적의 정책을 다시 구해봅니다.
최적의 정책은 행동가치함수에서 주어진 상태에 대해 어떤 행동이 가장 높은 가
치를 가지냐에 따라 결정됩니다.

```
PI = np.argmax(Q, axis=1)
PI.reshape(4, 4)
```

 2차원 배열인 Q에서 두 번째 인덱스를 기준으로 최곳값을 찾고 이에 해당하는
인덱스를 PI에 돌려주도록 했습니다. 최곳값을 찾는 부분은 Numpy 패키지의
np.argmax를 이용했습니다.

 위의 코드를 수행한 결과로 새롭게 찾아진 최적 정책은 다음과 같습니다. 보기
는 호수 형태에 맞게 4×4 행렬로 조정했습니다. 행동의 의미는 번호 순서대로
["Left", "Down", "Right", "Up"]과 같습니다.

```
                    ["Left", "Down", "Right", "Up"]

    ■FFF         array([① 3, 1, 0],
    FHFH                ① 0, 1, 0],
    FFFH                ②②① 0],
    HFFG               [0, 2,②⓪], dtype=int64
```

새로운 정책은 얼어붙은 호수를 이용해 분석하면 붉은 원으로 표시된 방향으로 에이전트가 움직일 때 중간에 구멍(H)에 빠지지 않고 도착할 수 있는 최적의 방법임을 알 수 있습니다. 목표(G)의 위치에서는 행동이 더 주어지지 않기 때문에 A = 0이라는 게 의미가 없습니다.

행동가치함수를 구할 때는 무작위 정책을 사용했지만, 이를 바탕으로 새로운 정책을 구할 때는 현재 시점에서 최적 행동을 찾으므로 현재의 정책보다 더 우수한 정책을 찾을 수 있었습니다.

주어진 문제가 단순했기 때문에 한 번의 정책 최적화로 우수한 정책이 나오게 되었지만, 복잡도가 높아지면 행동가치함수 구하기와 최적 정책 구하기가 반복되어야만 최적의 정책을 얻게 됩니다.

10.2.7 새로운 정책 사용하기

⑪ 새로운 정책으로 다시 시도하는 코드를 작성합니다.

```
def run_with_PI(PI=None, N_Iter = 100, render_flag=False):
    """
    Return buff_df if done, otherwise return None
    """
    s = flake.reset()
```

```
        if render_flag: flake.render()
        buff_df = pd.DataFrame({"S":[s], "S:(x, y)":[(0, 0)],
                    "R":[0.0], "done":[False],
                    "A":[0], "A:name": [""]})
        buff_df.index.name = 'k'

        Actions = ["Left", "Down", "Right", "Up"]
        for iter in range(N_Iter):
            if PI is not None:
                a_k = PI[s]
            else:
                a_k = flake.action_space.sample()
            buff_df.loc[iter, 'A':"A:name"] = (a_k, Actions[a_k])
            s, r, done, info = flake.step(a_k)
            if render_flag: flake.render()
            new_df = pd.DataFrame({"S":[s], "S:(x, y)":[(s%4, s//4)],
                                "R":[r], "done":[done],
                                "A":[0], "A:name": [""]})
            buff_df = buff_df.append(new_df, ignore_index=True)
            buff_df.index.name = 'k'
            if done:
                return buff_df
        return None

run_with_PI(PI=PI, render_flag=True)
```

무작위 정책을 사용하는 경우와 한 부분을 제외하고 동일합니다. 달라진 부분은
PI가 None이 아니면 최적 정책을 a_k=PI[s]와 같이 주어진 PI를 통해 정하도
록 하는 부분입니다.

이 코드의 실행 결과는 다음과 같습니다.

SFFF
FHFH
FFFH
HFFG
  (Down)
SFFF
FHFH
FFFH
HFFG
  (Down)
SFFF
FHFH
FFFH
HFFG
  (Right)
SFFF
FHFH
FFFH
HFFG
  (Right)
SFFF
FHFH
FFFH
HFFG
  (Down)
SFFF
FHFH
FFFH
HFFG
  (Right)
SFFF
FHFH
FFFH
HFFF

	S	S:(x, y)	R	done	A	A:name
k						
0	0	(0, 0)	0.0	False	1	Down
1	4	(0, 1)	0.0	False	1	Down
2	8	(0, 2)	0.0	False	2	Right
3	9	(1, 2)	0.0	False	2	Right
4	10	(2, 2)	0.0	False	1	Down
5	14	(2, 3)	0.0	False	2	Right
6	15	(3, 3)	1.0	True	0	

전체 코드

이 책의 깃허브에서 이번 예제를 내려받을 수 있습니다.

- 깃허브 파일명: ex10_1_rl_policy_iter.py
- 깃허브 주피터: nb_ex10_1_rl_policy_iter.ipynb

윈도우, 맥OS, 우분투에서 다음과 같은 명령으로 실행합니다.

```
$ python ex10_1_rl_policy_iter.py
```

예제 10-1 정책 반복법을 이용하는 강화학습

❶ # Gym 가져오기와 환경 구성하기
```
import gym
flake = gym.make("FrozenLake-v1", is_slippery=False)
```

❷ # 호수 형태 보기
```
k = 0
new_s = flake.reset()
flake.render()
```

❸ # 3회 무작위 행동과 결과 보기
```
for _ in range(3):
        a_k = flake.action_space.sample()
        s, r, done, info = flake.step(a_k)
        flake.render()
        if done:
            break
```

❹ # 변화 관찰을 위한 판다스 패키지 사용하기
```
import pandas as pd

def run(N_Iter = 100, render_flag=False):
    """
    Return buff_df if done, otherwise return None
```

```
    """
    new_s = flake.reset()
    if render_flag: flake.render()
    buff_df = pd.DataFrame({"S":[new_s], "S:(x, y)":[(0, 0)],
                "R":[0.0], "done":[False],
                "A":[0], "A:name": [""]})
    buff_df.index.name = 'k'

    Actions = ["Left", "Down", "Right", "Up"]
    for iter in range(N_Iter):
        a_k = flake.action_space.sample()
        buff_df.loc[iter, 'A':"A:name"] = (a_k, Actions[a_k])
        s, r, done, info = flake.step(a_k)
        if render_flag: flake.render()
        new_df = pd.DataFrame({"S":[s], "S:(x, y)":[(s%4, s//4)],
                        "R":[r], "done":[done],
                        "A":[0], "A:name": [""]})
        buff_df = buff_df.append(new_df, ignore_index=True)
        buff_df.index.name = 'k'
        if done:
            return buff_df
    return None

run(10)
```

❺ # 감가상각을 고려한 반환값 구하기
```
import numpy as np
def calc_g(r, factor = 0.9):
    g_prev = 0
    g = np.copy(r[1:])
    g = np.append(g, 0.0) # g[-1] is fixed to 0.0
    for rev_k in range(len(g)-2, -1, -1):
        g[rev_k] += factor * g_prev
        g_prev = g[rev_k]
    return g
```

❻ # 반환값을 DataFrame에 추가하기
```
def get_g(N_Iter=50):
    buff_df = run(N_Iter)
    if buff_df is not None:
```

```
            r = buff_df.R.values
            buff_df['G'] = calc_g(r)
        else:
            print('Try more iterations for each run')
            return None
        return buff_df

    get_g()
```

❼ # 여러 DataFrame을 한 곳에 모으기
```
    def get_g_many(N_Epochs=5, N_Iter=50):
        gbuff_df = None
        for epoch in range(N_Epochs):
            buff_df = get_g(N_Iter)
            if buff_df is not None:
                if epoch == 0:
                    gbuff_df = buff_df
                else:
                    gbuff_df = gbuff_df.append(buff_df)
        return gbuff_df

    get_g_many()
```

❽ # 모은 곳에서 가치 함수 구하기
```
    gbuff_df = get_g_many(100)
    V = np.zeros(flake.observation_space.n)
    # N_V[S]: no of G values to calculate V[S]
    N_V = np.zeros(flake.observation_space.n)
    for s in range(flake.observation_space.n):
        Gs_all = gbuff_df.G[gbuff_df.S==s].values
        if len(Gs_all) > 0:
            V[s] = np.average(Gs_all)
            N_V[s] = len(Gs_all)

    V_df = pd.DataFrame({"V": V, "No of Gs": N_V})
    V_df.index.name = 's'
    V_df
```

❾ # 행동가치함수 구하기
```
    gbuff_df = get_g_many(100)
```

```python
Q = np.zeros((flake.observation_space.n, flake.action_space.n))
# N_Q[s,a]: no of G values to calculate Q[s, a]
N_Q = np.zeros((flake.observation_space.n, flake.action_space.n))
S_list = []
A_list = []
for s in range(flake.observation_space.n):
    for a in range(flake.action_space.n):
        Gs_all = gbuff_df.G[(gbuff_df.S==s) & (gbuff_df.A==a)].values
        if len(Gs_all) > 0:
            Q[s, a] = np.average(Gs_all)
            N_Q[s, a] = len(Gs_all)
        S_list.append(s)
        A_list.append(a)

SA_df = pd.DataFrame({"S": S_list, "A": A_list})
Q_df = pd.DataFrame({"Q": Q.reshape(-1), "No of Gs": N_Q.reshape(-1)},
                    index=pd.MultiIndex.from_frame(SA_df))

Q_df
```

⑩ # 새로운 정책 구하기
```python
PI = np.argmax(Q, axis=1)
PI.reshape(4, 4)
```

⑪ # 새로운 정책 사용하기
```python
def run_with_PI(PI=None, N_Iter = 100, render_flag=False):
    """
    Return buff_df if done, otherwise return None
    """
    s = flake.reset()
    if render_flag: flake.render()
    buff_df = pd.DataFrame({"S":[s], "S:(x, y)":[(0, 0)],
                "R":[0.0], "done":[False],
                "A":[0], "A:name": [""]})
    buff_df.index.name = 'k'

    Actions = ["Left", "Down", "Right", "Up"]
    for iter in range(N_Iter):
        if PI is not None:
            a_k = PI[s]
        else:
```

```
            a_k = flake.action_space.sample()
        buff_df.loc[iter, 'A':"A:name"] = (a_k, Actions[a_k])
        s, r, done, info = flake.step(a_k)
        if render_flag: flake.render()
        new_df = pd.DataFrame({"S":[s], "S:(x, y)":[(s%4, s//4)],
                               "R":[r], "done":[done],
                               "A":[0], "A:name": [""]})
        buff_df = buff_df.append(new_df, ignore_index=True)
        buff_df.index.name = 'k'
        if done:
            return buff_df
    return None


run_with_PI(PI=PI, N_Iter=1, render_flag=True)
```

10.3 Q-Learning을 이용하는 강화학습 사례

강화학습의 대표 학습 방법인 Q-learning을 이용해 얼어붙은 호수를 건너가는 강화학습을 만듭니다. Q-learning은 시행착오 과정에서 행동가치함수를 학습하여 정책을 최적화합니다.

10.3.1 패키지 가져오기 및 초기화

❶ 필요한 파이썬 패키지를 가져옵니다.

```
import gym
import pandas as pd
import numpy as np
import matplotlib.pyplot as plt
```

환경을 초기화하고 Q 함수와 정책에 해당하는 배열인 PI도 초기화합니다.

```
flake = gym.make("FrozenLake-v1", is_slippery=False)
```

```
Q = np.zeros((flake.observation_space.n, flake.action_space.n))
PI = np.argmax(Q, axis=1)
```

10.3.2 주어진 정책에 따른 시행 함수 만들기

❷ 주어진 정책에 따라 에이전트가 얼어버린 호수를 건너는 시행 함수를 만듭니다. 10.2절 run_with_PI()와 유사한 함수지만 무작위 선택을 일정 비율로 섞어서 수행한다는 점이 다릅니다.

```
def run_with_PI_exploration(PI=None, exploration=0.2, N_Iter=100,
                            render_flag=False):
```

기본값으로 무작위 선택이 일어날 확률인 exploration을 0.2로 설정했습니다. 이 값은 0과 1 사이의 값으로 무작위 행동과 정책에 따라 행동을 선택하는 비율입니다. 예를 들어 기본값처럼 exploration=0.2로 지정하면 20%의 행동은 무작위로 선택하고 나머지 80%는 PI에 정해져 있는 대로 선택할 수 있습니다.

만약 정책에 해당하는 PI가 주어지지 않으면 행동을 무조건 무작위로 선택하게 하기 위해 exploration을 1.0으로 지정하게 합니다.

```
if PI is None:
    # No PI, action will be determined fully randomly
    exploration = 1.0
```

이제 PI에 따라 정해진 정책에 해당하는 행동을 선택하도록 코드를 추가합니다.

```
if rand_buff[iter] <= exploration:
    a_k = flake.action_space.sample()
else:
```

```
a_k = PI[s]
```

10.2절에서는 a_k=flake.action_space.sample()을 사용해 항상 무작위로 한 행동을 통해 탐험^{Exploration}을 하거나 a_k=PI[s]를 사용해 항상 주어진 정책을 수행^{Exploitation}하도록 했습니다.

무작위로 한 행동은 초기에 여러 경로를 탐험하게 하여 답을 찾을 확률을 늘릴 수 있습니다. 그러나 학습으로 얻게 된 정보를 충분히 활용하지 않아 불필요한 영역을 찾아보게 될 수 있습니다. 이로 인해 전체적으로 계산량은 늘어납니다. 그러므로 강화학습에서는 exploration값을 적절히 설정하는 것이 중요합니다.

여기에서는 다루지 않았지만 탐색 빈도인 exploration을 두 단계로 만들어 처음에는 큰 값을 사용하고 나중에는 작은 값을 사용하는 접근도 가능합니다. 그렇게 되면 큰 exploration값에서 작은 exploration값을 언제 바꿀지도 사전에 지정해야 합니다. 이런 값을 설정하는 것은 경험에 의한 것이므로 많은 시행착오를 통해 자신만의 방법을 찾아야 합니다.

앞서 설명한 탐색과 정책을 고려해 수정한 시행 함수는 다음과 같이 구성됩니다.

```python
def run_with_PI_exploration(PI=None, exploration=0.2, N_Iter = 100,
                            render_flag=False):
    """
    Return buff_df if done, otherwise return None
    """
    if PI is None:
        # No PI, action will be determined fully randomly
        exploration = 1.0

    s = flake.reset()
    if render_flag: flake.render()
    buff_df = pd.DataFrame({"S":[s], "S:(x, y)":[(0, 0)],
                "R":[0.0], "done":[False],
```

```
                "A":[0], "A:name": [""]})
    buff_df.index.name = 'k'

    Actions = ["Left", "Down", "Right", "Up"]
    rand_buff = np.random.rand(N_Iter)
    for iter in range(N_Iter):
        # if np.random.rand() <= exploration:
        if rand_buff[iter] <= exploration:
            a_k = flake.action_space.sample()
        else:
            a_k = PI[s]
        buff_df.loc[iter, 'A':"A:name"] = (a_k, Actions[a_k])
        s, r, done, info = flake.step(a_k)
        if render_flag: flake.render()
        new_df = pd.DataFrame({"S":[s], "S:(x, y)":[(s%4, s//4)],
                               "R":[r], "done":[done],
                               "A":[0], "A:name": [""]})
        buff_df = buff_df.append(new_df, ignore_index=True)
        buff_df.index.name = 'k'
        if done:
            return buff_df
    return None

buff_df = run_with_PI_exploration(PI, exploration=0.2, N_Iter=100)
buff_df
```

위의 코드를 실행하면 다음과 같은 결과를 얻을 수 있습니다.

	S	S:(x, y)	R	done	A	A:name
k						
0	0	(0, 0)	0.0	False	0	Left
1	0	(0, 0)	0.0	False	0	Left
2	0	(0, 0)	0.0	False	0	Left
3	0	(0, 0)	0.0	False	0	Left
4	0	(0, 0)	0.0	False	0	Left
...	...	...	...	...	...	...
79	8	(0, 2)	0.0	False	0	Left

80	8	(0, 2)	0.0	False	0	Left
81	8	(0, 2)	0.0	False	0	Left
82	8	(0, 2)	0.0	False	1	Down
83	12	(0, 3)	0.0	True	0	

84 rows × 6 columns

시도는 84번의 움직임이 있었고 최종 위치는 (0, 3)으로 목표(Goal)에 도착하기 전 홀(Hall)에 빠져버린 경우입니다. 홀에 빠지게 되면 보상이 없어서 Q 함숫값이 업데이트되지 않습니다. 시도를 많이 하면 여러 번 중에 한 번은 목표 지점에 안전하게 도착합니다. 시도가 많아도 목표 지점에 도착하지 못한 경우는 보상을 받지 못해 Q 함숫값이 업데이트되지 않습니다. 하지만 목표 지점에 도달하게 되는 시도는 보상을 받을 수 있어 Q 함숫값이 업데이트됩니다.

10.3.3 Q-learning 만들기

❸ Q-learning으로 Q값을 학습하는 코드를 작성합니다. Q값을 최신 보상값을 이용해 업데이트하도록 만듭니다.

```
def q_learning(N_epoch=1000, N_Iter=100, learning_rate=0.01,
               exploration=0.2, trace_flag=False):
    PI_list = []
    Q = np.zeros((flake.observation_space.n, flake.action_space.n))
    for e in range(N_epoch):
        PI = np.argmax(Q, axis=1)
        buff_df = run_with_PI_exploration(PI, exploration=exploration,
                                          N_Iter=N_Iter)
        for k in range(len(buff_df)-1):
            S, A = buff_df.S[k], buff_df.A[k]
            S_next, R_next = buff_df.S[k+1], buff_df.R[k+1]
            Q_new = R_next + np.max(Q[S_next])
            Q[S,A] += learning_rate * (Q_new - Q[S,A])

        PI = np.argmax(Q, axis=1)
        PI_list.append(PI)
```

```
    if trace_flag:
        return np.array(PI_list)
    else:
        return PI
```

이 함수는 두 가지의 리턴값을 돌려주게 됩니다. 맨 아래 문장처럼 trace_flag
가 True가 되면 그간 변화된 PI 리스트 전체를 리턴하게 됩니다. 그렇지 않다면
최종 PI만 리턴하게 됩니다. 알고리즘 개발 단계라면 trace_flag가 True로 되
는 것이 선호될 수 있습니다.

10.3.4 Q-learning 실행하기

❹ Q-learning을 주어진 조건에 따라 실행해 봅니다.

먼저 trace_flag가 True인 경우의 리턴값을 이용해 학습의 진행 결과를 살펴
보는 코드를 작성합니다.

```
PI_array = q_learning(N_epoch=1000, N_Iter=100, learning_rate=0.01,
                      exploration=0.5, trace_flag=True)
print(PI_array[-1])
plt.plot(PI_array)
```

그 결과는 다음과 같습니다.

먼저 최종 정책을 보여줍니다. 최적 정책은 16가지 상태에서 어떤 행동이 최적
인지를 나타냅니다.

```
[1 2 1 0 1 0 1 0 2 2 1 0 0 2 2 0]
```

학습이 진행되면서 정책이 어떻게 변화되었는지 [그림 10-2]와 같이 결과가
표시됩니다.

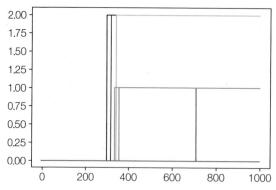

그림 10-2 학습이 진행됨에 따른 결과

[그림 10-2]를 보면 약 700회 이후에는 더 이상의 정책 변화 없이 고정된 값으로 수렴한 것을 알 수 있습니다. 또한 한 가지 값을 제외한다면 나머지 값은 400회 이전에 수렴되었음을 알 수 있습니다.

exploration값을 높여 탐색하는 확률을 늘린다면 좀 더 일찍 최적 정책을 찾을 수 있습니다. 이에 대한 예로 exploration을 0.8보다 더 큰 값을 사용해 다음과 같이 시도해 봅니다.

```
PI_array = q_learning(N_epoch=1000, N_Iter=100, learning_rate=0.01,
                      exploration=0.8, trace_flag=True)
print(PI_array[-1])
plt.plot(PI_array)
```

결과는 다음과 같고 [그림 10-3]과 같이 200회 이전에 학습이 모두 완료되는 것을 알 수 있습니다.

먼저 나온 최종 정책값은 앞선 exploration이 0.8인 경우와 일치합니다.

```
[1 2 1 0 1 0 1 0 2 2 1 0 0 2 2 0]
[2 2 1 0 3 0 1 0 2 2 1 0 0 2 2 0]
```

이제 학습으로 인해 발전하는 모습을 보면 수렴이 훨씬 빨라져 200회 이전에 제대로 된 값을 찾아감을 볼 수 있습니다.

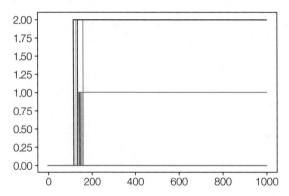

그림 10-3 달라진 exploration 조정과 학습이 진행됨에 따른 결과

exploration을 많이 할수록 일찍 정답을 찾을 수 있었습니다. 그러나 문제에 따라 적정한 exploration값이 다르므로 하나의 exploration값이 다른 경우에도 최적의 값이 된다고 볼 수 없습니다.

전체 코드

이 책의 깃허브에서 이번 예제를 내려받을 수 있습니다.

- 깃허브 파일명: ex10_2_rl_qlearn.py
- 깃허브 주피터: nb_ex10_2_rl_qlearn.ipynb

윈도우, 맥OS, 우분투에서 다음과 같은 명령으로 실행합니다.

```
$ python ex10_2_rl_qlearn.py
```

예제 10-2 Q-Learning을 이용하는 강화학습

❶ # 패키지 가져오기 및 초기화
```python
import gym
import pandas as pd
import numpy as np
import matplotlib.pyplot as plt

flake = gym.make("FrozenLake-v1", is_slippery=False)
Q = np.zeros((flake.observation_space.n, flake.action_space.n))
PI = np.argmax(Q, axis=1)
```

❷ # 주어진 정책에 따른 시행 함수 만들기
```python
def run_with_PI_exploration(PI=None, exploration=0.2,
                            N_Iter = 100, render_flag=False):
    """
    Return buff_df if done, otherwise return None
    """
    if PI is None:
        # No PI, action will be determined fully randomly
        exploration = 1.0

    s = flake.reset()
    if render_flag: flake.render()
    buff_df = pd.DataFrame({"S":[s], "S:(x, y)":[(0, 0)],
                "R":[0.0], "done":[False],
                "A":[0], "A:name": [""]})
    buff_df.index.name = 'k'

    Actions = ["Left", "Down", "Right", "Up"]
    rand_buff =  np.random.rand(N_Iter)
    for iter in range(N_Iter):
        # if np.random.rand() <= exploration:
        if rand_buff[iter] <= exploration:
            a_k = flake.action_space.sample()
        else:
            a_k = PI[s]
        buff_df.loc[iter, 'A':"A:name"] = (a_k, Actions[a_k])
        s, r, done, info = flake.step(a_k)
        if render_flag: flake.render()
```

```python
        new_df = pd.DataFrame({"S":[s], "S:(x, y)":[(s%4, s//4)],
                              "R":[r], "done":[done],
                              "A":[0], "A:name": [""]})
        buff_df = buff_df.append(new_df, ignore_index=True)
        buff_df.index.name = 'k'
        if done:
            return buff_df
    return None


buff_df = run_with_PI_exploration(PI, exploration=0.2, N_Iter=100)
buff_df
```

❸ # Q-learning 만들기
```python
def q_learning(N_epoch=1000, N_Iter=100, learning_rate=0.01,
exploration=0.2, trace_flag=False):
    """
    return PI 1-D integer array if trace_flag is False
    else return PI_array 2-D integer array
    """
    PI_list = []
    Q = np.zeros((flake.observation_space.n, flake.action_space.n))
    for e in range(N_epoch):
        PI = np.argmax(Q,axis=1)
        buff_df = run_with_PI_exploration(PI,
        exploration=exploration, N_Iter=N_Iter)
        #buff_df = get_g(N_Iter=100)
        #print(np.sum(buff_df.R))
        for k in range(len(buff_df)-1):
            S, A = buff_df.S[k], buff_df.A[k]
            S_next, R_next = buff_df.S[k+1], buff_df.R[k+1]
            # print(k, S, A, S_next, R_next)
            Q_new = R_next + np.max(Q[S_next])
            Q[S, A] += learning_rate * (Q_new - Q[S, A])

        PI = np.argmax(Q, axis=1)
        PI_list.append(PI)
    if trace_flag:
        return np.array(PI_list)
    else:
```

```
                return PI
```

❹ # Q-learning 실행하기
```
PI_array = q_learning(N_epoch=1000, N_Iter=100, learning_
         rate=0.01, exploration=0.8, trace_flag=True)
print(PI_array)
plt.plot(PI_array)
```

10.4 딥러닝 기반 Q-Learning을 이용하는 강화학습

CartPole이라는 환경 예제를 통해 DQN을 만드는 방법을 다룹니다.

Q-Learning을 10.3절과 같이 상태가 이산값이 아니고 연속값이라면 테이블을 만들기가 까다로워집니다. 샘플링을 해서 만든다면 테이블이 매우 커질 수 있습니다. 한계를 해결하기 위해 딥러닝에 기반한 심층 Q-Learning 네트워크Deep Q-learning Network, DQN를 다루게 됩니다. 10.3절에서 사용한 Q 함수와 달리 뉴럴넷을 이용하면 큰 규모의 입력값을 복잡하지 않은 Q 함수로 저장할 수 있습니다.

CartPole은 [그림 10-4]와 같이 막대를 좌우로 움직여 넘어지지 않게 하는 게임입니다.

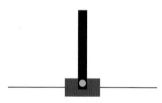

그림 10-4 Gym에 들어 있는 CartPole 환경

DQN을 사용하는 경우 딥러닝 특성에 따라 다음 부분을 추가로 검토해야 합니다.

- 텐서플로 함수를 이용해 직접 학습하는 방법: tf.GradientTape()
- 추가 Q 함수 뉴럴넷 모델
- 학습을 위한 배치 데이터의 무작위 샘플링

10.4.1 관련 패키지 가져오기

딥러닝 기반 Q-Learning에 필요한 패키지를 가져옵니다. 기본 패키지, 강화학습 환경 패키지 그리고 케라스와 텐서플로를 이용하기 위한 인공지능 패키지를 가져옵니다.

우선 기본 패키지를 가져옵니다.

```python
import numpy as np
import random
from collections import deque
import matplotlib.pyplot as plt
```

강화학습의 환경을 사용하기 위한 패키지를 불러옵니다. 아래 패키지에 들어 있는 CartPole 환경을 사용합니다.

```python
import gym
```

인공지능 패키지를 불러옵니다.

```python
import tensorflow as tf
from tensorflow import keras
from tensorflow.keras import Model, Input
from tensorflow.keras.layers import Dense
from tensorflow.keras.optimizers import Adam
```

버전 간 호환을 하기 위해 케라스와 케라스 내의 여러 요소를 텐서플로 패키지 안에 있는 버전으로 불렀습니다. 텐서플로가 2 버전으로 업그레이드되면서 케라스와 통합되어 텐서플로 패키지를 통해 케라스 요소를 부를 수 있습니다. 통합된 버전의 케라스를 사용하면 그레이디언트 등 인공지능에 필요한 계산을 할 때 텐서플로의 함수가 제공하던 여러 기능을 사용할 수 있어 편리합니다.

10.4.2 Q 함수를 위한 뉴럴넷 구성하기

Q 함수에 해당하는 뉴럴넷을 구성합니다. 테이블 대신 뉴럴넷에 Q 함수를 저장하여 입력값과 상태값이 연속적이어도 효율적으로 표현할 수 있게 됩니다.

```python
def create_q_model(num_states, num_actions):
    inputs = Input(shape=(num_states,))
    layer = Dense(32, activation="relu")(inputs)
    layer = Dense(16, activation="relu")(layer)
    action = Dense(num_actions, activation="linear")(layer)
    return Model(inputs=inputs, outputs=action)
```

Q 함수를 2개의 은닉층이 있는 심층 신경망으로 표현할 수 있도록 구성했습니다. 출력 계층은 행동별로 Q값을 나타내도록 했고 이를 위해 선형^{Linear} 활성화 함수를 사용했습니다.

이 함수를 위해 4가지 상태와 2가지 행동으로 구성된 뉴럴넷 모델을 만들고, 만들어진 모델을 요약해서 보여줍니다.

```python
model = create_q_model(4, 2)
model.summary()
```

결과는 다음과 같습니다.

```
Model: "model"
------------------------------------------------------------------
Layer (type)                Output Shape              Param #
==================================================================
input_1 (InputLayer)        [(None, 4)]               0
------------------------------------------------------------------
dense (Dense)               (None, 32)                160
------------------------------------------------------------------
dense_1 (Dense)             (None, 16)                528
------------------------------------------------------------------
dense_2 (Dense)             (None, 2)                 34
==================================================================
Total params: 722
Trainable params: 722
Non-trainable params: 0
------------------------------------------------------------------
```

총 722개 매개변수로 구성된 뉴럴넷이고 내부 계층의 정보도 보여주고 있습니다.

10.4.3 텐서플로 기능을 이용한 Q 함수 뉴럴넷 학습 코드 작성

텐서플로 기능을 활용해 뉴럴넷으로 만들어진 Q 함수 학습에 필요한 코드를 작성하겠습니다. 강화학습은 행동에 따른 학습이 필요한 경우 텐서플로 기능을 유용하게 활용할 수 있습니다.

CartPole 환경을 불러오고 이 환경에 정의된 상태 수와 행동 수로 뉴럴넷 모델을 만드는 함수를 구성합니다.

```python
def get_env_model(id='CartPole-v1'):
    env = gym.make(id)
    num_states = env.observation_space.shape[0]
    num_actions = env.action_space.n
    model = create_q_model(num_states, num_actions)
    return env, model
```

Gym 라이브러리를 이용해 환경을 만들어 env에 저장했습니다. 환경이 가지는 상태 수와 에이전트가 할 수 있는 행동 수를 이용해 Q 함수 뉴럴넷 모델을 만들었습니다. 그리고 환경과 모델을 리턴하였습니다.

학습에 필요한 그레이디언트를 계산하기 위해 필요한 정보를 모으는 환경을 텐서플로의 tf.GradientTape()을 이용해 작성하겠습니다. 이 코드에서는 텐서플로 2 방식으로 그레이디언트를 구하고 모델을 학습시키는 방법을 보이기 위해 기존의 케라스 방식 학습 코드는 포함하지 않았습니다.

```
def train(model):
    state_size = 4
    action_size = 2
    states = np.zeros((10, state_size), dtype=np.float32)
    with tf.GradientTape() as tape:
        predicts = model(states)
```

앞으로 일어나는 진행은 GradientTape에 저장해 추후 학습에 활용할 수 있게 됩니다. 강화학습은 매 순간 학습을 진행하기 때문에 벡터 단위로 학습하는 케라스의 fit() 함수 대신 tf.GradientTape()을 이용하는 방법을 사용하였습니다. with로 묶여 있는 구간은 그레이디언트 계산에 필요한 정보가 저장되기 때문에 이후에 업데이트를 통해 학습이 가능해집니다.

인공지능은 여러 개의 입력에 대해 예측이 진행되기 때문에 10개의 상태로 구성된 states를 모델에 입력해 결과를 예측했습니다.

위에서 만든 두 함수를 연결해서 동작 여부를 점검해 봅니다.

```
env, model = get_env_model()
train(model)
print('Simple processing used in training is completed!')
```

10.4.4 객체지향 방식으로 Q 함수 뉴럴넷 모델을 학습시키기

Q 함수 뉴럴넷을 학습하는 부분을 World_00, World_01, World_02의 3개의 클래스를 이용해 객체지향 방식으로 쉽게 이해할 수 있도록 만들겠습니다. World_01은 World_02의 부모 클래스이고, World_00은 World_01의 부모 클래스입니다. 전체 코드에서는 코드를 단순화하기 위해 3개의 클래스를 합쳐 WorldFull이라는 하나의 클래스로 학습 코드를 구현하게 됩니다.

이제 위에서 만든 코드를 객체지향 방식으로 다시 작성하였습니다. 이렇게 만들면 기능을 쉽게 확장할 수 있습니다.

```python
class World_00:
    def __init__(self):
        self.get_env_model()

    def get_env_model(self):
        self.env = gym.make('CartPole-v1')
        self.num_states = env.observation_space.shape[0]
        self.num_actions = env.action_space.n
        self.model = create_q_model(self.num_states, self.num_actions)

    def train(self):
        states = np.zeros((10, self.num_states), dtype=np.float32)
        with tf.GradientTape() as tape:
            predicts = self.model(states)
```

만든 환경과 모델을 자기 변수에 저장해서 학습 시 별도 인자로 전달하지 않아도 train()을 바로 사용할 수 있도록 했습니다.

World_00을 생성한 후에 이를 이용해 학습을 시도합니다.

```python
new_world = World_00()
new_world.train()
print('Simple processing used in training is completed!')
```

이상으로 추후 기능 확장을 편리하게 하기 위해 객체지향으로 작성된 것 외에는 함수 방식으로 작성했던 코드와 유사합니다.

텐서플로의 tf.GradientTape() 기능을 활용하면 케라스 코드에서 학습의 세부적인 구성을 직접 만들 수 있습니다. 이 점을 이용하여 기본적인 학습이 가능한 코드를 만듭니다.

주어진 환경에서 현재의 Q 함수 뉴럴넷을 이용해 행동을 수행하고 보상 받는 것을 수집하는 함수를 만듭니다.

```python
def env_test_model_memory(memory, env, model, n_episodes=1000,
        flag_render=False):
    for e in range(n_episodes):
        done = False
        score = 0
        s = env.reset()
        while not done:
            s_array = np.array(s).reshape((1, -1))
            Qsa = model.predict(s_array)[0]
            a = np.argmax(Qsa)
            next_s, r, done, _ = env.step(a)
            if flag_render:
                env.render()
            score += r
            memory.append([s, a, r, next_s, done])
        print(f'Episode: {e:5d} --> Score: {score:3.1f}')
    print('Notice that the max score is set to 500.0 in CartPole-v1')
```

이 함수는 목표 달성을 위해 n_episodes를 반복합니다. 뉴럴넷은 한꺼번에 여러 상태의 Q값을 예측할 수 있어서 하나의 상태를 처리하기 위해 입력은 2차원으로 만들고 출력은 1차원으로 만들어 매 순간 한가지 상태만 처리할 수 있도록 했습니다.

```
s_array = np.array(s).reshape((1, -1))
Qsa = model.predict(s_array)[0]
```

리스트 안에 들어 있는 복수의 리스트 인자를 엮어서 순서대로 쌍을 이루는 함수를 만듭니다. 이 함수는 매 순간 나온 여러 변수의 결과를 변수별로 분리해서 리스트로 저장하기 위해 사용합니다.

```
def list_rotate(l):
    return list(zip(*l))
```

10.4.5 추가 Q 함수 뉴럴넷 모델을 이용한 학습

목푯값을 만드는 Q 함수 뉴럴넷 모델을 만들게 됩니다. 목푯값을 만드는 뉴럴넷과 현재 행동을 결정하는 뉴럴넷을 분리해 학습의 안정성을 높입니다.

앞서 만든 World_00 클래스를 확장해 실제 학습하는 코드를 추가한 Q-Learning 학습 클래스를 만듭니다.

```
class World_01(World_00):
    def __init__(self):
        World_00.__init__(self)
        self.memory = deque(maxlen=2000)
        self.N_batch = 64
        self.t_model = create_q_model(self.num_states, self.num_actions)
        self.discount_factor = 0.99
        self.learning_rate = 0.001
        self.optimizer = Adam(lr=self.learning_rate)
```

이 클래스 수행에 필요한 초깃값들을 설정했습니다. 추가 Q 뉴럴넷에 대한 모델은 앞서 만든 create_q_model() 함수를 이용해 만들었습니다. 학습에 필요한 최적화는 Adam을 이용하도록 optimizer를 설정했습니다.

```
class World_01(World_00):
    def __init__(self):
        ...

    def trial(self, flag_render=False):
        env_test_model_memory(self.memory, self.env,
            self.model, n_episodes=10, flag_render=flag_render)
        print(len(self.memory))
```

객체 함수를 통해 현재 Q 함수 뉴럴넷을 이용하여 주어진 환경에서 행동하게 하는 env_test_model_memory()를 호출하고 메모리의 길이를 출력했습니다.

```
class World_01(World_00):
    def __init__(self):
        ...

    def trial(self, flag_render=False):
        ...

    def train_memory(self):
        if len(self.memory) >= self.N_batch:
            memory_batch = random.sample(self.memory, self.N_batch)
            s_l, a_l, r_l, next_s_l, done_l = [np.array(x) for x in
                list_rotate(memory_batch)]
            model_w = self.model.trainable_variables
            with tf.GradientTape() as tape:
                Qsa_pred_l = self.model(s_l.astype(np.float32))
                a_l_onehot = tf.one_hot(a_l, self.num_actions)
                Qs_a_pred_l = tf.reduce_sum(a_l_onehot * Qsa_pred_l,
                                            axis=1)

                Qsa_tpred_l = self.t_model(next_s_l.astype(np.float32))
                Qsa_tpred_l = tf.stop_gradient(Qsa_tpred_l)
```

```
max_Q_next_s_a_l = np.amax(Qsa_tpred_l, axis=-1)
Qs_a_l = r_l + (1 - done_l) * self.discount_factor *
         max_Q_next_s_a_l
loss = tf.reduce_mean(tf.square(Qs_a_l - Qs_a_pred_l))
grads = tape.gradient(loss, model_w)
self.optimizer.apply_gradients(zip(grads, model_w))
```

아래 문장을 이용해 Q-Learning에 사용할 히스토리를 N_batch 개수만큼 무작위로 샘플링하여 수행하게 됩니다. 이런 무작위 샘플링을 통해 학습에 동시에 참여하는 데이터 간의 상관성을 최소화합니다.

```
memory_batch = random.sample(self.memory, self.N_batch)
```

학습은 tf.GradientTape() 지역에서 이루어지게 됩니다. 이 지역을 설정하면 그 안에서 수행한 계산들은 그레이디언트를 구하기 위해 매 순간 기록하는 형태로 진행됩니다.

다음과 같이 모델 업데이트는 손실의 정의, 손실 함수의 그레이디언트 계산 그리고 그레이디언트 계산 결과와 알고리즘을 통한 모델을 업데이트 단계로 구성합니다.

```
loss = tf.reduce_mean(tf.square(Qs_a_l - Qs_a_pred_l))
grads = tape.gradient(loss, model_w)
self.optimizer.apply_gradients(zip(grads, model_w))
```

Q 함수 뉴럴넷 모델은 아래와 같이 다음 상태의 최대 Q 함숫값을 예측하는 max_Q_next_s_a_l을 통해 업데이트를 하도록 했습니다. 여기서 최대 Q 함숫값은 t_model을 이용해 계산합니다.

```
max_Q_next_s_a_l = np.amax(Qsa_tpred_l, axis=-1)
Qs_a_l = r_l + (1 - done_l) * self.discount_factor * max_Q_next_s_a_l
```

이렇게 구한 목표 Q 함수값인 Qs_a_l과 기본 Q 함수 뉴럴넷의 예측값 차이 제곱의 평균을 그레이디언트를 구하기 위한 손실 함수로 다음과 같이 사용하게 됩니다.

```
loss = tf.reduce_mean(tf.square(Qs_a_l - Qs_a_pred_l))
```

만들어진 학습 클래스는 다음과 같이 동작 테스트를 할 수 있습니다.

```
new_world = World_01()
new_world.trial()
new_world.train_memory()
new_world.env.close()
print('Completed!')
```

첫 줄은 학습 클래스 World_01의 인스턴스를 만든 코드입니다. 그리고 trial()을 통해 학습하기 전의 Q 함수 뉴럴넷 모델로 환경에 대한 시도를 수행하게 됩니다. 이렇게 나온 결과로부터 train_memory()를 이용해 학습을 수행합니다. 시도와 학습을 위해 열었던 환경을 env.close()를 이용해 닫아줍니다.

에피소드마다 학습을 통해 Q 함수에 대한 뉴럴넷을 업데이트하게 됩니다. 결과는 다음과 같습니다.

```
Episode:    0 --> Score: 10.0
Episode:    1 --> Score: 10.0
Episode:    2 --> Score: 10.0
Episode:    3 --> Score: 11.0
```

```
Episode:      4 --> Score: 9.0
Episode:      5 --> Score: 9.0
Episode:      6 --> Score: 10.0
Episode:      7 --> Score: 9.0
Episode:      8 --> Score: 10.0
Episode:      9 --> Score: 9.0
Notice that the max score is set to 500.0 in CartPole-v1
97
Completed!
```

10.4.6 시도와 동시에 학습이 진행되게 만들기

이제 학습을 효과적으로 진행할 수 있도록 시도와 학습을 동시에 진행하는 코드
를 작성합니다.

```python
class World_02(World_01):
    def __init__(self):
        World_01.__init__(self)
        self.epsilon = 0.2

    def update_t_model(self):
        self.t_model.set_weights(self.model.get_weights())

    def best_action(self, s):
        if random.random() <= self.epsilon:
            return random.randrange(self.num_actions)
        else:
            s_array = np.array(s).reshape((1, -1))
            Qsa = self.model.predict(s_array)[0]
            return np.argmax(Qsa)

    def trials(self, n_episodes=100, flag_render=False):
        memory = self.memory
        env = self.env
        model = self.model
        score_l = []
        for e in range(n_episodes):
```

```
            done = False
            score = 0
            s = env.reset()
            while not done:
                a = self.best_action(s)
                next_s, r, done, _ = env.step(a)
                if flag_render:
                    env.render()
                score += r
                memory.append([s, a, r, next_s, done])
                s = next_s
                self.train_memory()
            self.update_t_model()
            print(f'Episode: {e:5d} --> Score: {score:3.1f}')
            score_l.append(score)
        return score_l
```

다음과 같은 구조를 통해 시도마다 train_memory()를 통해 기본 Q 네트워크의 학습을 진행하고 매 에피소드 update_t_model()마다 추가 Q 네트워크를 업데이트하였습니다.

```
for e in range(n_episodes):
    ...
    while not done:
        ...
        self.train_memory()
    self.update_t_model()
```

World_02 클래스를 통해 시도와 동시에 학습이 진행되는 것을 확인합니다.

```
new_world = World_02()
score_l = new_world.trials(n_episodes=50)
new_world.env.close()
np.save('score_l.npy', score_l)
```

이제 매번 에피소드가 진행되면서 학습을 통해 성능이 향상됨을 확인할 수 있습니다. 또한 진행되면서 얻은 에피소드별 점수를 score_1.npy 파일에 저장되도록 하였습니다.

에피소드에 따른 스코어값의 변화를 그래프로 나타내면 점점 값이 올라가는 형태가 됩니다. 이는 학습이 잘 진행되고 있음을 나타냅니다.

```
plt.plot(score_1)
plt.title("Deep Q-Learning for CartPole")
plt.xlabel("Episode")
plt.ylabel("Score")
```

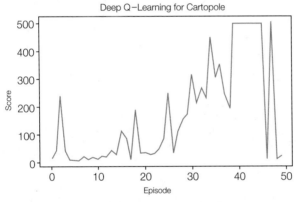

그림 10-5 CartPole을 최적화하는 강화학습의 학습 진행 상황

계속해서 성능이 향상하지만 한동안 탐험도 진행하기 때문에 [그림 10-5]처럼 중간에 나빠졌다가 다시 좋아지는 구간이 있습니다. 에피소드가 늘어나면 이런 현상은 줄어들게 됩니다.

전체 코드

복수 개의 클래스를 이용해 작성한 코드를 하나의 클래스로 통합한 형태로 재작성한 전체 코드입니다. 부분 코드 간에 중복된 부분은 제거되었고, 코드를 실행한 결과는 부분 코드에서 마지막 코드를 실행한 결과와 동일합니다. 따라서 여기서 는 동그라미 표시를 이용한 설명은 하지 않았습니다.

이 책의 깃허브에서 이번 예제를 내려받을 수 있습니다.

- 깃허브 파일명: ex10_3_deep-qlearn.py
- 깃허브 주피터: nb_ex10_3_deep-qlearn.ipynb

윈도우, 맥OS, 우분투에서 다음과 같은 명령으로 실행합니다.

```
$ python ex10_3_deep-qlearn.py
```

예제 10-3 딥러닝 기반 Q-Learning을 이용하는 강화학습

```python
# 기본 패키지
import numpy as np
import random
from collections import deque
import matplotlib.pyplot as plt

# 강화학습 환경 패키지
import gym

# 호환성을 위해 텐서플로에 포함된 케라스를 불러옴
import tensorflow as tf
from tensorflow import keras
from tensorflow.keras import Model, Input
from tensorflow.keras.layers import Dense
from tensorflow.keras.optimizers import Adam

def create_q_model(num_states, num_actions):
    inputs = Input(shape=(num_states,))
    layer = Dense(32, activation="relu")(inputs)
    layer = Dense(16, activation="relu")(layer)
```

```python
        action = Dense(num_actions, activation="linear")(layer)
        return Model(inputs=inputs, outputs=action)

def list_rotate(l):
    return list(zip(*l))

class WorldFull():
    def __init__(self):
        self.get_env_model() #?

        self.memory = deque(maxlen=2000)
        self.N_batch = 64
        self.t_model = create_q_model(self.num_states, self.num_actions)
        self.discount_factor = 0.99
        self.learning_rate = 0.001
        self.optimizer = Adam(lr=self.learning_rate)

        self.epsilon = 0.2

    def get_env_model(self):
        self.env = gym.make('CartPole-v1')
        self.num_states = self.env.observation_space.shape[0]
        self.num_actions = self.env.action_space.n
        self.model = create_q_model(self.num_states, self.num_actions)

    def update_t_model(self):
        self.t_model.set_weights(self.model.get_weights())

    def best_action(self, s):
        if random.random() <= self.epsilon:
            return random.randrange(self.num_actions)
        else:
            s_array = np.array(s).reshape((1, -1))
            Qsa = self.model.predict(s_array)[0]
            return np.argmax(Qsa)

    def train_memory(self):
        if len(self.memory) >= self.N_batch:
            memory_batch = random.sample(self.memory, self.N_batch)
            s_l, a_l, r_l, next_s_l, done_l = [np.array(x) for x in
```

```
                                    list_rotate(memory_batch)]
        model_w = self.model.trainable_variables
        with tf.GradientTape() as tape:
            Qsa_pred_l = self.model(s_l.astype(np.float32))
            a_l_onehot = tf.one_hot(a_l, self.num_actions)
            Qs_a_pred_l = tf.reduce_sum(a_l_onehot * Qsa_pred_l,
                                        axis=1)

            Qsa_tpred_l = self.t_model(next_s_l.astype(np.float32))
            Qsa_tpred_l = tf.stop_gradient(Qsa_tpred_l)

            max_Q_next_s_a_l = np.amax(Qsa_tpred_l, axis=-1)
            Qs_a_l = r_l + (1 - done_l) * self.discount_
                     factor * max_Q_next_s_a_l
            loss = tf.reduce_mean(tf.square(Qs_a_l - Qs_a_pred_l))
        grads = tape.gradient(loss, model_w)
        self.optimizer.apply_gradients(zip(grads, model_w))

def trials(self, n_episodes=100, flag_render=False):
    memory = self.memory
    env = self.env
    model = self.model
    score_l = []
    for e in range(n_episodes):
        done = False
        score = 0
        s = env.reset()
        while not done:
            a = self.best_action(s)
            next_s, r, done, _ = env.step(a)
            if flag_render:
                env.render()
            score += r
            memory.append([s, a, r, next_s, done])
            # self.train_memory()
            s = next_s
            self.train_memory()
        self.update_t_model()
        print(f'Episode: {e:5d} --> Score: {score:3.1f}')
        score_l.append(score)
```

```
        return score_l

new_world = WorldFull()
score_l = new_world.trials(n_episodes=50)
new_world.env.close()
np.save('score_l.npy', score_l)
print('Job completed!')

plt.plot(score_l)
plt.title("Deep Q-Learning for CartPole")
plt.xlabel("Episode")
plt.ylabel("Score")
```

10.5 마치며

강화학습을 케라스로 구현하는 방법을 알아보았습니다.

먼저 강화학습의 주요 용어와 기본적인 최적화 방법을 다루었습니다. 강화학습은 보상을 이용해 스스로 최적 행동을 결정하도록 정책을 학습하는 방법입니다. 다음으로 정책 반복법을 이용하는 강화학습의 사례를 구현했습니다. 또한 테이블을 이용하는 Q-Learning을 다루고 이후 딥러닝에 기반한 방법을 다루었습니다. 딥러닝을 이용해 Q-Learning을 구현하면 상태가 연속값이거나 복잡한 경우도 다루기 쉬워집니다.

다음 장에서는 케라스로 구현하는 양자인공지능을 학습합니다.

케라스로 구현하는
QAI

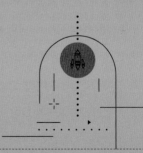

◆ 학습 목표 ◆

양자인공지능에 대한 기본 내용을 배우고 양자 프로그래밍 방법을 익힙니다.

케라스로 구현하는 QAI

양자인공지능Quantum Artificial Intelligence, QAI 은 양자컴퓨터를 이용하여 구현하는 인공지능이며 양자컴퓨터는 양자 효과를 활용하는 컴퓨팅 환경입니다.

양자컴퓨터는 양자중첩Quantum superposition 과 양자얽힘 Quantum entanglement 현상을 이용하여 빠른 계산을 가능하게 합니다. 양자인공지능은 한발 더 나아가 양자컴퓨팅 환경을 이용해 인공지능을 구현하는 방법입니다. 빅데이터를 이용해 학습하는 인공지능과 양자컴퓨터가 결합되어 매우 빠른 계산 환경을 지향합니다. 기본적으로 한 번에 한 단계씩 계산이 이루어지는 전통적인 컴퓨터와 달리 양자컴퓨터는 0과 1의 중첩을 통해 동시에 병렬 계산이 가능합니다.

양자인공지능은 텐서플로 퀀텀 등을 통해 지원됩니다. 텐서플로 퀀텀은 텐서플로와 양자컴퓨팅을 결합한 프레임워크입니다. 여기서 양자컴퓨팅은 Cirq라는 전용 라이브러리를 활용합니다. Cirq는 양자컴퓨터를 위한 프로그래밍뿐만 아니라 양자컴퓨팅을 시뮬레이션하는 기능도 제공합니다. 양자컴퓨팅과 양자인공지능의 프로그램을 구글 등의 양자컴퓨터에서 사용하면 실제 결과를 얻을 수 있습니다.

다만, 이 장은 편의를 위해 Cirq에 있는 양자컴퓨팅 시뮬레이션을 이용해서 결과를 얻는 법을 다룹니다. 이 방법은 알고리즘의 동작을 확인하는 데 문제가 없습니다. 다만, 계산 속도와 계산 결과에 포함되는 양자 노이즈 특성 등의 시스템 특성은 실제 양자컴퓨터를 수행해서 나온 결과와 다를 수 있습니다.

양자인공지능을 위한 양자 뉴럴넷을 구현할 때는 케라스의 라이브러리를 활용합니다. 케라스 라이브러리를 이용하는 텐서플로 퀀텀을 통해 양자인공지능을 구현하게 됩니다. 이 장에서 다루는 내용은 다음과 같습니다.

- 양자컴퓨팅과 양자인공지능의 기초
- 양자컴퓨팅 알고리즘 구현
- 양자인공지능 알고리즘 구현

11.1 양자컴퓨팅과 양자인공지능의 기초

양자컴퓨팅과 양자인공지능의 용어와 기본 개념을 살펴봅니다. 양자 프로그램을 구현하고 시뮬레이션하는 과정을 진행하게 됩니다.

11.1.1 양자비트 상태 표현과 측정

켓 벡터

전통적인 컴퓨터에서는 0과 1을 나타내는 비트가 최소 정보 단위입니다. 하지만 양자는 Qubit 즉, **양자비트**로 상태를 표현합니다. 대표적인 양자비트의 상태로는 $|0\rangle$과 $|1\rangle$이 있습니다. 이 상태는 측정하면 0과 1이 되지만 그전에는 비트와 다른 특성을 가지게 됩니다. 이 특성을 살펴보겠습니다.

$|0\rangle$과 $|1\rangle$을 포함한 양자비트의 상태는 켓 벡터 Cat vector 로 다음과 같이 나타냅니다.

$$|q\rangle \qquad\qquad (11.1)$$

q는 0, 1 등이 될 수 있으며, 특히 $|0\rangle$과 $|1\rangle$을 단일 양자비트에 대한 기저 벡터라고 부릅니다. $|0\rangle$, $|1\rangle$은 기저 벡터이기 때문에 각각 내적 하면 1이 되지만 서로를 내적 하면 0이 됩니다.

$$\langle 0|0\rangle = \langle 1|1\rangle = 1, \ \langle 0|1\rangle = \langle 1|0\rangle = 0 \qquad (11.2)$$

이 상태를 설명하기 위해 양자비트의 상태를 벡터 형태로 나타내는 방법을 알아보겠습니다. $|0\rangle$과 $|1\rangle$은 각각 다음과 같이 벡터 형태로 나타낼 수 있습니다.

$$|0\rangle = \begin{bmatrix} 1 \\ 0 \end{bmatrix}, \ |1\rangle = \begin{bmatrix} 0 \\ 1 \end{bmatrix} \qquad (11.3)$$

이렇게 벡터 표현으로 나타내면 이후의 전개가 편해집니다.

일반적인 양자비트의 상태는 두 개의 기저 벡터의 선형 합인 형태로 다음과 같이 표현됩니다.

$$|q\rangle = \alpha|0\rangle + \beta|1\rangle \qquad (11.4)$$

양자상태측정

양자비트의 값은 양자상태측정 Quantum state measurement 을 하는 순간 결정됩니다.

예를 들어 $|0\rangle$인 상태는 측정할 때마다 0을 출력하게 됩니다. 동전을 던질 때, 항상 앞면이 나오게 살짝 던진다면 앞면만 계속 나오는 것과 마찬가지로 $|0\rangle$ 상태에 있을 때는 측정 결과가 항상 0이 나오게 됩니다. 그렇다고 $|0\rangle$인 양자비트 상태가 0과 동일하다고 말할 수 없습니다. 양자비트는 상태 전환이 가능하며 측정을 통해서만 그 결과를 알 수 있기 때문입니다.

또한 양자비트에서 $|1\rangle$의 상태는 $|0\rangle$ 상태와 반대로 모든 측정이 1로 출력되는 상태입니다.

일반적인 양자비트인 $\alpha|0\rangle + \beta|1\rangle$의 경우, 측정하면 0이 나올 확률이 $|\alpha^2|$ 이고 1이 나올 확률이 $|\beta^2|$이 됩니다. 따라서 $(\alpha, \beta) = (1, 0)$인 경우, 0과 1 이 나올 확률이 각각 1.0과 0.0이 됩니다.

11.1.2 단일 양자비트 연산자

양자 반전 연산자: X

양자상태는 반전 연산자 X에 의해 $|0\rangle$과 $|1\rangle$이 서로 반전될 수 있습니다. 즉, X는 다음과 같은 반전을 일으키는 연산자입니다.

$$X = \begin{bmatrix} 0 & 1 \\ 1 & 0 \end{bmatrix} = |1\rangle\langle 0| + |0\rangle\langle 1| \tag{11.5}$$

따라서 X 연산자를 적용하면 다음과 같은 반전이 일어납니다.

$$X|0\rangle = |1\rangle, \quad X|1\rangle = |0\rangle \tag{11.6}$$

일반적인 양자비트인 $\alpha|0\rangle + \beta|1\rangle$의 경우는 다음과 같이 반전됩니다.

$$X|q\rangle = X(\alpha|0\rangle + \beta|1\rangle) = \beta|0\rangle + \alpha|1\rangle \tag{11.7}$$

양자중첩

양자중첩은 $|0\rangle$과 $|1\rangle$이 공존하는 상태입니다. 이 상태는 측정할 때 0과 1이 무작위로 반복되어 나타납니다.

공존하는 상태와 그에 대한 측정은 위로 던지는 공정한 동전 던지기로 생각해 볼 수 있습니다. 완전히 균일한 동전이라면 던질 때 앞면과 뒷면이 나올 확률은 둘 다 1/2이 됩니다. 따라서 매번 나오는 동전의 모양은 앞면이 될 수도 있고 뒷 면이 될 수도 있습니다. 여러 번 반복하면 확률이 각각 1/2에 가깝게 된다는 걸 확인할 수 있습니다. 즉, 0과 1로 나온 값의 평균이 0.5에 가까워짐을 확인할 수 있습니다.

양자중첩 연산자: 하다마드 게이트

양자중첩을 만드는 회로로는 하다마드 ^{Hadamard} 게이트가 있습니다. 이를 $|0\rangle$ 상태의 입력에 대해 처리한 결과는 다음과 같이 표현됩니다.

$$|+\rangle = H|0\rangle = \frac{1}{\sqrt{2}}\begin{bmatrix} 1 & 1 \\ 1 & -1 \end{bmatrix}\begin{bmatrix} 1 \\ 0 \end{bmatrix} = \frac{1}{\sqrt{2}}(|0\rangle + |1\rangle) \qquad (11.8)$$

이 결과는 0과 1이 반반씩 나오는 걸 의미합니다.

$|0\rangle$에 하다마드 게이트를 적용한 경우를 $\alpha|0\rangle + \beta|1\rangle$로 나타내면 $\alpha = \beta = 1/\sqrt{2}$가 됩니다. 이때 측정을 하게 되면 $|0\rangle$이 나올 확률은 $|\alpha^2| = 1/2$이고 $|1\rangle$이 나올 확률은 $|\beta^2| = 1/2$이 되기 때문에 하다마드 변환을 한 경우 $|0\rangle$, $|1\rangle$이 측정될 확률은 둘 다 0.5가 되어 동일한 확률로 나오게 됩니다.

마찬가지 방법으로 $|1\rangle$의 상태에 하다마드 게이트를 적용할 수 있습니다. 그 결과는 다음과 같이 표현됩니다.

$$|-\rangle = H|0\rangle = \frac{1}{\sqrt{2}}\begin{bmatrix} 1 & 1 \\ 1 & -1 \end{bmatrix}\begin{bmatrix} 0 \\ 1 \end{bmatrix} = \frac{1}{\sqrt{2}}(|0\rangle - |1\rangle) \qquad (11.9)$$

이 결과도 $|1\rangle$ 상태의 부호가 달라지지만 측정 시 0과 1이 나올 확률 역시 반반입니다.

파울리 연산자: Puali X, Y, Z

파울리 연산자도 양자 게이트이며 다음과 같이 X, Y, Z와 같은 연산을 하게 됩니다.

$$\sigma_X = \begin{bmatrix} 0 & 1 \\ 1 & 0 \end{bmatrix} \qquad \sigma_Y = \begin{bmatrix} 0 & -i \\ i & 0 \end{bmatrix} \qquad \sigma_Z = \begin{bmatrix} 1 & 0 \\ 0 & -1 \end{bmatrix} \qquad (11.10)$$

만약에 Pauli Z 게이트를 $|0\rangle$, $|1\rangle$의 상태에 적용하게 되면 상태 매트릭스 연

산에 따라 $|0\rangle$, $-|1\rangle$의 상태로 각각 변환됩니다. 그리고 $|+\rangle$, $|-\rangle$의 상태는 다음과 같은 연산을 통해 $|-\rangle$, $|+\rangle$상태로 서로 바뀌게 됩니다.

$$\text{Pauli Z}|+\rangle = \text{Pauli Z}(|0\rangle+|1\rangle)/\sqrt{2} = (\text{Pauli Z}|0\rangle + \text{Pauli Z}|1\rangle)/\sqrt{2} = |-\rangle,$$

$$\text{Pauli Z}|-\rangle = \text{Pauli Z}(|0\rangle-|1\rangle)/\sqrt{2} = (\text{Pauli Z}|0\rangle - \text{Pauli Z}|1\rangle)/\sqrt{2} = |+\rangle \quad (11.11)$$

11.1.3 다중 양자비트 표현 및 연산

다중 양자비트 상태 표현

다중 양자비트 상태는 양자비트 간에 크로네커 곱을 나타내는 괄호 곱셈 기호를 통해 나타낼 수 있습니다.

예를 들어 두 양자비트에 대한 표현은 다음과 같습니다.

$$|q_0 q_1\rangle = |q_0\rangle \otimes |q_1\rangle \quad (11.12)$$

이때 기저 벡터로 표현한 두 개의 양자비트가 $|q_0\rangle = \alpha_0|0\rangle + \beta_0|1\rangle$, $|q_1\rangle = \alpha_1|0\rangle + \beta_1|1\rangle$과 같다면 둘을 합쳐서 표현한 결과는 다음과 같습니다.

$$|q_0 q_1\rangle = (\alpha_0|0\rangle + \beta_0|1\rangle) \otimes (\alpha_1|0\rangle + \beta_1|1\rangle)$$
$$= \alpha|00\rangle + \beta|01\rangle + \gamma|10\rangle + \delta|11\rangle \quad (11.13)$$

$\alpha = \alpha_0\alpha_1$, $\beta = \alpha_0\beta_1$, $\gamma = \beta_0\alpha_1$ 그리고 $\delta = \beta_0\beta_1$ 입니다. 두 양자비트에 해당하는 기저 벡터는 각 양자비트의 괄호 곱셈으로 다음과 같이 전개됩니다.

$$|0\rangle \oplus |0\rangle = \begin{bmatrix} 1|0\rangle \\ 0|0\rangle \end{bmatrix} = \begin{bmatrix} 1 \\ 0 \\ 0 \\ 0 \end{bmatrix}, \quad |0\rangle \oplus |1\rangle = \begin{bmatrix} 1|1\rangle \\ 0|1\rangle \end{bmatrix} = \begin{bmatrix} 0 \\ 1 \\ 0 \\ 0 \end{bmatrix}$$

$$|1\rangle \oplus |0\rangle = \begin{bmatrix} 0|0\rangle \\ 1|0\rangle \end{bmatrix} = \begin{bmatrix} 0 \\ 0 \\ 1 \\ 0 \end{bmatrix}, \quad |1\rangle \oplus |1\rangle = \begin{bmatrix} 0|1\rangle \\ 1|1\rangle \end{bmatrix} = \begin{bmatrix} 0 \\ 0 \\ 0 \\ 1 \end{bmatrix} \quad (11.14)$$

다중 양자비트 연산자의 예: 양자 제어반전 연산자

앞선 X 연산자와 하다마드 연산자는 한 개의 양자비트에 대해 동작을 했습니다. 이번에는 두 개의 양자비트에 대해 동작하는 연산자의 예로 CNOT 연산자 (양자 제어반전 연산자)를 살펴보겠습니다.

CNOT 연산자는 양자얽힘을 만드는 데 중요한 역할을 합니다. 양자얽힘은 두 양자가 동일한 상태로 얽히는 것을 의미하는데 이런 상태를 벨 상태라고 부릅니다.

CNOT 연산자는 첫 번째 양자비트의 입력을 제어값으로 활용해 0이 들어오면 두 번째 양자비트 상태를 그대로 두고, 1이 들어오면 두 번째 양자비트를 반전하는 연산자입니다.

먼저 $|q_0\rangle = |1\rangle$, $|q_1\rangle = |0\rangle$의 상태를 가지는 경우를 살펴봅니다. 이 상태에서 CNOT 연산을 하게 되면 다음과 같은 결과를 얻게 됩니다.

$$\text{CNOT} \, |q_0 q_1\rangle = \text{CNOT} \, |10\rangle = |11\rangle \tag{11.15}$$

첫 번째 양자비트의 상태인 $|q_0\rangle = |1\rangle$이므로 두 번째 양자비트의 상태를 반전시키면 결과는 $|11\rangle$과 같이 변하게 됩니다. 여기서 CNOT 연산자를 매트릭스 형태로 나타내면 다음과 같습니다.

$$\text{CNOT} = \begin{bmatrix} 1 & 0 & 0 & 0 \\ 0 & 1 & 0 & 0 \\ 0 & 0 & 0 & 1 \\ 0 & 0 & 1 & 0 \end{bmatrix} \tag{11.16}$$

양자비트의 초깃값을 다르게 한다면 두 개의 양자비트는 $|00\rangle$, $|01\rangle$, $|10\rangle$, $|11\rangle$의 4가지 상태를 가지므로 이들에 대해 각각 CNOT 연산을 하면 다음과 같은 상태가 됩니다.

$$\text{CNOT}|00\rangle = |00\rangle$$
$$\text{CNOT}|01\rangle = |01\rangle$$
$$\text{CNOT}|10\rangle = |11\rangle$$
$$\text{CNOT}|11\rangle = |10\rangle \qquad (11.17)$$

4가지 상태 중에서 첫 번째 양자비트가 1인 $|10\rangle$, $|11\rangle$의 두 경우만 반전 효과가 일어남을 알 수 있습니다.

11.1.4 블로흐 구면과 지정 양자상태 회전

블로흐 구면

블로흐 구면^{Bloch sphere}은 양자비트 상태를 나타내는 데 사용하는 3차원 구면입니다.

기본 상태인 $|0\rangle$, $|1\rangle$의 상태는 z축 상단과 하단에 존재합니다. 하다마드 게이트를 통해 중첩된 $|+\rangle$, $|-\rangle$의 상태는 x축의 양 끝단에 존재하게 됩니다.

또한 θ와 φ 값으로 양자상태를 나타내면 다음과 같이 표현합니다.

$$|\psi\rangle = \cos\frac{\theta}{2}|0\rangle + e^{i\varphi}\sin\frac{\theta}{2}|0\rangle \qquad (11.18)$$

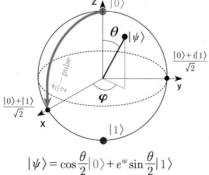

$$|\psi\rangle = \cos\frac{\theta}{2}|0\rangle + e^{i\varphi}\sin\frac{\theta}{2}|1\rangle$$

그림 11-1 블로흐 구면

출처 : Jazaeri, F., Beckers, A., Tajalli, A. & Sallese, J.–M. A Review on Quantum Computing: Qubits, Cryogenic Electronics and Cryogenic MOSFET Physics. arXiv:1908.02656 [physics, physics:quant–ph] (2019).

지정 Y축 회전 연산자: Ry 게이트

양자비트를 Y축으로 θ 만큼 회전시키는 효과를 가져오는 게이트입니다. 이 효과를 상태 매트릭스로 나타내면 다음과 같습니다.

$$Ry(\theta) = e^{-i\frac{\theta}{2}\sigma_y} = \begin{bmatrix} \cos(\theta/2) & -\sin(\theta/2) \\ \sin(\theta/2) & \cos(\theta/2) \end{bmatrix} \qquad (11.19)$$

복소수 행렬 지수 함수 관계와 파울리 Y 연산자를 이용했습니다.

$$e^{-i\frac{\theta}{2}\sigma_y} = \cos\left(\frac{\theta}{2}\right)I - i\sin\left(\frac{\theta}{2}\right)\sigma_y \qquad (11.20)$$

만약 $|0\rangle$ 상태를 Y축으로 90도 회전하는 경우는 다음과 같이 상태가 변환됩니다.

$$Ry(\pi/2)|0\rangle = \frac{1}{\sqrt{2}}\begin{bmatrix} 1 & -1 \\ 1 & 1 \end{bmatrix}\begin{bmatrix} 1 \\ 0 \end{bmatrix} = |+\rangle \qquad (11.21)$$

Y축으로 180도 회전하게 되면 다음과 같이 변환됩니다.

$$Ry(\pi)|0\rangle = \begin{bmatrix} 0 & -1 \\ 1 & 0 \end{bmatrix}\begin{bmatrix} 1 \\ 0 \end{bmatrix} = |1\rangle \qquad (11.22)$$

11.2 양자컴퓨팅 알고리즘 구현

양자컴퓨터를 위한 프로그래밍의 기본을 파악하기 위해 기본적인 구성 요소와 동작에 대해 다루겠습니다. 양자컴퓨팅 알고리즘을 구현하고 확인하는 형태로 진행하겠습니다.

양자컴퓨팅 알고리즘을 구현하기 위한 환경으로 구글의 텐서플로 퀀텀이 지원하는 Cirq를 사용합니다. 이를 위해서는 Cirq를 설치하고 불러와야 합니다. 설치는 프롬프트 환경에서 pip를 이용하여 다음과 같이 진행하면 됩니다.

```
$ pip install cirq
```

Cirq 라이브러리를 파이썬 환경으로 불러오기 위해서는 다음과 같이 명령하면 됩니다.

```
import cirq
```

11.2.1 기본 양자회로 만들기

❶ 양자컴퓨팅의 기본 동작 원리를 파악하기 위해 가장 기본적인 양자회로를 만들어 점검하겠습니다.

실제 양자컴퓨터를 돌리기는 쉽지 않으므로 양자회로의 동작을 양자시뮬레이터를 활용하여 확인합니다. Cirq를 이용하여 파이썬 프로그래밍을 통한 양자회로 구성과 양자회로 동작의 시뮬레이션을 수행하겠습니다.

먼저 양자계산을 위한 양자비트를 정의합니다. Qubit는 전통적인 컴퓨팅에서 사용하는 bit와 다른 특성이 있습니다.

```
q = cirq.NamedQubit('My Qubit')
```

정의한 q는 $|0\rangle$의 상태로 지정됩니다.

이제 입력을 다루는 양자회로를 만들겠습니다. 다른 일은 하지 않고 양자비트의 상태만 측정하는 양자회로를 다음과 같이 만듭니다.

```
circuit = cirq.Circuit(cirq.measure(q))
print(circuit)
```

만들어진 양자회로는 다음과 같이 표현됩니다.

```
My Qubit: ——M——
```

만들어진 양자회로를 시뮬레이션을 통해 어떤 결과가 만들어지는지 확인하겠습니다. 먼저 양자시뮬레이터를 정의합니다.

```
simulator = cirq.Simulator()
```

이제 3번 반복해서 그 결과를 확인합니다. 결과는 딕셔너리 형태로 출력하도록 했습니다.

```
m_outputs = simulator.run(circuit, repetitions=3)
print(m_outputs.measurements)
```

3번 측정한 결과를 다음과 같이 출력합니다.

```
{'My Qubit': array([[0],
       [0],
       [0]], dtype=int8)}
```

양자 입력으로 양자비트를 정의할 때 초기 상태가 수정되지 않아 상태가 기본인 $|0\rangle$으로 세팅되었고, 이후 아무런 동작도 추가하지 않았기 때문에 결과는 3번 측정할 때 모두 0이 되었습니다.

11.2.2 입력을 반전시키는 양자회로

❷ 입력을 반전시키는 양자회로를 만들겠습니다. 입력을 반전하기 위해 양자

XOR 게이트를 수행하는 cirq.X(q)를 측정 전에 사용합니다.

```
q = cirq.NamedQubit('My Qubit')
circuit = cirq.Circuit(cirq.X(q), cirq.measure(q))
print(circuit)
```

만들어진 회로의 형태는 다음과 같습니다.

```
My Qubit: ———X———M———
```

이제 시뮬레이션을 통해 그 결괏값을 살펴보겠습니다. 아래와 같이 이전과 동
일한 시뮬레이션을 수행합니다. 다만, 반복 횟수를 10번으로 늘렸습니다. 그리고
출력은 숫자로 하게 했습니다.

```
simulator = cirq.Simulator()
m_outputs = simulator.run(circuit, repetitions=10)
print(m_outputs.measurements['My Qubit'][:, 0])
```

이번에는 10번 모두 1이 다음과 같이 출력됩니다.

```
[1 1 1 1 1 1 1 1 1 1]
```

양자 XOR 게이트에 의해서 양자비트의 상태가 |0⟩에서 |1⟩로 바뀌었기 때
문에 이번에는 모든 측정이 1로 나오게 되었습니다.

11.2.3 두 상태를 중첩하는 양자회로

❸ |0⟩과 |1⟩이 공존하는 상태인 양자중첩을 하다마드 게이트로 구현하는 방법
을 알아보겠습니다.

하다마드를 적용하는 양자회로는 다음과 같이 구성할 수 있습니다. 적절한 결과를 출력하기 위해서 사용할 넘파이 라이브러리를 불렀습니다.

```python
import numpy as np

q = cirq.NamedQubit('My Qubit')
circuit = cirq.Circuit(cirq.H(q), cirq.measure(q))
print(circuit)
```

만들어진 회로의 형태는 다음과 같습니다.

```
My Qubit: ――――H――――M――
```

이제 시뮬레이션을 통해 결과를 확인하겠습니다. 출력은 측정된 이진 결과와 결과의 평균을 보이도록 했습니다.

```python
simulator = cirq.Simulator()
m_outputs = simulator.run(circuit, repetitions=10)
results = m_outputs.measurements['My Qubit'][:, 0]
print('Results=', results, 'Average=', np.mean(results))
```

0과 1이 무작위로 10번 반복된 결과가 나왔습니다. 그리고 평균은 0.5보다 작은 0.4가 나왔습니다.

```
Results= [1 0 0 1 0 0 1 0 1 0]  Average= 0.4
```

충분히 반복하게 하면 평균이 0.5에 더 가까워지는지 확인하기 위해 1,000번 측정을 통해 평균을 계산하도록 구성했습니다.

```
m_outputs = simulator.run(circuit, repetitions=1000)
results = m_outputs.measurements['My Qubit'][:, 0]
print('Average for 100 measurements=', np.mean(results))
```

이번에는 0.5에 매우 가까워진 0.506의 결과가 나왔습니다.

```
Average for 100 measurements= 0.506
```

11.2.4 두 개 양자비트를 입력으로 하는 CNOT 연산

❹ 두 개의 양자비트에 대해 동작하는 연산자의 예로 CNOT 연산자를 살펴보겠습니다.

두 개의 양자비트에 대한 계산을 위해서는 두 개의 양자가 준비되어야 합니다.

```
q = [cirq.GridQubit(i, 0) for i in range(2)]
```

이때 q[0]과 q[1]에 대해 인쇄해봅니다.

```
print(q[0], q[1])
```

결과는 다음과 같습니다. 각각에 한 개의 양자비트가 들어있음을 알 수 있습니다.

```
(0, 0) (1, 0)
```

각 양자비트의 초깃값을 지정하지 않았으므로 각각 $|q_0\rangle = |0\rangle$, $|q_1\rangle = |0\rangle$의 상태를 가지게 됩니다.

이제 두 개의 양자비트를 입력 받아 처리하는 CNOT 연산을 하는 다중 양자비트 회로를 구성합니다. 여기서 CNOT 연산자는 첫 번째 입력을 제어 신호로 하고 두 번째 입력 신호를 반전 대상 신호로 보고 조건 기반 반전 처리를 합니다.

```
circuit = cirq.Circuit()
circuit.append(cirq.CNOT(q[0], q[1]))
print(circuit)
```

CNOT 변환을 하는 양자회로는 다음과 같습니다.

```
(0, 0): ───────@───────
               │
(1, 0): ───────X───────
```

GridQubit(0, 0)이 들어가서 그 상태에 따라 GridQubit(1, 0)의 상태를 반전시키는 형태로 구성된 것을 확인할 수 있습니다.

변환 이후 상태를 측정하기 위해 두 개의 measure 노드를 포함합니다.

```
circuit.append([cirq.measure(q[0]), cirq.measure(q[1])])
print(circuit)
```

결과는 다음과 같습니다.

```
(0, 0): ───────@───M───────
               │
(1, 0): ───────X───M───────
```

GridQubit(0, 0)과 GridQubit(1, 0)의 끝단에 모두 measurement가 붙어 있음을 확인할 수 있습니다.

CNOT를 두 양자비트에 적용한 다중 양자비트의 양자회로 동작을 양자 시뮬레이션으로 확인해볼 차례입니다.

```
simulator = cirq.Simulator()
m_outputs = simulator.run(circuit, repetitions=10)
print(m_outputs)
```

결과는 다음과 같습니다.

```
(0, 0)=0000000000
(1, 0)=0000000000
```

두 양자비트 상태가 모두 $|0\rangle$이므로 예상했던 대로 모든 결과가 0으로 측정되었습니다.

이번에는 두 양자비트의 초기 상태가 $|10\rangle$인 경우에 대해서 CNOT 회로를 만들어봅니다.

```
circuit = cirq.Circuit(cirq.X(q[0]))
circuit.append(cirq.CNOT(q[0], q[1]))
circuit.append([cirq.measure(q[0]), cirq.measure(q[1])])
print(circuit)
```

양자회로의 가장 처음에 Qubit (0, 0)을 반전시키는 게이트를 달아 준 뒤에 나머지를 포함했습니다. 이 코드의 결과는 다음과 같습니다.

```
(0, 0): ───X───@───M───
               │
(1, 0): ───────X───M───
```

결과를 보는 코드는 이전과 동일합니다.

```
simulator = cirq.Simulator()
m_outputs = simulator.run(circuit, repetitions=10)
print(m_outputs)
```

출력된 내용입니다.

```
(0, 0)=1111111111
(1, 0)=1111111111
```

두 번째의 상태를 1로 변환 시켜 두 양자비트의 상태가 항상 $|11\rangle$로 나오는 것을 볼 수 있습니다.

11.2.5 벨 상태 만들기

❺ 여기서는 양자 프로그래밍을 이용해 양자얽힘을 구현하고 그 동작을 시뮬레이션한 결과를 확인합니다.

양자얽힘을 만들기 위해서는 앞선 CNOT 연산을 위한 경우와 마찬가지로 두 개의 양자가 준비되어야 합니다.

```
q = [cirq.GridQubit(i, 0) for i in range(2)]
```

먼저 첫 번째 양자비트에 하다마드 연산으로 양자중첩이 되도록 합니다. 즉, 첫 번째 양자비트 상태가 $|q_0\rangle = H|0\rangle = (|0\rangle + |1\rangle)/\sqrt{2} = |+\rangle$로 전환되도록 합니다.

```
circuit = cirq.Circuit()
circuit.append(cirq.H(q[0]))
```

```
print(circuit)
```

다음과 같은 결과를 출력합니다.

```
(0, 0): ———H———
```

이는 0번째의 양자비트, 즉 cirq.GridQubit(0, 0)이 하다마드 변환이 되는 양자회로가 만들어졌다는 의미입니다.

하다마드 변환이 된 상태를 두 양자비트로 나타내면 다음과 같습니다.

$$|q_0 q_1\rangle = |q_0\rangle \otimes |q_1\rangle = H|0\rangle \otimes |0\rangle = (|0\rangle + |1\rangle)/\sqrt{2} \otimes |0\rangle = (|00\rangle + |10\rangle)/\sqrt{2}$$

두 양자비트 중에 0번째를 제어 신호로 1번째의 부호를 바꾸는 양자 CNOT 연산을 회로에 더해줄 차례입니다.

```
circuit.append(cirq.CNOT(q[0], q[1]))
print(circuit)
```

CNOT 변환을 추가했을 때 양자회로는 다음과 같습니다.

```
(0, 0): ———H———@———
                |
(1, 0): ————————X———
```

GridQubit(0, 0)이 들어가서 그 상태에 따라 GridQubit(1, 0)의 상태를 반전시키는 형태로 구성된 것을 확인할 수 있습니다.

변환 이후의 상태를 측정하기 위해 두 개의 measure 노드를 포함합니다.

```
circuit.append([cirq.measure(q[0]), cirq.measure(q[1])])
print(circuit)
```

그 결과는 다음과 같습니다.

```
(0, 0): ───H───@───M───
               │
(1, 0): ───────X───M───
```

GridQubit(0, 0)과 GridQubit(1, 0)의 끝단 모두 measurement가 붙어 있음을 확인할 수 있습니다.

이제 벨 상태를 만들어 두 양자비트에 양자얽힘을 만드는 전체 동작을 양자컴퓨팅 시뮬레이터로 확인해볼 차례입니다.

```
simulator = cirq.Simulator()
m_outputs = simulator.run(circuit, repetitions=10)
print(m_outputs)
```

결과는 다음과 같습니다.

```
(0, 0)=0011101001
(1, 0)=0011101001
```

흥미롭게도 위의 양자비트가 아래의 양자비트와 얽혀서 항상 같은 값으로 측정됨을 알 수 있습니다.

전체 코드

이 책의 깃허브에서 이번 예제를 내려받을 수 있습니다.

- 깃허브 파일명: ex11_1_qai_qc.py

- 깃허브 주피터: nb_ex11_1_qai_qc.ipynb

윈도우, 맥OS, 우분투에서 다음과 같은 명령으로 실행합니다.

```
$ python ex11_1_qai_qc.py
```

예제 11-1 양자컴퓨팅 알고리즘 구현

❶ ```python
# 기본 양자회로 만들기
q = cirq.NamedQubit('My Qubit')

circuit = cirq.Circuit(cirq.measure(q))
print(circuit)

simulator = cirq.Simulator()
m_outputs = simulator.run(circuit, repetitions=3)
print(m_outputs.measurements)
```

❷ ```python
# 입력을 반전시키는 양자회로
q = cirq.NamedQubit('My Qubit')
circuit = cirq.Circuit(cirq.X(q), cirq.measure(q))
print(circuit)

simulator = cirq.Simulator()
m_outputs = simulator.run(circuit, repetitions=10)
print(m_outputs.measurements['My Qubit'][:, 0])
```

❸ ```python
# 두 상태를 중첩하는 양자회로
import numpy as np

q = cirq.NamedQubit('My Qubit')
circuit = cirq.Circuit(cirq.H(q), cirq.measure(q))
print(circuit)

simulator = cirq.Simulator()
m_outputs = simulator.run(circuit, repetitions=10)
```
```

```
results = m_outputs.measurements['My Qubit'][:, 0]
print('Results=', results, 'Average=', np.mean(results))

m_outputs = simulator.run(circuit, repetitions=1000)
results = m_outputs.measurements['My Qubit'][:, 0]
print('Average for 100 measurements=', np.mean(results))
```

❹ # 두 개 양자비트를 입력으로 하는 CNOT 연산
```
q = [cirq.GridQubit(i, 0) for i in range(2)]
print(q[0], q[1])
# 두 양자비트의 초기 상태가 |00>인 경우
circuit = cirq.Circuit()
circuit.append(cirq.CNOT(q[0], q[1]))
print(circuit)
circuit.append([cirq.measure(q[0]), cirq.measure(q[1])])
print(circuit)

simulator = cirq.Simulator()
m_outputs = simulator.run(circuit, repetitions=10)
print(m_outputs)

# 두 양자비트의 초기 상태가 |10>인 경우
circuit = cirq.Circuit(cirq.X(q[0]))
circuit.append(cirq.CNOT(q[0], q[1]))
circuit.append([cirq.measure(q[0]), cirq.measure(q[1])])
print(circuit)

simulator = cirq.Simulator()
m_outputs = simulator.run(circuit, repetitions=10)
print(m_outputs)
```

❺ # 벨 상태 만들기
```
q = [cirq.GridQubit(i, 0) for i in range(2)]
circuit = cirq.Circuit()
circuit.append(cirq.H(q[0]))
print(circuit)
circuit.append(cirq.CNOT(q[0], q[1]))
print(circuit)
circuit.append([cirq.measure(q[0]), cirq.measure(q[1])])
print(circuit)
```

```
simulator = cirq.Simulator()
m_outputs = simulator.run(circuit, repetitions=10)
print(m_outputs)
```

11.3 양자인공지능 알고리즘 구현[20]

양자인공지능은 크게 3가지 방식으로 구분됩니다. 첫째, 양자계산에 필요한 매개변수를 인공지능 학습에 의해 최적화하는 방법입니다. 둘째, 양자컴퓨팅을 이용해 전통 인공지능의 계산 속도를 높이는 방법입니다. 셋째, 양자회로를 뉴럴넷과 유사한 형태로 만드는 방법입니다. 가장 기본이 되는 첫째 방법을 알아보겠습니다.

11.3.1 매개변수가 있는 가변양자회로 알고리즘

앞서 다룬 양자컴퓨팅 사례는 여러 게이트가 고정된 형태였습니다. 이 절에서는 매개변수를 조절해 게이트 동작을 바꾸는 가변양자회로의 구성 방법을 알아봅니다. 이 매개변수는 인공지능 방식으로 최적화가 될 수 있습니다.

측정이 없는 가변양자회로

❶ 측정을 포함하지 않아, 시뮬레이션으로 양자비트의 측정 전 상태를 직접 볼 수 있는 방법을 다룹니다.

먼저 필요한 패키지를 불러옵니다.

```
import cirq
import sympy
import numpy as np
```

---

20 『물리의 정석 – 양자역학편』(사이언스북스, 2018)

```
from cirq.contrib.svg import SVGCircuit
```

위에서 sympy 패키지는 매개변수를 심볼로 정의하기 위해 사용됩니다. SVG Circuit은 cirq로 만든 회로를 그래픽으로 그려주는 툴입니다.

매개변수로 사용할 변수를 심볼릭 변수인 sympy로 정의합니다. 심볼릭 변수로 정의하는 이유는 양자회로를 구성한 이후에 이 변수를 인공지능 방식으로 최적화하기 위함입니다.

```
W = sympy.symbols('W')
```

이번에는 심볼릭 변수가 들어 있는 양자회로를 만듭니다. 심볼릭 변수의 값을 변경할 때마다 출력이 달라집니다. 또한 이 심볼릭 변수를 미분을 위한 입력 인자로 활용이 가능하게 됩니다.

만들게 될 양자회로는 1개의 양자비트를 rotation gate로 통과시키고, 그 결과를 전통적인 컴퓨팅으로 다루기 위해 측정하는 구조로 구성됩니다.

```
Qubit = cirq.NamedQubit("Qubit")
circuit = cirq.Circuit(
    cirq.ry(W).on(Qubit))
SVGCircuit(circuit)
```

이 코드의 결과인 양자회로는 [그림 11-2]와 같습니다.

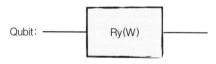

그림 11-2 Ry를 이용한 양자회로 및 조직

이제 회로의 동작을 시뮬레이션하는 함수를 만듭니다. 이 함수는 Ry 게이트의 회전하는 각도를 변수로 동작하게 됩니다.

```python
def simulation(circuit, w=np.pi/2):
    cirq_simulator = cirq.Simulator()
    resolver = cirq.ParamResolver({W: w})
    result = cirq_simulator.simulate(circuit, resolver)
    return result
```

Ry 게이트를 회전하는 각도가 0일 경우에 대한 시뮬레이션과 그 결과입니다.

```python
print(simulation(circuit, 0))
```

```
output vector: |0>
```

Ry(0)을 했기 때문에 아무런 동작 변화가 일어나지 않았습니다.

Ry 게이트를 회전하는 각도가 0일 경우에 대한 시뮬레이션과 그 결과입니다.

```python
print(simulation(circuit, np.pi/2))
output vector: 0.707|0> + 0.707|1>
```

Ry($\pi/2$)를 했기 때문에 하다마드 게이트를 적용한 경우와 유사한 효과가 일어나게 됩니다.

Ry 게이트를 회전하는 각도가 $\pi/2$일 경우에 대한 시뮬레이션과 그 결과입니다.

```python
print(simulation(circuit, np.pi))
 output vector: |1>
```

완전히 반대로 뒤집어졌기 때문에 $|0\rangle$의 상태가 $|1\rangle$의 상태로 변환되었습니다.

측정이 있는 가변양자회로

❷ 위의 양자회로에 measurement를 추가해서 돌리면 측정으로 인해 양자비트 상태가 한 가지 상태로 정해진 결과가 나오게 됩니다.

```
circuit = cirq.Circuit(
    cirq.ry(W).on(Qubit), cirq.measure(Qubit, key='m'))
```

결과는 다음과 같습니다. 두 번째 결과에서 양자비트의 상태가 측정되었기 때문에 0, 1 중 하나가 나왔습니다.

```
output vector: |0⟩
output vector: |0⟩
output vector: |1⟩
```

전체 코드

이 책의 깃허브에서 이번 예제를 내려받을 수 있습니다.

- 깃허브 파일명: ex11_2_qai_qai.py
- 깃허브 주피터: nb_ex11_2_qai_qai.ipynb

윈도우, 맥OS, 우분투에서 다음과 같은 명령으로 실행합니다.

```
$ python ex11_2_qai_qai.py
```

예제 11-2 매개변수가 있는 가변양자회로 알고리즘 구현

❶
```
# 측정이 없는 가변양자회로
import cirq
import sympy
import numpy as np
from cirq.contrib.svg import SVGCircuit

W = sympy.symbols('W')

Qubit = cirq.NamedQubit("Qubit")
circuit = cirq.Circuit(
    cirq.ry(W).on(Qubit))

def simulation(circuit, w=np.pi/2):
    cirq_simulator = cirq.Simulator()
    resolver = cirq.ParamResolver({W: w})
    result = cirq_simulator.simulate(circuit, resolver)
    return result

print(simulation(circuit, 0))
print(simulation(circuit, np.pi/2))
print(simulation(circuit, np.pi))
```

❷
```
# 측정이 있는 가변양자회로
Qubit = cirq.NamedQubit("Qubit")
circuit = cirq.Circuit(
    cirq.ry(W).on(Qubit), cirq.measure(Qubit, key='m'))

def simulation(circuit, w=np.pi/2):
    cirq_simulator = cirq.Simulator()
    resolver = cirq.ParamResolver({W: w})
    result = cirq_simulator.simulate(circuit, resolver)
    return result

print(simulation(circuit, 0))
print(simulation(circuit, np.pi/2))
print(simulation(circuit, np.pi))
```

11.3.2 하이브리드 양자인공지능 학습하기

양자인공지능을 원활하게 구현하기 위해 양자회로와 전통 컴퓨팅을 결합하는 하이브리드 양자인공지능 모델을 만듭니다. 여기서 다룰 예제는 하이브리드 양자인공지능을 이용해 Ry 게이트의 매개변수를 학습하고 원하는 값을 찾는 프로그램입니다. 하이브리드 양자인공지능에서는 양자 게이트의 매개변수를 학습시키기 위해서 전통 컴퓨팅의 인공지능도 고려하게 됩니다.

양자인공지능 패키지 설치하기

양자인공지능의 프로그래밍을 위해서는 다음과 같은 툴을 설치합니다.

파이썬은 3.7 버전이 설치되었다고 가정합니다. Conda를 이용하는 경우 다음과 같이 특정 버전의 파이썬 설치가 가능합니다.

```
$ conda install python=3.7
```

텐서플로 2.4.1을 pip를 이용해 설치합니다. 이 버전은 파이썬 3.7 환경에서 설치가 가능합니다.

```
$ pip install tensorflow==2.4.1
```

양자인공지능을 위한 툴인 tensorflow-quantum을 설치합니다.

```
$ pip install tensorflow-quantum
```

이제 프로그램을 만들어봅니다.

관련 패키지 가져오기

❶ 우선 양자인공지능에 필요한 라이브러리를 가져옵니다.

```
import tensorflow_quantum as tfq
import cirq
from cirq.contrib.svg import SVGCircuit
```

tensorflow_quantum은 양자인공지능을 지원하는 텐서플로 패키지입니다.
인공지능 관련 패키지를 부릅니다.

```
import tensorflow as tf
from tensorflow.keras.layers import Dense
from tensorflow.keras import Sequential, Input, Model
```

기본적인 파이썬 패키지를 부릅니다.

```
import sympy
import numpy as np
%matplotlib inline
import matplotlib.pyplot as plt
```

입력 데이터와 기대 출력 레이블 만들기

❷ 학습 데이터의 개수는 간단하게 구성하기 위해 2개를 사용합니다. 입력값은 양
자회로의 양자비트 초깃값을 세트업^{Set up}하기 위한 양자회로 입력과 제어에 사용
하는 전통 컴퓨팅 입력으로 총 두 가지가 구성됩니다.

양자회로 입력값은 고정된 무작위 위상 변이로 하고 전통 컴퓨팅의 입력은 순서
대로 0, 1로 설정합니다. 이에 대한 목표 출력값은 1, −1이 되도록 입력과 출력
데이터를 만듭니다.

먼저 제어값에 해당하는 전통 인공지능의 입력값 2개를 임의로 만듭니다. 이 값
을 입력해서 전통적인 뉴럴넷으로 원하는 양자회로의 가변 게이트 조정값이 정해

지게 됩니다.

```
X_Classic = np.array([[0], [1]], dtype=np.float32)
```

다음은 양자 게이트의 인공지능에 대한 입력값을 만듭니다. 이 입력값은 양자회로의 초깃값을 정하기 위한 것입니다.

양자 게이트의 입력은 두 개를 모두 동일하게 만들게 됩니다. 이를 위해 두 입력에 동일하게 사용될 양자비트와 양자회로 초기 위상값을 정하게 됩니다.

```
Qubit = cirq.GridQubit(0, 0)
Initial_rotation_phase = np.random.uniform(0, 2 * np.pi)
```

(0, 0)이라는 레이블의 양자비트 1개를 만듭니다. 그리고 양자회로에 사용될 Ry 게이트의 위상에 사용될 초기 위상값인 Initial_rotation_phase를 0부터 2π 사이의 임의값으로 정합니다. 이때 두 값은 아래에서 학습 데이터의 길이만큼 반복되어 사용하게 됩니다.

입력값을 초깃값으로 만들어 줄 양자회로인 X_Quantum_circuit을 Ry 게이트로 만듭니다.

```
X_Quantum_circuit = cirq.Circuit(
  cirq.ry(Initial_rotation_phase)(Qubit)
)
X_Quantum = tfq.convert_to_tensor(
  [X_Quantum_circuit]*len(X_Classic))
```

두 개의 양자비트가 구성되고 두 개의 회로가 만들어져 케라스가 다루는 텐서로 변환합니다.

출력 포트를 2개로 할 것이므로 이에 해당하는 2개의 기대 출력 레이블을 특정 값으로 만듭니다.

```
Y = np.array([[1], [-1]], dtype=np.float32)
```

전통 인공지능 만들기: 매개변수 제어 뉴럴넷

❸ 인공지능 게이트의 매개변수를 제어하기 위한 전통 뉴럴넷을 만듭니다. 제어 뉴럴넷의 출력이 양자회로의 Ry 게이트의 위상값으로 사용되게 됩니다.

```
def make_classical_NN(x):
    model = Sequential()
    model.add(Dense(2, activation='relu'))
    model.add(Dense(1))
    return model(x)

Classical_NN_In = Input(shape=(1,), dtype=tf.dtypes.float32,
                        name='commands_input')
Classical_NN = make_classical_NN(Classical_NN_In)
```

전통 인공지능 뉴럴넷은 2개의 노드와 Relu 활성화 함수로 만들어진 중간 히든 계층과 1개 노드로 된 출력 계층으로 구성했습니다. 입력은 1 포트로 했습니다. 만들어진 뉴럴넷의 이름은 Classical_NN입니다. 이 전통적인 뉴럴넷 설계는 3장에서 배운 케라스를 이용한 DNN 구현 방법과 동일합니다.

학습을 위한 매개변수가 포함된 가변양자회로 만들기

❹ 학습할 가변양자회로를 만듭니다. 이 회로는 가변 매개변수인 W를 포함하고 있습니다.

```
W = sympy.symbols('W')
Quantum_circuit = cirq.Circuit(cirq.ry(W)(Qubit))
```

```
SVGCircuit(Quantum_circuit)
```

여기서 구현한 양자회로는 게이트 한 개를 가지고 있습니다. 게이트는 Ry(W)로서 W값에 의해서 Y축 회전 각도가 달라집니다.

하이브리드 인공지능 만들기: 양자 및 전통 인공지능 복합형

❺ 이제 양자 계층과 앞서 만든 전통 인공지능을 결합해서 새로운 하이브리드 모델을 만듭니다.

구성했던 가변양자회로를 텐서플로가 다룰 수 있는 계층으로 만듭니다. 이 계층은 양자와 전통 컴퓨팅으로 구성된 두 개의 입력을 다루게 되어 있습니다. 이 과정을 통해 전통 컴퓨팅을 통한 뉴럴넷의 출력이 양자회로의 Ry 가변 게이트의 위상을 결정하도록 구성됩니다.

```
Quantum_layer = tfq.layers.ControlledPQC(Quantum_circuit,
                                        operators = cirq.Z(Qubit))
```

여기서 양자회로의 측정은 파울리 Z를 이용하게 구성하였습니다.

이제 양자와 전통 입력이 텐서플로 한 개의 하이브리드 양자 계층으로 처리될 수 있는 모델을 만듭니다.

```
Quantum_In = Input(shape=(), dtype=tf.string, name='circuits_input')
expectation = Quantum_layer([Quantum_In, Classical_NN])
model = Model(inputs=[Quantum_In, Classical_NN_In],
                    outputs=expectation)
```

양자 입력은 텐서플로에서 스트링String으로 만들게 됩니다. 또한, 하이브리드 모델의 최종 출력은 expectation 변수로 나오게 됩니다. 양자회로의 입력은 고려하지 않도록 Quantum_In의 구성 시 입력 크기를 공백으로 했습니다. Quantum_In과 전통 뉴럴넷의 입력을 하나의 리스트에 합친 것을 입력치로 정의합니다. 그리고 출력치는 기댓값으로 구성합니다.

[그림 11-3]은 구성한 모델의 형태를 표시합니다.

```
tf.keras.utils.plot_model(model, show_shapes=True, dpi=70)
```

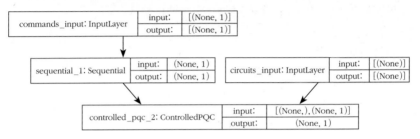

그림 11-3 구성한 모델의 형태

여기서 commands_input으로 제어 입력이 들어오고 양자 모델로 양자회로의 가변 매개변수를 조정하는 값이 들어갑니다. circuits_input으로 들어온 부분은 입력 양자비트의 초깃값을 정하게 됩니다.

모델 학습 및 결과 확인하기

❻ 앞서 구성한 하이브리드 양자 모델에 대한 학습 방법을 정한 후 최적화를 수행합니다.

하이브리드 양자 모델을 학습할 방법을 Adam 방법과 평균자승오류 메트릭으로 선택합니다.

```
optimizer = tf.keras.optimizers.Adam(learning_rate=0.05)
loss = tf.keras.losses.MeanSquaredError()
model.compile(optimizer=optimizer, loss=loss)
```

이제 총 50회의 학습을 진행하고 결과를 history 변수에 담습니다.

```
history = model.fit(x=[X_Quantum, X_Classic],
                    y=Y, epochs=50, verbose=0)
```

그래프를 이용해 학습이 얼마나 잘되고 있는지 확인합니다.

```
plt.plot(history.history['loss'])
plt.title("Training for Quantum-Classic AI")
plt.xlabel("Epoch")
plt.ylabel("Loss")
plt.grid()
plt.show()
```

그 결과는 [그림 11-4]와 같습니다.

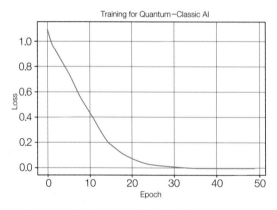

그림 11-4 하이브리드 양자 모델을 이용한 학습 사례

결과가 제대로 나오는지 확인합니다.

```
Y_pred = model([X_Quantum, X_Classic]).numpy()
Err = Y - Y_pred
print('Predicted_Y=', Y_pred.flatten())
print('Y-Predicted_Y=', Err.flatten())
```

양자 입력과 제어값 입력에 대한 예측값과 기댓값 대비 오차는 다음과 같습니다.

```
Predicted_Y = [0.99511445 0.99926746]
Y-Predicted_Y = [0.00488555 0.00073254]
```

예측값과 기댓값이었던 Y = [[1], [−1]]의 오차가 적음을 알 수 있습니다.

전체 코드

이 책의 깃허브에서 이번 예제를 내려받을 수 있습니다.

- 깃허브 파일명: ex11_3_qai_hybrid.py
- 깃허브 주피터: nb_ex11_3_qai_hybrid.ipynb

윈도우, 맥OS, 우분투에서 다음과 같은 명령으로 실행합니다.

```
$ python ex11_3_qai_hybrid.py
```

예제 11-3 하이브리드 양자인공지능 알고리즘 구현

❶ # 양자인공지능 패키지 가져오기
```
import tensorflow_quantum as tfq
import cirq
from cirq.contrib.svg import SVGCircuit

import tensorflow as tf
```

```python
from tensorflow.keras.layers import Dense
from tensorflow.keras import Sequential, Input, Model

import sympy
import numpy as np
%matplotlib inline
import matplotlib.pyplot as plt
```

❷ # 입력 데이터와 기대 출력 레이블 만들기
```python
X_Classic = np.array([[0], [1]], dtype=np.float32)

Qubit = cirq.GridQubit(0, 0)
Initial_rotation_phase = np.random.uniform(0, 2 * np.pi)
X_Quantum_circuit = cirq.Circuit(
    cirq.ry(Initial_rotation_phase)(Qubit)
)
X_Quantum = tfq.convert_to_tensor(
    [X_Quantum_circuit]*len(X_Classic))

Y = np.array([[1], [-1]], dtype=np.float32)
```

❸ # 전통인공지능 만들기: 매개변수 제어 뉴럴넷
```python
def make_classical_NN(x):
    model = Sequential()
    model.add(Dense(2, activation='relu'))
    model.add(Dense(1))
    return model(x)
Classical_NN_In = Input(shape=(1,), dtype=tf.dtypes.float32,
                        name='commands_input')
Classical_NN = make_classical_NN(Classical_NN_In)
```

❹ # 매개변수를 포함하는 양자회로 만들기
```python
W = sympy.symbols('W')
Quantum_circuit = cirq.Circuit(cirq.ry(W)(Qubit))
SVGCircuit(Quantum_circuit)
```

❺ # 하이브리드 인공지능 만들기: 양자 및 전통 인공지능 복합형
```python
Quantum_In = Input(shape=(), dtype=tf.string, name='circuits_input')
```

```
Quantum_layer = tfq.layers.ControlledPQC(Quantum_circuit,
                                         operators = cirq.Z(Qubit))
expectation = Quantum_layer([Quantum_In, Classical_NN])
model = Model(inputs=[Quantum_In, Classical_NN_In],
              outputs=expectation)
```

❻ # 모델 학습 및 결과 확인하기
```
optimizer = tf.keras.optimizers.Adam(learning_rate=0.05)
loss = tf.keras.losses.MeanSquaredError()
model.compile(optimizer=optimizer, loss=loss)
history = model.fit(x=[X_Quantum, X_Classic],
                    y=Y, epochs=50, verbose=0)

plt.plot(history.history['loss'])
plt.title("Training for Quantum-Classic AI")
plt.xlabel("Epoch")
plt.ylabel("Loss")
plt.grid()
plt.show()

Y_pred = model([X_Quantum, X_Classic]).numpy()
Err = Y - Y_pred
print('Predicted_Y =', Y_pred.flatten())
print('Y - Predicted_Y =', Err.flatten())
```

11.4 마치며

양자인공지능을 케라스로 구현하는 방법을 다뤘습니다.

먼저 양자컴퓨팅과 양자인공지능의 기초를 다루었습니다. 단일 및 다중 양자비트에 대한 주요 양자컴퓨팅 명령어를 알아보았습니다. 다양한 양자컴퓨팅 알고리즘을 구현하는 방법도 알아보았습니다. 양자인공지능 알고리즘의 구현 방법도 다루었습니다.

여기까지 우리는 케라스를 통해 쉽지만 다양한 딥러닝을 프로그램으로 구현하는 방법을 알아보았습니다. 딥러닝으로 대표되는 인공지능의 적용 분야가 다양한 산업군으로 확대되고 있는 만큼 이제 인공지능 프로그래밍 배우기는 선택이 아니라 필수가 되었습니다. 이런 시점에서 이 책이 인공지능 기술 역량을 키우는 데에 도움이 되길 바랍니다.